AF190936

Oskar Schmitt

Ein würdiger Verwalter im Weinberg unseres Herrn Jesus Christus:

Bischof Pierre Martin Ngô-dinh-Thuc

Originalausgabe

© 2006 Oskar Schmitt, Rimpar-Maidbronn

Alle Rechte vorbehalten.

Konzept und Gestaltung:

allbux Buchservice
Postfach 10 11 17, D-69451 Weinheim
www.allbux.de

Herstellung und Verlag:

Books on Demand GmbH, Norderstedt

Gedruckt in Deutschland.

ISBN-10: 3-8334-5385-0
ISBN-13: 978-3-8334-5385-4

Gewidmet

allen rechtgläubigen Bischöfen, Priestern und Diakonen,

die ihre heilige Weihe aus der Sukzession

des Erzbischofs von Hué (Vietnam)

Pierre Martin Ngô-dinh-Thuc

empfangen haben.

Inhalt

Vorwort

Die Geschichte der Welt hat ihren Abend erreicht. Die Nacht ist vorgedrungen, der Tag der Vollendung ist nicht mehr fern.

Bis es so weit ist, müssen wir leben in einer Finsternis, zerrissen durch Blendlichter fragwürdiger Vergnügungen, die uns doch nichts anderes sind als Versuchungen oder eine Quelle der Bitterkeit. Wir suchen nach den Getreuen, die unseren Weg erleuchten und teilen, wir finden sie aber nur im Verborgenen; im öffentlichen Leben finden wir sie nicht.

Eine der letzten, die noch im Rampenlicht der Öffentlichkeit standen, war der vietnamesische Bischof Pierre Martin Ngô-dinh-Thuc. Von ihm nahm die Öffentlichkeit noch Kenntnis, aber zum Schluß doch nur, um ihn der Lächerlichkeit preiszugeben. Für die einen die Lächerlichkeit in Person, für die Getreuen die Ernsthaftigkeit in Person. Sein Wesen, seine Intention, seine Zielrichtung scheint ein von ihm geprägter Satz[1] in seiner ganzen Ernsthaftigkeit widerzuspiegeln:

„Denn wir sind die Generation, die dem Ende der Welt vorausgeht, wo sich die letzte Schlacht Satans gegen Gott abspielen wird: Die Entscheidungsschlacht, die nach Schicksalswendungen mit der Niederlage Luzifers und dem Endtriumph Christi, mit dem Jüngsten Gericht, endet."

Diese stichhaltige Aussage des vietnamesischen Bischofs läßt bereits erahnen, von welcher Bedeutung sein Leben, sein Tun und Handeln für uns Katholiken heute ist.

---

[1] geschrieben von Thuc im Zusammenhang mit dem Programm einer „Kirche" der Anpassung von Johannes XXIII.

1. In alle Ewigkeit werde ich Gottes Barmherzigkeit besingen

„Misericordias Domini in aeternum cantabo." Mit dieser Lobpreisung des Propheten beginne ich die Geschichte meiner Seele. Mögen diese Erinnerungen andere Seelen dazu ermuntern, auf diese unendliche Barmherzigkeit zurückzugreifen, um sich zu bekehren und zu heiligen.

Mein geringes geistliches Leben ähnelt einem Stoff, dessen Fäden die Strahlen der Barmherzigkeit sind, die in diesen Stoff eindringen. Denn die Barmherzigkeit Gottes, der aus der ganzen Ewigkeit heraus sich herabgelassen hat, einen Blick auf dieses Atom zu werfen, das meine Seele ist, und sein Heraustreten aus dem Nichts zu beschließen, hat niemals aufgehört, sie mit seiner Barmherzigkeit zu umgeben, sie noch enger und fester zu umschließen, wenn dieses armselige Nichts den so sanften Banden des Bräutigams meiner Seele zu entkommen versucht.

Andere Seelen mögen sich mit Recht an die Liebe Gottes wenden, um sie zu lieben und anzubeten: jungfräuliche Seelen, kontemplative Seelen, von Heiligkeit duftende Seelen nach dem Vorbild der Cherubim und Seraphim, Seelen wie diejenige der zwei Theresien, wie die von Johannes vom Kreuz, von Aloysius von Gonzaga, von Pater Pio.

Sie haben das Recht dazu. Aber was meine sündige Seele angeht: Sie hat dem Herrn nur Tränen anzubieten wie Magdalena und in dieser und der anderen Welt die Barmherzigkeit Gottes zu besingen.

Der liebe Gott, der sehr Barmherzige, hat mir, um mir Zeit zur Reue zu geben, eine Lebensdauer und eine Gesundheit gegeben, die nicht in meiner Familie liegen. Mehr als 80 Jahre alt, ohne schwer krank gewesen zu sein, mit einer Intelligenz ausgestattet, die mich im Kleinen Seminar sowie in den römisch-katholischen Fakultäten und an der Sorbonne zum Wettkämpfer gemacht hat, hat mir die Barmherzigkeit Gottes die Zeit und die religiösen sowie weltlichen Kenntnisse gelassen, die mir bei meiner Bekehrung halfen.

Vorliegender Text besteht aus den ersten Zeilen der Autobiographie Bischofs Pierre Martin Ngô-dinh-Thuc aus dem Jahre 1976 in der Übersetzung von Frau Elisabeth Meurer.

Kann die Geschichte einer Seele mit erhabeneren Worten beginnen als mit „Misericordias Domini in aeternum cantabo", d.h. „In alle Ewigkeit werde ich Gottes Barmherzigkeit besingen"?

Wir alle leben im natürlichen wie im übernatürlichen Bereich ganz aus der Güte und Barmherzigkeit Gottes. Bischof Thuc stellt diesen Leitsatz nicht übergeordnet über sein Leben, sondern über die Geschichte seiner Seele. Dies ist höchst bemerkenswert. Die Seele ist unvergänglich, besitzt absoluten Ewigkeitswert, ist unzerstörbar, unauslöschbar. Gewöhnliche Autobiographien berichten über das Leben der jeweiligen Autoren, das Leben in seiner leiblich-seelischen Gestalt. Der Leib vergeht, er wird zu Asche und Staub, obgleich er am Jüngsten Tag sich wieder mit der Seele vereint zum Leben in Gott oder durch eigenes Verschulden fern von Gott im Abgrund. Bischof Thuc scheint mit „der Geschichte seiner Seele" auszudrücken: Alles, was nicht Ewigkeitswert besitzt, also alles, was nicht der ewigen Seele dient, ist nicht wert, benannt und erörtert zu werden. Um es vorwegzunehmen, Bischof Pierre Martin Ngô-dinh-Thuc hat dem natürlichen Sein, ja selbst in seinen unscheinbaren Alltäglichkeiten, großen Wert beigelegt, aber um sie dem Ewigen dienstbar werden zu lassen.

Bischof Thuc vergleicht sein Leben mit dem der hl. Maria Magdalena, die viele Tränen für ihren Herrn Jesus Christus vergossen hat aus Reue und in der Liebe. Ist so ein Vergleich nicht doch etwas zu übermütig?

Der hl. Apostel Paulus schreibt, daß er sich nur seiner Schwachheit rühmen darf: „Es genügt dir meine Gnade; denn die Kraft kommt in der Schwachheit zur Vollendung". So will ich mich denn lieber meiner Schwächen rühmen, damit die Kraft Christi sich niederlasse auf mich. (2 Kor 12,9)

Liegt denn nicht in der Schwachheit das Verlangen nach der Barmherzigkeit Gottes, das Flehen in einem Meer der Tränen zugrunde? Die Barmherzigkeit möge einen Blick auf das Atom, das seine Seele ist, werfen! Die Barmherzigkeit Gottes hatte aber auch den Leib bedacht, um seine Seele zu tragen, über 80 Jahre hin ohne große Gebrechen, so daß er all jene Werke vollbringen konnte, für die er unter Millionen von Menschen berufen und beauftragt wurde.

2. Vaterland Vietnam

Ich bin Vietnamese: Diese Herkunft erklärt meinen Charakter. So wie das Franzose-sein die Heiligkeit der kleinen hl. Theresia von Lisieux verstehen läßt und diejenige der Kastilierin die große Theresia von Avila charakterisiert.

„Ich bin Vietnamese: Diese Herkunft erklärt meinen Charakter." – Diese Aussage enthüllt eine Liebe zu seinem Volk, ja eine tiefe Vaterlandsliebe. Selbst das Wesen seines Charakters führt Bischof Pierre Martin Ngô-dinh-Thuc auf die Zugehörigkeit zum vietnamesischen Volk zurück. Im engeren Sinne sind dies natürlich seine Eltern und Geschwister, eben seine Familie, aber auch seinem gesamten Volk spricht er charakterbildende Bedeutung zu.

Uns Menschen hier im deutschsprachigen Raum, Deutschen, Österreichern und Schweizern wäre es sicherlich heilsam sagen zu können: Ich bin Deutscher, Österreicher, Schweizer. Diese Herkunft trägt dazu bei, daß ich so bin, wie ich bin, wenn es zunächst auch nur den natürlichen Bereich unserer Existenz betrifft. Dies scheint aber auch vor Gott dem Dreifaltigen sehr wichtig zu sein, denn am 19.9.1846 sandte er die Mutter Jesu Christi in einer Erscheinung vor zwei Hirtenkinder nach La Salette/Frankreich, in welcher sie die fehlende Vaterlandsliebe beklagte:

„Jede Ordnung und Gerechtigkeit wird mit Füßen getreten werden; man wird nur mehr Mord, Haß, Eifersucht und Zwiespalt sehen und weder das **Vaterland** noch die **Familie** lieben."

Am Beispiel Frankreichs und Kastiliens (Spanien) zeigt aber auch der Autor, daß die Zugehörigkeit zu einem Volk selbst im übernatürlichen, im kirchlichen Bereich, von Bedeutung ist.

Es ist zu meiner Überzeugung geworden, daß wir in Deutschland lebenden Katholiken eine besondere Mission haben gegenüber katholischen Christen anderer Nationen, z.B. zu zeigen, wie die Liebe unseres Herrn durch das Leben der hl. Elisabeth von Thüringen gewirkt hat oder durch das Leben des hl. Konrad von Parzham, dem Pförtner eines Kapuzinerklosters zu Altötting. Ist es uns nicht aufgetragen, das was Gott uns durch die hl. Hildegard von Bingen geschenkt hat weiterzugeben an all die vielen Gläubigen weltweit, ja auch an überhaupt jeden Menschen, so daß es ihnen helfen kann, Jesus Christus zu finden, in dem seelisch-körperlichen Heilwerden durch ihre von Gott gegebene Heilweise[2]?

Könnte sich nicht auch (um im deutschsprachigen Raum zu bleiben) ein Österreicher verpflichtet fühlen, der Welt zu sagen, wie eine wirklich christliche Politik sein sollte, anhand des Lebens des Gottes-Dieners Kaiser Karl I. aus dem Hause Habsburg († 1.4.1922 Madeira). Ein Schweizer könnte berufen sein, durch das Beispiel des hl. Nikolaus von Flüe zu erörtern, wie der Friede unseres Herrn Jesus Christus in einem Menschen Gestalt gewinnt, ein Friede, der auch selbst im staatlich-politischen Bereich durch den Heiligen wirkte[3]. Mehrere lange Jahre benötigte ich, um zu verstehen, daß die Vaterlandsliebe notwendig zum Christenglauben dazugehört. Menschen, die diese nicht kennen oder sich bewußt lediglich als Weltbürger betrachten, fehlt etwas: nämlich eine Pfahlwurzel. Deshalb lehne ich (nicht nur aus diesem Grund) jegliche Globalisierung und jegliches „One World"-Bestreben strikt ab. Die hl. Kirche ist international, aber absolut nicht im Sinne der „One World"-Leute und der Internationalisten, d.h.: sie will z.B. keine Völkervermischung, sondern tritt für den Erhalt der Völker ein (denn die Existenz der Völker, Sprachen und Kulturen und ihre Zerstreuung über die ganze Erde ist etwas Gottgewolltes [s. Gen 11, 1-9]).

Inwiefern sind die vietnamesischen Katholiken besonders geprägt, was ist das ihnen besonders Eigentümliche? Ein weiterer Text aus Thucs Biographie gibt Antwort:

Der erste Kreis dieser Umgebung ist die Familie, eine Viêt-Familie der Rasse nach, auf vietnamesische Art katholisch, die darin besteht, sich zu behelfen, ohne auf eine problematische Hilfe von den anderen zu warten.

---

[2] Diese Heilweise in ihrer heilenden Wirkung ist völlig verschieden von den esoterischen „Heils" angeboten. Die Medizin der hl. Hildegard beruht auf den von Gott dem Schöpfer in die Natur hineingelegten Heilkräften. Pflanzen, Tiere, ja selbst Sonne und Mond haben in dieser Medizin ihren Platz. Aber auch diese dem Menschen wirklich angemessene Medizin steht nur im Dienste der letztgültigen Erlösung durch Jesus Christus durch oder in seinen hl. fünf Wunden, seinem bitteren Leiden und seiner glorreichen Auferstehung

[3] z.B.: im Ansatz scheiterndes *Unternehmen Tannenbaum* von Hitler gegen die Schweiz, durch die Fürbitte des Nikolaus von Flüe.

So überlebte die vietnamesische Kirche, als die Verfolgung der Könige sie der ausländischen Priester beraubte.

Einige, die in die Wälder geflohen waren, unterstützten die Christen, die sich damals für privilegiert hielten, wenn sie zwei oder drei Mal in ihrem Leben zu den Sakramenten gehen konnten. Die vietnamesischen kleinen Christengemeinden (Pfarreien) waren über das Viêt-Gebiet vom Tor von Annam bis zur „Pointe den Camani" verstreut. Hier ihre zum Überleben ausgedachte Organisation:

Man erwählte damals die alten Christen, die besser als die anderen die Dogmen des Glaubens kannten, von den Missionaren Katechisten genannt, die den oberen Stand der Pfarrgemeinde bildeten. Ihr Oberhaupt kontrollierte die Handlungen der für das Überleben und den Fortschritt der Christengemeinde verantwortlichen Gruppen. Die eine war mit der Unterrichtung der Kinder im Glauben betraut und bereitete sie auf die Kommunion vor (wenn sie stattfinden konnte). Eine andere befaßte sich mit dem Besuch der Kranken und deren Vorbereitung auf den Tod. Eine weitere bereitete die Gesänge, Gebete, die Lesung des Evangeliums und der Epistel vor und leitete sie in den Messen ohne Priester, wie wir es bei der geistigen Kommunion tun.

Wie sollte man das nötige Geld finden für den Kult, um die kleine Kapelle aus Stroh zu bauen, für die Reisen und den Empfang des Missionars, um die Priesterkandidaten zu ernähren – die im Rate der Christengemeinde gewählt wurden? Das Seminar bestand aus einer Dschunke, auf welcher der einzige Professor wohnte: der Missionar, der nachts etwas Lateinisch lehrte, genug um die Wandlungsworte und diejenigen der Sakramente zu sprechen... am Tag wurden die Seminaristen zu Fischern, um die Gemeinde zu ernähren. Wenn diese Ausbildung abgeschlossen war, schickte man sie ins Ausland, entweder nach Siam oder nach Ponlo-Pinang, das Generalseminar der Auslandsmissionen von Paris, damit sie dort die Weihen empfingen. So verlief die Einrichtung der einheimischen Weltpriester, deren Förderer die Viêt waren, getrieben von ihrem Unabhängigkeitsinstinkt, von ihrer Sucht, sich zu behelfen – rar da se – ohne auf wunderbare Hilfe vom Ausland zu warten.

So war die Organisation der vietnamesischen Pfarrei durch des Priesters beraubte Laien das, was Rom „Katholische Aktion" nannte und sich rühmte, sie unter dem Pontifikat von Pius IX. und Pius XII. geschaffen zu haben, wo sie doch dem Heidenapostolat bekannt war und dort praktiziert wurde, das nicht nur von Priestern, Diakonen, Bischöfen umgeben war, sondern auch von Laien, Männern und Frauen, und das 300 Jahre vor ihrem Wiederaufleben durch die zwei Pius-Päpste. Genau wie die Einrichtung eines einheimischen Klerus.

Diese zwei Stützpfeiler der Evangelisierung, von den Viêt erfunden, sind ein Beispiel der Intelligenz dieses Volkes.

Von meiner Geburt an in dieser vietnamesischen Atmosphäre des kämpferischen Katholizismus großgezogen, habe ich, ohne zu zaudern, das Priestertum als meinen Kampfposten in dieser Welt angenommen, gleich welcher Posten, gleich welcher Tod. Ich habe daher kein Recht zu „meckern", wenn ich heute ein Erzbischof bin, ein Ex-Exkommunizierter, der jeden Tag die hl. Messe feiern darf, aber „unlogischerweise" nicht die Erlaubnis hat, die Beichten der vietnamesischen Flüchtlinge zu hören, die nicht in der Lage sind, auf Französisch zu beichten.

Dies ist die rassische und religiöse Umgebung. Und das ist die familiäre Atmosphäre, mit der die Vorsehung mich umgeben hat.

Doch können wir das Leben Bischof Thucs erahnen, ohne etwas über die Geschichte, die Geographie, über Land und Leute Vietnams zu wissen? Dazu Thuc:

Aus christlicher Sicht sind wir der römischen Kirche gehorsam, besonders in der Klasse der einfachen Gläubigen, aber in der intellektuellen Klasse räumen wir die Einmütigkeit im Bereich der Dogmen des Glaubens ein, aber mit Mannigfaltigkeit in den Sphären, die das Dogma nicht betreffen.

Woher kommt die vietnamesische Rasse, wenn man den tausendjährigen Annalen der Chinesen glauben darf, die immer unsere Gegner gewesen sind? Die Viêt besetzten das Gebiet, das heutzutage Peking bildet, durch das der große Gelbe Fluß fließt. Die Chinesen drängten in dieses sehr fruchtbare Land, wo die Viêt-Stämme ihren bequemen Lebensunterhalt fanden.

Gegen diese sich rasch vermehrenden Gegner begannen die unendlich weniger zahlreichen Viêt einen fatalen, ungleichen Kampf, den sie verloren. Aber die Viêt leisteten unaufhörlichen Widerstand – wobei sie nach Süden zurückgedrängt wurden – ihre letzte Hauptstadt auf nunmehr chinesischem Gebiet war Kanton.

Als Kanton von den „Himmlischen" besetzt war, fanden die Viêt ein zur Verteidigung günstiges Gebiet: einen Schleichweg, der in der Folge die Tore von Annam genannt wurde, wo sie den Chinesen den Weg versperrten. Später gelang es den Chinesen, die Tore von Annam zu durchbrechen, und sie besetzten das Delta des Gelben Flusses, auf dem Hanoi erbaut wurde – und das fast tausend Jahre lang.

Die Viêt verloren nie den Mut, schafften es, die Chinesen zu vertreiben, dank des Heldenmutes der zwei Schwestern Trung-trac und Trung-schi, die in diesem heldenhaften Kampf ihr Leben verloren, aber angefeuert von diesem Beispiel von zwei Vietnamesinnen, führten sie das Unternehmen dieser zwei Schwestern zu Ende: Die Chinesen verließen Vietnam definitiv – die Vietnamesen waren politisch und diplomatisch bemüht, um eine Art Vasallentum unter dem chinesischen Herrscher zu akzeptieren, indem sie ihm zu gewissen Zeiten einige für unser Land charakteristische Geschenke überreichten: z.B. Elefantenstoßzähne.

Aber wir müssen anerkennen, daß die tausendjährige chinesische Besetzung für Vietnam vorteilhaft gewesen ist.

So war vorteilhaft: die Unterteilung des Staatsgebietes in Provinzen, Präfekturen, Dörfer – so wie das Reich der Mitte unterteilt war – mit dem spezifischen Unterschied, was das Dorf betrifft. Denn das Viêt-Dorf ist eine kleine Republik und behandelt den Staat, als wenn es zwei Staaten wären. Wenn der Staat dem Dorfe einen Beitrag zum Krieg sowohl in Geld als auch in Menschen auferlegte, teilten die Notabeln des Dorfes den Beitrag jedes Dorfbewohners in Geld ein und bestimmten die jungen Menschen, die für die königliche Armee rekrutiert werden sollten. Es gab ein Sprichwort, welches das Verhältnis zwischen dem Staat und dem Dorf ausdrückte: Die Dekrete des Königs verneigen sich vor den Sitten des Dorfes. Der Bürgermeister (Lu-trôông) war nicht das Dorfoberhaupt, sondern der Repräsentant des Dorfrates bei den höheren Behörden. Ihn trafen die Schläge mit dem Rohrstock, wenn die Behörden mit dem Dorf unzufrieden waren.

Die Mitglieder des Dorfrates waren zunächst die Bewohner des Dorfes, die einen Mandarin-Titel inne hatten (ehemalige Mandarins), dann die Gebildeten, welche die dreijährigen Prüfungen zum Bakkalaureus, Licencie und Doktor abgelegt hatten, schließlich die in punkto Reichtum einflußreichsten Bürger.

Dieser Rat, in dem zuerst die Intelligenz und nicht der Reichtum vorrangig vertreten war, verteilte zu gleichen Teilen die Reisfelder an die Bürger. Denn alle drei Jahre wurde diese Verteilung von Losen mit gleicher Flächengröße, aber unterschiedlicher Fruchtbarkeit vorgenommen. Die Bürger waren nur Eigentümer der Felder, die sie selbst urbar gemacht hatten, während die gemeindeeigenen Felder bei der Begründung des Dorfes von einem unternehmerischen Menschen urbar gemacht worden waren, der nach Erwerb eines „No man's land" Freiwillige angeworben hatte, um mit ihnen zu arbeiten und ein neues Dorf zu gründen.

Dies ist eine gesellschaftliche Tatsache, welche den Geist der Unabhängigkeit der Viêt gegenüber den höheren Behörden zeigt, wobei erstere gleichzeitig freundschaftliche Beziehungen zu letzteren unterhalten – wie zwischen zwei Staaten. Offenkundig ist all dies von der modernen, egalitären Gleichmacherei hinweggefegt worden. War das nun besser oder schlimmer? Zumindest war das alte System dem modernen durchaus ebenbürtig, denn wir haben zwei Arten von Eigentum: das gemeinschaftliche und das private. Wir hatten die Verteilung alle drei Jahre ohne das Eindringen eines totalitären Staates.

Die Unabhängigkeit des Bürgers fand ein Gebiet, auf dem er atmen konnte, ohne jedoch völlig auf die Vorteile eines zentralisierten Staates zu verzichten. Dieser Durst nach Unabhängigkeit liegt dem Vietnamesen im Blut und erklärt diesen tausendjährigen Kampf gegen den Chinesen, dann gegen den Franzosen, bei gleichzeitigem Profitieren von den Vorteilen der chinesischen Einrichtungen und der französischen Kultur. Unsere Familie war immer für das System des britischen Dominions zwischen Vietnam und Frankreich. Wir konnten diesen Traum nicht verwirklichen, der Frankreich zu einem Führungsstaat gemacht hätte wie England für Kanada, Australien, Neuseeland und es ermöglicht hätte, die USA, Sowjetrußland und Großbritannien als gleich zu behandeln.

Der Viêt ist also Anhänger einer persönlichen Unabhängigkeit, garantiert durch eine Abhängigkeit von anderen Staaten. Der Viêt ist vor allem Patriot, sei er kommunistisch oder antikommunistisch. Hô-Chi-Minh und Ngô-dinh-Diêm sind durch und durch Viêt.

Wir lebten arm, aber anständig. Ich weiß nicht, wie mein Vater es schaffte, uns ein einstöckiges Haus zu geben, zu dieser Zeit eine Seltenheit in Vietnam, umgeben von einem großen Garten. Mein Vater, der an akutem Rheu-

ma litt, das vom feuchten Klima Hués verursacht war, hatte dem Parterre eine nicht sehr hohe Etage hinzugefügt und ließ uns, um uns vor der Feuchtigkeit zu schützen, auf einer auf dem Boden ausgebreiteten Matte schlafen. So wuchsen alle Jungen der Familie stark heran.

Vietnam hat derzeit etwa 70 Millionen Einwohner auf einer Fläche von 331.689 qkm. Das Land erstreckt sich auf einer Länge von 1.500 km auf der Ostseite der Indonesischen Halbinsel.

Der südliche Teil des Landes, das Gebiet Kotchinchina, wird geprägt vom Delta des Mekongflusses, einem äußerst fruchtbaren Reisanbaugebiet. Saigon, die ehemalige Hauptstadt Südvietnams, heute Hô-Chi-Minh-Stadt genannt, ist das Zentrum dieser Region, welche ein sehr feuchtheißes Klima besitzt, jedoch mit 2-facher Reisernte pro Jahr.

Der Norden des Landes, Tonkin genannt, welcher sich um den Golf von Tonkin schwingt, ist ebenso von einem Delta geprägt, nämlich dem des schwarzen und roten Flusses. Zentrum dieser an China angrenzenden Region ist die heutige Hauptstadt Hanoi, die vorher schon Hauptstadt Nordvietnams war. Zwischen den beiden Deltas zieht sich eine Gebirgsregion mit Bergen bis zu 2.500 m Höhe an der Ostküste entlang, genannt Annam. In der Mitte am Meer gelegen, liegt die alte Kaiserstadt Hué, die Geburtsstadt von Msgr. Pierre Martin Ngô-dinh-Thuc, dessen Leben auch engstens mit der politischen Geschichte der letzten 65 Jahre dieses Landes verbunden war.

Ab dem Jahre 1771 wurden alle Thronbewerber des zerstückelten Landes ermordet. Nur Nguyên A'nh, der spätere Gia Long entging dem Massaker. Er wurde mit Zustimmung des chinesischen Kaiserhauses König, ja Kaiser des nun vereinten neuen Staates Vietnam. Msgr. Pigneau de Behaine half ihm, die Ordnung in dem zwischendurch zersplitterten Land wiederherzustellen, und der Kaiser war deshalb Christen gegenüber wohlgesonnen. Er bestimmte auch Hué zur Hauptstadt. Seine Nachfolger, vor allem Tu Duc (1848-1883), verfielen auf Druck mancher Mandarinen wieder in eine Feindschaft gegenüber katholischen Christen, was zu einer Christenverfolgung führte. Zu dieser Zeit (Kolonialzeitalter) faßten die Franzosen 1862 in Vietnam Fuß, wodurch dann 1884 das Ende der Unabhängigkeit des Landes anbrach. Die kaiserliche Regierung blieb nur zum Schein erhalten.

Ab 1885 bis 1930 bestand eine sogenannte Indochinesische Union: Laos, Kambodscha (West-Kotchinchina) Tonkin, Annam (mittlerer Teil des heutigen Vietnam) und Kotchinchina waren darin vereinigt.

Die Kolonialisten wollten die Menschen dieses Staatengebildes den ideologischen Leitbildern der französischen Revolution unterwerfen, jedoch entsprach dies nicht der Seele des Volkes, und es entstanden nationale Unabhängigkeitsbewegungen wie etwa die VNQDD (Viêt Nam Quoc Dân Dong), eine Nationalpartei Vietnams. Aber auch Nguyên-Ai-Quoc, der später Hô-Chi-Minh genannt wurde, trat hervor. Während des zweiten Weltkriegs gelangte jedoch Indochina unter eine weitere Fremdherrschaft, diesmal nicht eine europäische, sondern unter eine japanische Herrschaft. Hô-Chi-Minh, zu dieser Zeit in China tätig, organisiert die Kommunistische Befreiungsfront, die sogenannte Vietminh-Truppen. Diese riefen 1945 am 2. September, nach der Kapitulation Japans, eine Demokratische Republik Vietnam aus. Frankreich wollte nochmals Indochina zurückerobern, scheiterte jedoch. Auf einer Indochinakonferenz in Genf wurde die Teilung des Landes beschlossen. Vietnam selbst wurde in einen Süd- und Nordteil getrennt. Die Trennungslinie verlief nun etwa in Höhe des 17. Breitengrads 50 km nördlich von Hué.

Nordvietnam wurde nun eine sozialistische Republik, die von 1954 an durch Hô-Chi-Minh regiert wurde. Im Süden Vietnams wurde der Bruder von Bischof Pierre Martin Ngô-dinh-Thuc nämlich Ngô-dinh-Diêm 1955 Präsident der Republik.

Ngô-dinh-Diêm war Antikolonialist. Er war katholischer Christ. Unter seiner Amtszeit flohen viele Nordvietnamesen, vor allem katholische Christen in den Südteil des Landes.

Vom kommunistischen Norden her wurde eine neue Bewegung angestachelt, die Vietcong, ähnlich dem Typ der Vietminh. Sie sollten mit Hilfe von Morddrohungen und Staatsstreichen das freie Südvietnam unter das Joch des Sozialismus zwingen. Die Vereinigten Staaten griffen daraufhin ein. Jedoch waren deren Absichten, wie wir später noch sehen werden, nicht lauter und dem vietnamesischen Volk wenig zum Nutzen, denn ihr Geheimdienst CIA ließ – unter Zustimmung des „Papstes" Paul VI. – Ngô-dinh-Diêm 1963 ermorden. So wurde am 30. April 1975 Gesamtvietnam kommunistisch unter der Hauptstadt Hanoi. Aus Saigon wurde „Hô-Chi-Minh-Stadt".

Das Land fand jedoch keinen Frieden. Die neue Regierung war für weite Teile der Bevölkerung eine Quelle von Schikanen, so daß Tausende Vietnamesen sich in Booten auf das Meer treiben ließen, die sog. Boat People. Viele ertranken, verdursteten oder wurden von Piraten ermordet. Die Überlebenden hatten es äußerst schwer, eine neue Heimat zu finden. Dies alles war aber offensichtlich für die Boat People ein geringeres Unglück als unter dem vereinigten sozialistischen Regierungsgebilde leben zu müssen.

3. Die Familie Pierre Martin Ngô-dinh-Thucs

Welche Bedeutung für das vietnamesische Volk dem Namen Ngô, dem eigentlichen Familiennamen dinh-Thucs, zugrunde liegt, wird in der schon erwähnten Autobiographie dargelegt:

Ich bin ein Ngô. Ngô ist einer der Familiennamen in Vietnam. Ich glaube, ich täusche mich nicht, wenn ich behaupte, daß die Zahl der Viêt-Familiennamen hundert nicht übersteigt. Der Name mit den meisten Nachfahren ist Nguyên, dessen zahlreichster Zweig die Königsfamilie ist. Derjenige mit den wenigsten Mitgliedern ist der meine. Nach der Legende sind die Ngô Nachfahren der ersten einheimischen Königsfamilie im unabhängigen Vietnam. Dies erklärt vielleicht ein wenig unseren Patriotismus und unsere Anhänglichkeit an unser Land. Außerhalb der Legende von unserer königlichen Abstammung ist kein anderer Ngô in der Geschichte Vietnams hervorgetreten bis zum glänzenden, aber tragischen Erscheinen unserer Familie.

Kein Vietnamese wird jemals den Namen Ngô-dinh-Khas, meines Vaters, vergessen, der tausend Tode gestorben ist, da er nicht mit den anderen Würdenträgern des Hofes für die Absetzung des Kaisers Thanh-Thai gestimmt hatte, der illegal vom Vertreter Frankreichs in Annam (Zentralvietnam) aufgezwungen worden war, [und ebenso nicht] den Namen unseres Ältesten Ngô-dinh-Khôi, der mit seinem einzigen Sohn lebendig begraben wurde, weil er sich geweigert hatte, Minister im kommunistischen Premierministerium zu sein, da er es als unvereinbar ansah, katholisch und kommunistischer Funktionär zu sein. Lieber sterben als sich schmutzig machen. Schließlich kennen und achten alle Vietnamesen den Namen Ngô-dinh-Diêm, des Vaters der Republik Vietnam, und denjenigen von Ngô-dinh-Nhu und Ngô-dinh-Cân, Mitarbeiter des Präsidenten, alle drei von der CIA getötet.

Zwei Ngô sind diesem vom Botschafter Cabot Lodge, einem Freimaurer, organisierten Abschlachten entronnen: mein Bruder Ngô-dinh-Luyen, damals Botschafter in London, der von der Ecole Centrale des Ingenieurs (Paris) kam: da er sich fern von Vietnam aufhielt, und ich selbst, nach Rom gerufen, um am II. Vatikanischen Konzil teilzunehmen. Luyen hat 13 Kinder und Nhu hat 4. Ich hoffe, daß sie trotz ihrer Entfernung von der Heimat, da sie ja in Europa leben, nicht die Tradition unserer Familie vergessen werden: sich ganz dem Dienste Gottes und des Vaterlandes widmen.

Ich mache hier einen kurzen Einschub: Was bedeutet dieses Wort „dinh", eingezwängt zwischen Ngô und dem Personennamen (= Vorname), wie Diêm, Thuc? Dieses Wort bezeichnet den Zweig der Familie, denn es gibt Ngô-duc, Ngô ohne „Einschiebsel" wie beim König Ngô Guyên.

Thucs Vater Ngô-dinh-Khâ verbrachte mehrere Jahre seiner Jugend und des jungen Erwachsenseins in einem Zufluchtsort für Seminaristen aus Vietnam, China und Japan in Malaysia auf der Insel Poulo Pinang. Zuhause in Vietnam herrschte eine Verfolgung. Die Umgangssprache in diesem Seminar war Latein, deswegen war Thucs Vater perfekter Lateiner und konnte seine kleinen Sprößlinge schon von Kindesbeinen an in die geheiligte Kirchensprache hineinwachsen lassen[4].

Der Bischof des Seminars, Msgr. Casper, hatte eine bestimmte Anzahl von zu Priestern zu Weihenden unter den Seminaristen des genannten Seminars festgelegt. Thucs Vater gehörte nicht dazu. Bis zum 30. Lebensjahr blieb er dennoch im Seminar, um Latein zu lehren. Dann kehrte er heim, um seine Mutter zu ernähren und vor allem, um eine Familie zu gründen. Einem Dolmetscherposten für Latein bei Marineoffizieren verdankte er sein Einkommen.

Meine Mutter [berichtet Thuc] gehörte zu einer kleinbürgerlichen Familie, die aus Quang-ngâi jenseits von Tourane stammte, Richtung Süden. Aus einer zahlreichen Familie kommend, zwei Jungen und drei Töchter, hatte sie die Rolle der Hausherrin noch zu Lebzeiten unserer lieben Großmutter, und diese Rolle wurde ihr wegen ihrer Intelligenz und besonders ihrer Sanftmut übertragen. Ihre Geschwister hingen an ihr. Pater Allys, Pfarrer unserer Pfarrei Phû-cam, kannte sie, und als mein Vater, Witwer aus einer früheren Verbindung, diesen Pater bat, ihm eine Ehefrau zu nennen, wurde unsere Mutter vom Pfarrer vorgeschlagen. Ihre Gewandtheit machte sie zur würdigen Gattin eines Ministers des Hofes, zur Mutter des ersten Präsidenten der Republik Südvietnam.

---

[4] Thuc hatte dadurch – als seltene Ausnahme – beim sog. „II. Vaticanum" keinerlei Lateinproblem und wurde so frühzeitig auf die geänderte Marschrichtung aufmerksam

Die christlichen Tugenden seiner Eltern waren das einzige ihnen hinterlassene Erbe, ein unendlich wertvolleres Erbe als Adelstitel und Geldwerte, da es sie in Besitz des Himmels brachte. „Haeredes Dei et cohaeredes Christi".

Thuc beschreibt in seinem kurzen Lebenslauf „Doce me, Domine, vias tuas" (Toulon, 13.2.1978) die Atmosphäre seines Elternhauses folgendermaßen: „Geboren in einer praktizierenden katholischen Familie wurden mir alle Beispiele zum Glauben vorgelebt, wie dem kleinen Jesus, in Weisheit vor Gott und den Menschen. Doch meinerseits ergibt sich ein Defizit: meine Schuld." Die Autobiographie berichtet weiterhin:

Aus dem Gefängnis entlassen, mußte mein Vater nach einer langen Krankheit daran denken, den täglichen Reis für seine zahlreiche Familie zu finden: für sechs Jungen und drei Mädchen. Er war ein Mandarin von einer strengen Ehrlichkeit, und die Krankheit fraß seine geringen Ersparnisse auf. Er beschloß daher, einige Hänge zu bearbeiten, die er im Dorfe Ancûn besaß, nicht weit von Hué. Ich sehe noch meinen Vater, begleitet von einem seiner Söhne oder einer seiner Töchter, zu Fuß in einem Paar selbst hergestellter Holzpantinen die sechs Kilometer zu seinen Reisfeldern gehen, dort das Versetzen des Reises überwachen, das Bewässern mit Hilfe eines pedalbetriebenen Becherwerks, dann die Mahd. Wenn er müde war, blieb unser Vater auf dem Wege im Schatten eines Bambusdickichts stehen und erzählte uns bei einer selbstgedrehten Zigarette interessante Geschichten, die der Bibel oder den Preisbüchern entnommen waren, die von den Brüdern der Christlichen Schulen ausgegeben wurden. Denn mein Vater war ein geborener Erzähler, und dank dieser Gabe verdiente er etwas zu rauchen, als er Seminarist in Anninh war und seine Kameraden ihn baten, eine Geschichte zu erzählen oder zu erfinden. Er verlangte damals als Lohn einige Zigaretten und begeisterte die Zuhörer mit den seiner Phantasie entstammenden Erzählungen.

Das Programm der Wochentage war immer das gleiche. Morgens Wecken um sechs Uhr beim Klang der Glocke des Doms unserer Pfarrei Phû-cam. Jungen und Mädchen stürmten in die Küche, um sich zu waschen und zogen dann das Gewand an, das bis zu den Knien reichte (unser Zeremoniengewand) und folgten unserem Vater in die hl. Messe; sie knieten alle an seiner Seite. Unser Vater nahm mit geschlossenen Augen und gefalteten Händen teil; letztere waren aber immer bereit, die Jungen zu schütteln, wenn sie sich zerstreut zeigten. Er ging täglich zum Tisch des Herrn, von denen unter seinen Kindern begleitet, die zur Erstkommunion gegangen waren. Er fehlte praktisch nie bei der täglichen hl. Messe, nicht mal bei Unwetter, und er weckte in uns eine tiefe Andacht zu dieser Erneuerung des Kreuzesopfers, indem er uns oft eine Geschichte erzählte, die mir eine der goldenen Legenden zu sein scheint und die ich hier wiedergebe:

Ein Herr hatte zwei Pagen, von denen einer sein Günstling war. Der andere beging irgendeinen Fehler, von dem der Herr beschloß, er sei todeswürdig. Jedoch gedachte er, ihn auf heimliche Art sterben zu lassen. Mit dieser Absicht ließ er einen seinen Interessen ergebenen Mann zu sich kommen, der einen Kalkofen besaß, und befahl ihm, am nächsten Tag den Pagen hineinzuwerfen, der ihm morgens eine Botschaft überbrächte. Und am nächsten Tag rief er den verurteilten Pagen, gab ihm einen Umschlag mit dem Befehl, ihn dem Kalkbrenner zu übergeben. Der Page beeilte sich, seine Besorgung zu machen, aber auf halbem Wege hörte er es in der Kapelle zur hl. Messe läuten, die sich auf seinem Wege befand. Und da er sich an die Empfehlung seiner Eltern erinnerte, nie die Messe zu versäumen, trat er ein und nahm andächtig am hl. Opfer teil. Der Herr jedoch, der unbedingt wissen wollte, ob der Mörder seinen Auftrag ausgeführt hatte, schickte seinen Lieblingspagen, sich danach zu erkundigen, und als der Peiniger den Boten kommen sah, packte er ihn und warf ihn in den Ofen.

Nach der Messe gingen wir nach Hause zum von unserer Mutter zubereiteten Frühstück: einer Schale Reis mit Salz gewürzt. Dann gingen wir mit der Tasche auf dem Rücken zur Schule. Das Mittagessen war gehaltvoller, aber einfach: Reis statt Brot, eine gewöhnliche Suppe mit Fisch; Fleisch war den Sonn- und Feiertagen vorbehalten; Gemüse, von Zeit zu Zeit eine Frucht als Nachtisch, eine Frucht aus dem Garten: Ananas, Pflaumen, Karambolen. Das Abendessen bestand aus einem einzigen Gericht, aber wenn es auch oft an Qualität und Anzahl der Gerichte fehlte, an der Menge fehlte es nie. Meine Mutter, eine hervorragende Köchin, vollbrachte wahre Wunder, um uns zu ernähren und den Speiseplan abwechslungsreich zu gestalten. Mein Vater war in diesem Punkt streng: Es wurde alles gegessen, was auf den Tisch kam. Mein Bruder Diêm, der Fisch nicht ausstehen konnte, wurde gezwungen, ihn wie die anderen zu essen, obwohl er von Brechreiz geschüttelt wurde. Diese Fischallergie, besonders gegen gesalzenen Fisch, war der Grund, weshalb er das Noviziat bei den Brüdern der christlichen

Schulen zu seinem großen Bedauern aufgab, denn der Bruder Rektor des Noviziats erklärte, er habe keine geistliche Berufung, da er sich nicht dem gemeinsamen Essen unterwerfen konnte. Abends um acht Uhr nach dem Abendessen sprachen wir, Mädchen und Jungen, auf den Knien die Abendgebete. Dann schliefen wir auf unserem Boden ein, in den Schlaf gesungen von den Vater unser und Ave Maria unseres Papas und unserer Mama!

Wenn mein Vater die Geradlinigkeit selbst war, ein Stahlbarren, so war unsere Mutter die Sanftmut und Nachgiebigkeit selbst, aber ohne auch nur die geringste Konzession an das Böse. Sie war die personifizierte Nächstenliebe, die christliche Bescheidenheit selbst. Sie neigte nicht, wie man sagt, zu Gewäsch, aber ihre Tugenden waren die überzeugendste Rede über die Güte des Christentums. Unsere Familie hatte zahlreiche Hausangestellte, alle haben sich bekehrt und sind gute Christen geblieben.

Mit seinen Geschwistern lebte Thuc in einer Atmosphäre von Nazareth, das heißt des Glaubens und einer goldenen Mittelmäßigkeit.

An dieser Stelle muß erwähnt werden, daß die Familie Ngô ursprünglich nicht aus Hué stammt, väterlicherseits, sondern aus dem nördlichen Landesteil, aus dem Dorf Dai-phong im Lande Tonkin. Obwohl die Familie Ngô nach Hué zog, der Hauptstadt von Annam – also Zentralvietnams – näherhin Hauptort der Provinz Thûa-Thiên, blieben sie Bürger des Dorfes Dai-phong. In Dai-phong behielten sie einen Reisacker. Die Einkünfte aus der Reisernte dienten zur Unterstützung der dortigen katholischen Dorfschule, weiterhin zur Unterhaltung der Grabstätten ihrer Urahnen, welche in Vietnam in hohen Ehren stehen. Um das Leben Pierre Martin Ngô-dinh-Thucs samt Brüdern und Schwestern zu würdigen und in etwa die Bedeutung ihres Lebens für die Heilige Kirche und für das vietnamesische Volk erfassen zu können, können wiederum nur entsprechende Textpassagen aus der Autobiographie dienen:

Mein ältester Bruder war von mir durch meine Schwester Ngô-thi-Giao und zwei Jungen getrennt, die früh gestorben sind: Trae und Quynh, was den wenigen Kontakt zwischen uns erklärt. Besonders als Heranwachsender war ich sehr wenig mit meinem ältesten Bruder zusammen, da ich Seminarist und später Student in Rom war, während mein ältester Bruder die verschiedenen Stufen des Mandarinats vom neunten Grad bis hin zum ersten als Provinzgouverneur durchlief. Dieser Wettlauf um die Ehren fand außerhalb Hués statt, da die Tradition es einem Mandarin verbot, Verwalter seiner Geburtsprovinz zu sein.

Nach meiner Rückkehr nach Vietnam und meiner Priesterweihe waren wir häufiger zusammen. Ich begann, meinen ältesten Bruder zu schätzen, der nach vietnamesischer Sitte unser zweiter Vater wurde, der sich um unsere Mutter und seine Schwestern und kleinen Brüder kümmerte. Äußerlich war er ein sehr schöner Mann, hochgewachsen, er wurde respektiert und als Prinz betrachtet. Verheiratet mit einer Tochter des Herzogs von Phuôc-môn, lange Jahre Vorsitzender des Ministerrates, der markanteste Politiker unter der Herrschaft der letzten Kaiser von Annam, stieg mein Bruder die Stufen des Mandarinats durch eigenes Verdienst hinauf und, begünstigt durch die Mandarine, ehemalige Schüler meines Vaters, ohne seinem Schwiegervater etwas zu verdanken, der sich sehr davor hütete, ihn zu fördern, denn Nguyên-hûn-Bû, Herzog von Phuôc-môn, ehemaliger Schüler meines Vaters und zu Beginn seiner Karriere von ihm gefördert, beschäftigte sich nur mit sich selbst. Darum verstarb er einsam, mit meinem, seines Patenkindes, Beistand, und von mir zum Grab geleitet, von mir, der ich von meinem Paten nicht eine einzige Sapek erhalten hatte. (Anm. d. Übers.: Sapek = kleines Geldstück von geringstem Wert in Indochina)

Die Mandarinkarriere meines ältesten Bruders endete durch ein Unglück. Der damalige Generalgouverneur, Herr Pasquier, wenn ich mich nicht irre, war über den Gouverneur von Quang-nam verärgert, der sich nicht am Bahnhof nahe dem Hauptort einfand, um ihm seine Ehrerbietung zu bezeugen (mein Bruder war über das Vorbeikommen des Zuges des Gouverneurs nicht informiert worden). Er zog sich in Würde, ohne Gegenbeschuldigung, in unser Dorf Phû-cam zurück, zwei Schritte vom Hause unserer Familie entfernt. Er beendete seine Karriere wie ein „Christ", „lebendig mit seinem einzigen Sohn" begraben, da er sich geweigert hatte, mit den atheistischen Kommunisten zusammenzuarbeiten, die ihm einen Platz im Ministerrat angeboten hatten.

Meine älteste Schwester, Ngô-thi-Giao, verheiratet mit Trûong-dinh-Tung, war eine Frau von sehr fröhlichem Charakter, die den Scherz, die unschuldigen Neckereien liebte. Diese äußere Erscheinung verbarg eine tiefe Nächstenliebe.

Daher hat Gott sie zur Mutter von vier Ordensschwestern gemacht, drei Schwestern von der Nächstenliebe des hl. Paulus und eine Missionarin der Liebe zum Kreuz. Diese vier Ordensschwestern waren wahre Ordensschwestern, geschätzt von den Missionsbischöfen, die sie als Mitarbeiterinnen hatten, energische und heldenhafte Frauen, die Erschöpfung und Tod trotzten, um den Bischöfen zu gehorchen. Msgr. Seitz, Bischof von Kontum, könnte Zeugnis ablegen für das Lob, das ich gerade zweien meiner Nichten gezollt habe, die ihn bei der Besetzung Kontums durch die Roten wirkungsvoll unterstützt haben. Die jüngste meiner Nichten im Orden starb im Rufe der Heiligkeit in Frankreich und ruht mit ihren Schwestern in der Religion in der ihnen gehörenden Krypta auf dem Großfriedhof von Nizza.

Meine Schwester starb an Tuberkulose, die sie sich bei der Pflege meines Schwagers zugezogen hatte, der an dieser Krankheit litt. Sicher ist es ihr zu verdanken, daß ihr Mann als guter Christ starb. Gott allein kennt ihre Akte der Nächstenliebe, die sie sorgsam verbarg, Akte der Nächstenliebe, die sie teuer zu stehen kamen, da sie Witwe und nicht reich war, mit vielen Mündern zum Sattmachen.

Mein Bruder Diêm war einzigartig als Christ und als Autodidakt. Da ich nicht sein Beichtvater war, konnte ich kein auf die sakramentale Beichte gestütztes Urteil abgeben, aber von außen habe ich in seinem Benehmen nie etwas gegen Gottes Gesetz bemerkt. Sicher hatte er seine kleinen Schwächen, kleine Fehler; er mußte sich sehr zusammenreißen, um seine Wutanfälle zu beherrschen, er, der seine Staatsverpflichtungen nach dem Muster des strengsten Mönchs erfüllte, die Nachlässigkeit der ihm unterstehenden Funktionäre vor Augen. Die Tugend, die bei ihm herausragte, war die Keuschheit, nie ein unangebrachtes Wort, ein unangebrachter Blick, nie fielen seine Augen auf einen zweifelhaften Roman. Er gab sich mit guten Büchern zufrieden. Seine Freizeit war der Bildung gewidmet. Als Autodidakt hatte er nur in einigen Jahren bei den Brüdern der Christlichen Schulen regelmäßigen Unterricht gehabt, der vom ergänzenden Diplom gekrönt wurde, das er mit „maxima cum laude" und Glückwünschen der Jury erwarb – im Alter von 16 Jahren und während der Prüfung vom Fieber geschüttelt.

Er beherrschte die chinesischen Buchstaben und konnte mit den Chinesen und Japanern in chinesischer Schrift korrespondieren. Er übertrieb vielleicht, wenn er sich verständlich zu machen wünschte, obwohl er alle Feinheiten der französischen Sprache kannte. Übertriebener Eifer! Übertreibung der Perfektion wegen! Sein großes Feldbett war von einer Palisade aus Büchern aller Art umgeben, die aber immer seriös waren. Als er noch ein kleiner Schuljunge war, hatte er eine Kerze an seinem Bett; er selbst stand frühmorgens auf, zündete seine Kerze an und begann in der Nacht, seine Lektionen zu lernen, seine Hausaufgaben zu machen. Er war immer der Erste und der Erste auf jedem Gebiet. Ein Mann war nötig, um seine Ernte an Lorbeerkränzen und seine großen Preisbücher am Ende jedes Schuljahres heimzubringen. Ich habe niemals gesehen, daß er seine Zeit verschwendete. Als er Großmandarin wurde, mit besserer Bezahlung, wurden die Fotografie und die Jagd zu seinem Zeitvertreib, aber niemals beeinträchtigten diese harmlosen Zerstreuungen seine Stunden der Arbeit für den Staat.

Als Seminarist kehrte ich für die zwei Sommermonate nach Hause zurück und war mit der Familie zusammen, mit Papa, Mama, meinen Brüdern und kleinen Schwestern. Mein ältester Bruder war Kleinmandarin außerhalb von Hué, meine älteste Schwester aß nicht mit uns, sondern in der Küche, wo sie uns die Mahlzeiten zubereitete.

Während dieser Ferien vergnügte sich mein Bruder Diêm, als er noch kein Mandarin war, damit, meine zwei kleinen Schwestern und meine zwei kleinen Brüder dazu zu nötigen, „Krieg zu spielen“. Zuerst zeichnete er ihnen mit einem Stück verkohltem Kork Schnurrbärte über die Lippen; und die Gewehre waren aus dem Mittelstück der großen Bananenblätter gemacht. Das war vielleicht komisch! Aber Diêm war es ganz ernst, und er führte diese Armee, die aus zwei kleinen Soldaten und zwei kleinen Soldatinnen bestand, und sie stapften mit ihren nackten Füßen über den Boden: Eins-zwei, eins-zwei! Wehe dem zerstreuten Soldaten: Ein Säbelhieb auf den Hintern rief ihn wieder zur Ordnung. Bald beschäftigte Diêm seine Geschwister damit, einen kleinen Garten anzulegen.

Abends, nach dem Abendessen, knieten alle Kinder zusammen auf einer Estrade, und wir summten unsere Abendgebete. Diêm spazierte um die Estrade herum, und wehe dem oder derjenigen, der oder die unandächtig war oder, vom Schlaf übermannt, mit dem Kopf wackelte. Als die Gebete beendet waren, legten sich die Jungen auf die Estrade, die Mädchen gingen mit ihrer großen Schwester ins mittlere Haus schlafen. Denn unser Wohnhaus bestand aus drei Hauptgebäuden, dem mittleren Gebäude, einem vietnamesischen Haus, wo die Frauen schliefen. Der rechte Flügel war ein Etagenhaus, unten von unserem Vater bewohnt und oben von Diêm und mir. Der linke Flügel umfaßte den Reisspeicher und die Küche, wo die Hausdiener schliefen. Weiter entfernt stand der Schweinestall und daran schlossen sich die Heuhaufen an. Wir hatten einen sehr großen Garten, in dem Arequier-Palmen, Feigenbäume, Karambolenbäume und Pflaumenbäume wuchsen. Dank dieses sehr großen Gartens vergnügten wir uns nicht auf der Straße oder bei den anderen. Wir gingen nur zur täglichen Messe hinaus und um zur Schule zu gehen, die Mädchen, um auf den Markt zu gehen.

Was ich gerade über meinen Bruder Diêm erzählt habe, könnte den Leser dazu bringen zu glauben, mein Bruder sei immer ernst gewesen. Weit gefehlt! Diêm war derjenige von uns, der für die Verschrobenheiten der anderen die feinste Antenne hatte. Er war auch sehr geschickt darin, Gangart und Stimme der Leute nachzuahmen, was einen zum Lachen brachte. Unsere so wohlwollende Mutter konnte sich nicht daran hindern zu lachen, oder eher zu lächeln, als Diêm, einen Stock in der Hand, ganz gebeugt, einher lief und seinen Paten, den Arzt Thujen, nachäffte und seine Sprechweise nachahmte. Er sah dabei umwerfend komisch aus. Darin war er ein echter Vietnamese, der wie der Franzose der geborene Spötter ist, aber ein harmloser Spötter, geschickt darin, die Verschrobenheit der anderen zu beobachten und nachzuahmen.

Das Kind, das nach Diêm kam, war meine kleine Schwester Hiêp. Sie war die Sanfteste der Familie, die Frömmste und auch die Geduldigste. Sie war so schön wie eine Madonna. Jeder hatte sie gern. Sie war es, die unsere Mutter entlastete, indem sie sich um die Letztgeborenen, Cân und Luyên, kümmerte. Sie trug sie, gab ihnen das Fläschchen, wiegte sie in der Wiege aus Weidengeflecht, in der alle kleinen Ngô-dinhs gelegen hatten. Diese Wiege hing an einem langen Seil an der Holzdecke des mittleren Hauses. Von der Wiege aus konnte das Kind ein großes Bild vom Ewigen Vater sehen, das an die Zwischenwand genagelt war, die das Zimmerchen unserer Mutter begrenzte, in dem alle kleinen Ngôs geboren worden waren. Dort befand sich auch der Schrank mit den Konfitüren aller Art, die Mama hergestellt hatte, sowie der Wein aus Brombeeren, Früchte, welche die Menschen aus unserem Geburtsdorf in Ouâng-Binh uns jedes Jahr anboten, einer Provinz im Norden von Hué, von der diese Stadt durch die Provinz Ouâng-tri getrennt wird.

Nach meiner Schwester, der sanften Hiêp, kam ihr Gegenteil, meine Schwester Hoâng. Gegensätzlich hinsichtlich des Charakters, aber sie hatten sich sehr lieb. Klein, aber wohl proportioniert, von lebhafter Intelligenz – sehr praktisch – ist sie die einzige von uns, die sich ein schönes Vermögen aufgebaut hat. Sie bekam als Mann einen Jungen, der zu einer Familie von Notabeln unserer Pfarrei gehörte, derselben, aus welcher der Mann von Hiêp stammte. Er hieß Lê. Er war Unternehmer wie sein Vater. Er war energisch und verdiente Geld, starb aber relativ jung an Tuberkulose und hinterließ meine Schwester Hoâng mit einer kleinen Tochter, die später Herrn Trân-trung-Dung, Lizentiat in Jura, heiratete, einen der Minister meines Bruders Diêm.

Meine Schwester Hoâng wurde zum Erstaunen aller auch „Unternehmerin" und hatte Erfolg. Sie starb, nachdem sie noch miterlebt hatte, wie ihre Tochter heiratete und Mutter einer kleinen Tochter wurde. Ich war in ihren letzten Stunden bei ihr. Sie war tapfer bis zum Ende.

Mein Bruder Cân ist der einzige meiner Brüder, der keine „Glückshaut" besitzt. Das kam wegen seiner von Kind auf sehr labilen Gesundheit. Aber er vertrat das bäuerliche Element bei uns, die wir fast alle Intellektuelle und Mandarine waren. Der vietnamesische Bauer war wie der französische Bauer pfiffig, praktisch, bodenständig. Cân sprach ihre Sprache und konnte sich ihnen verständlich machen. Es war Cân, der die mächtige politische Partei organisierte, welche die Politik meiner Brüder Diêm und Nhu unterstützte. Er verstand es, beträchtliche finanzielle Mittel aufzutreiben, die für jede politische Organisation nötig sind: durch den Zimthandel. Cân gelang es ohne jedes politische Mandat, und obwohl er nicht fließend französisch sprach, der heimliche Gouverneur Zentralvietnams zu werden. Er ist nie aus dem Lande hinausgekommen. Er kam selten nach Saigon. Er kennt Tonkin nicht, aber er besaß Schiffe und ging mit Millionen Piastern um. Er war eine Macht. Die offiziellen Gouverneure von Zentralvietnam zogen ihn bei der Verwaltung des Landes zu Rate. Sein Ende war tragisch aber heldenhaft, als würdiger Nachfahre der Ngô.

Nach der Ermordung meiner Brüder Diêm und Nhu durch die von den Amerikanern bezahlten Haudegen verschwand Cân von der Bildfläche. Er wurde durch eine List des amerikanischen Konsuls in Hué entdeckt – eines Katholiken. Da er wußte, daß Cân mit den kanadischen Redemptoristenpatres von Hué gut befreundet war – Cân hatte den Redemptoristenpatres Mil-

lionen für den Bau ihrer schönen Kirche von Hué gespendet – nahm dieser Konsul mit dem Pater Superior des Ordens Kontakt auf und sagte ihm:

„Ich weiß nicht, warum Herr Cân sich versteckt. Wir haben nichts gegen ihn. Wenn Sie sein Versteck kennen, sagen Sie ihm, daß ein amerikanisches Flugzeug zu seiner Verfügung stehen wird, um sich nach Rom zu seinem Bruder, dem Erzbischof, zu begeben."

Der Pater Superior konsultierte seine Konfratres und nahm mit Cân Kontakt auf. Cân stimmte zu und verlangte vom amerikanischen Konsul ein Dokument in drei Sprachen: französisch, englisch und vietnamesisch, das den Redemptoristenpatres und meinem Bruder versicherte, daß die amerikanische Regierung meinen Bruder nach Rom brächte, um mich zu treffen. Aber am vereinbarten Tag landete ein amerikanisches Flugzeug am Flughafen von Phû-Bâi nahe Hué, nahm meinen Bruder an Bord, flog Richtung Saigon und landete am Flughafen Tân-son-Nhûit in Saigon, um meinen Bruder den Rebellengenerälen zu übergeben, den Mördern meiner Brüder. Das ist die schmutzige amerikanische Politik, das wahre Gesicht der CIA – per fas et nefas.

Man tat meinen Bruder in ein Versteck, Tag und Nacht in einem Käfig bewacht. Man machte ihm einen politischen Prozeß. Man verurteilte ihn zum Tod durch Erschießen. All das konnte geschehen durch Zulassung der Vorsehung Gottes. Man muß sagen, Cân war – in religiöser Hinsicht – am wenigsten katholisch von uns. Er erfüllte seine Osterpflicht, er schlief erst ein, nachdem er seinen Rosenkranz gebetet hatte, nahm jeden Sonn- und Feiertag an der hl. Messe teil, war mildtätig, aber er war nicht eifrig und beschränkte sich auf die Osterkommunion. Gott duldete den Hinterhalt, der von den Amerikanern gegen ihn gelegt wurde, und erlaubte den ungerechten Prozeß gegen ihn, damit er als Christ sterben konnte.

In seinem Käfig empfing er mehr als einen Monat lang jeden Tag die hl. Kommunion mit dem Beistand eines vietnamesischen Redemptoristenpaters, eines Patenkindes meines Bruders Diêm. Er starb tapfer, den Rosenkranz in einer Hand und mit der anderen Hand den Soldaten des Exekutionshaufens sein Herz zeigend, indem er schrie: „Zielen Sie hierhin! Es lebe Vietnam!" Wenn er als wenig eifriger Christ gelebt hat, so starb er als wahrer Katholik und Vietnamese ohne Angst.

*Unser jüngster Bruder Luyên ist derjenige, der eine sorgfältige und voll-
ständige Ausbildung erhielt dank der Hingabe meiner Brüder Khôi und
Diêm. Nach dem Grundschulunterricht bei den Brüdern in Hué wurde er
mit zwölf Jahren nach Frankreich geschickt. Er kam in die sechste Klasse
des Colleges von Juilly bei den Oratorianerpatres. Luyên war sehr intelligent, immer der Erste seiner Klasse. Von der sechsten sprang er in die vierte und dann in die zweite Klasse. Er machte sein Abitur und schaffte es, in
die Ecole Centrale des Ingenieurs in Paris einzutreten, und ging als Ingenieur aus ihr hervor. Er kehrte nach Vietnam zurück, wurde Katasterdirektor,
zuerst in Vietnam, dann in Kambodscha, das damals unter französischem
Protektorat war.*

*Als mein Bruder Diêm zum Gouverneur von Südvietnam ernannt wurde,
führte Luyên die südvietnamesische Delegation nach Genf in der Schweiz,
um über das Schicksal Vietnams zu diskutieren. Südvietnam, das isoliert
war, konnte die Trennung von Nordvietnam nicht vermeiden, das außer
Tonkin die Zentralprovinzen bis zum Fluß Cua-Tung umfaßte.*

*Südvietnam unter der Führung von Luyên weigerte sich, die Genfer Kon-
ventionen zu unterschreiben, konnte aber nicht anders, als sich in diese
Niederlage zu schicken. Diêm steckte all seine Energie in die Vorbereitung
der Revanche durch Bildung einer starken Armee, eine vorbildliche Verwaltung, die Vereinigung Südvietnams, indem er alle Privatarmeen beseitigte,
denn als Diêm auf Ersuchen des Kaisers Bâo-dai, der von Frankreich wieder auf den Thron gesetzt worden war, nach Saigon zog, war diese neue
Hauptstadt mit ihrer unmittelbaren Umgebung das Lehen von Bay Viên,
einem Banditen. Die Provinz von Tây-minh war das Lehen der Caodaisten,
diejenige von Soetrang war das Lehen der Hoa-haô.*

*Die Verbindungen zwischen Bâo-dai und Luyên hatten begonnen, als bei-
de in Frankreich waren, mein Bruder Schüler des Colleges in Juilly und
Bâo-dai, der in Paris wohnte, bei Monsieur Charles, früherer oberster Gouverneur von Annam unter der Herrschaft von Khâi-dinh. Dieser hatte den
Prinzen Monsieur Charles zur Ausbildung anvertraut. Ich war damals in
Paris im Institut Catholique, um ein Lizentiat fürs Lehramt zu erwerben,
und brachte sonntags Luyên zum Erbprinzen, der sich damals Vinh-Thay
nannte und dessen Herrschername später Bâo-dai war, damit er mit ihm
diesen freien Tag verbrachte. Die beiden Jungen spielten zusammen mit
Murmeln und andere Spiele.*

Diese Verbindungen ermöglichten es Luyên, Bâo-dai die Erwählung meines Bruders Diêm für die Aufgabe zu melden, sich der Absorption Südvietnams durch den kommunistischen, von Hô-Chi-Minh regierten Norden zu widersetzen.

Luyên ist heute Oberhaupt einer Familie mit zwölf Kindern. Das, eine Tochter, starb 1976 bei einem Autounfall. Die ältesten sind verheiratet oder verdienen ihr Geld anderweitig. Luyên, gealtert und von schwacher Gesundheit, ist immer noch unserer hl. Religion treu und kommuniziert jeden Sonntag. Er hat ein gutes Gedächtnis, und ich versuche, ihn davon zu überzeugen, seine politischen Memoiren zu schreiben, da er das Thema perfekt kennt, während ich selbst mich ausschließlich mit meinen Aufgaben als Bischof befaßte.

Eine Bemerkung bezüglich seines Bruders Diêm, Präsident Südvietnams von 1955 bis 1963, muß erlaubt sein: Immer wieder ist zu lesen, er sei in seinen Regierungsgeschäften und in seinem Kampf gegen den Sozialismus Hô-Chi-Minhs von der US-amerikanischen Regierung unterstützt worden. Wer jedoch etwas über die „Mentalität" der US-Regierung weiß, sei sie von den Republikanern oder den Demokraten besetzt, der kann sich schwerlich vorstellen, daß diese einen so geradlinigen, einen so aufrichtigen Präsidenten wie Ngô-dinh-Diêm es war, unterstützen. Jedenfalls nicht aus einer altruistischen Gesinnung heraus. Wenn eine tatsächliche Unterstützung vorlag, war dies aus einer kalten Berechnung heraus geschehen, um egoistische US-Regierungsziele zu erreichen. Durch die amerikanische Anwesenheit erlitt die südvietnamesische Armee vor allem in den Jahren des Vietnamkriegs eine Demoralisierung, welche Präsident Ngô-dinh-Diêm mit Sicherheit nicht erstrebte. Dieser moralische Verfall trug auch dazu bei, daß 1975 Südvietnam kapitulieren mußte[5].

Was diese Kapitulation für die einheimische Bevölkerung bedeutete, berichtete *Pater Werenfried van Straaten* in einem Artikel der Zeitschrift „Echo der Liebe" vom Juli 1975 über das verratene Vietnam:

---

[5] Tom Church, ehemaliger US-Senator, schrieb 1976 in einem 350-seitigen Untersuchungsbericht über den Sumpf amerikanischer Außenpolitik: „Wir waren Teil eines militärischen Staatsstreiches in Südvietnam, mit dem die selbe Regierung gestürzt wurde, die wir versprochen hatten zu verteidigen."

Ich bin sechsmal in Südvietnam gewesen. Ich kenne die Bischöfe, die Priester, die Schwestern, die tapferen Katholiken dieses überfallenen, gemarterten, im Stich gelassenen und verratenen Landes. Es gibt für mich keinen Zweifel, daß das große Morden hier bald beginnen wird, wie in Rußland, Spanien, China, Tibet, Kambodscha und in allen Ländern, wo der rote Drache die Macht erobert hat.

In Kambodscha wurden zwei Millionen Menschen aus der Hauptstadt vertrieben und ohne Hoffnung auf Nahrung oder Unterkunft aufs Land deportiert, eine Form des Massenmordes, die aus der Geschichte der Sowjetunion bekannt ist und dort 30 Millionen Opfer gefordert hat. In Vietnam, wo vorläufig das Regime des Lächelns herrscht, kann dieses Verfahren erst angewandt werden, wenn die ausländischen Journalisten das Land verlassen haben. Die meisten sind schon weg. Sie werden nicht ausgewiesen, sondern gehen freiwillig. Im ersten Flugzeug, das nach der Kapitulation Saigon verließ, gab es nur Journalisten. Für Presse, Rundfunk und Fernsehen ist es uninteressant, wenn Nichtkommunisten in Not geraten. Darum wird das kommende Blutbad in Vietnam genauso totgeschwiegen werden, wie die Verzweiflung, in der die verratene Bevölkerung bereits jetzt lebt.

Diese Verzweiflung las ich in dem Brief eines ausländischen Augenzeugen: „Die Szenen, die ich gesehen habe, werde ich nie vergessen, manchmal sehe ich sie in meinen Träumen, bis ich mit einem Angstschrei aufwache. Niemals werde ich mich selbst noch beklagen. Welches Schicksal mir auch beschieden, es wird begehrenswert sein im Vergleich mit dem, was Millionen Vietnamesen und Zehntausende Kinder hier erlebt haben. Nie vergesse ich die Angst auf dem Gesicht der Verzweifelten, ihren versteinerten Blick, den Nachtmahr, die Panik, die sich ihrer bemächtigt hat."

Diese Panik, die beim Herannahen der kommunistischen Truppen Dörfer und Städte entvölkerte, war berechtigt durch die bittere Erfahrung von mehr als zwanzig Jahren: durch die 600.000 Leichen, auf denen Hô-Chi-Minh das rote Nordvietnam erbaut hat; durch die 800.000 Flüchtlinge, die in den Süden entfliehen konnten; durch die 5.800 ermordeten Bürger von Hué (während einem Monat kommunistischer Besetzung im Jahre 1968); durch die 2.000 niedergemetzelten Flüchtlinge auf der Straße bei La-Vang (29. April 1972); durch die Blutbäder im Mai 1972 in Quang-Tri, An-Loc und Binh-Dinh; und durch die Grausamkeit, die auch die letzte kommunistische Offensive gekennzeichnet hat bis zum Tag, an dem die demoralisierte süd-

vietnamesische Armee, von Amerika und den eigenen Generälen im Stich gelassen, den Widerstand einstellte.

Über die letzte Phase des roten Aggressionskrieges berichtet ein Priester: „In Tra-On, Hauptstadt der Provinz Vinh-Binh, zwangen die Vietkongs die Christen, ihre neue Pfarrkirche abzureißen; sie mußten die Mauern einrammen und die Säulen durchsägen. Beim Einsturz wurden zehn Personen getötet und mehr als hundert verletzt. In Vinh-Long (wo Msgr. Ngô-dinh-Thuc ca. 20 Jahre als Bischof tätig war) drangen die Nordvietnamesen im Ortsteil Nhan-Pho in die Kirche ein und schlugen alles kurz und klein. Der Kommandeur setzte sich unter schrecklichen Gotteslästerungen auf den Altar. Anschließend wurden die nicht geflüchteten Gläubigen in barbarischer Weise ermordet. So verfügen wir über Dutzende von Dokumenten, welche die systematisch totgeschwiegenen Greuel der kommunistischen Invasion ans Licht bringen.

Diese Greuel verursachten das katastrophale Flüchtlingsproblem, das oft in unmenschlicher Weise „gelöst" wird. Wie das Problem des zwanzigjährigen Lam Hinh Than und dessen Brüderchen. Sie waren auf hoher See von einem japanischen Frachter aufgefischt. In einem japanischen Hafen angekommen, baten die Jungen, dort bleiben zu dürfen, weil sie nie mehr nach Vietnam zurückkehren wollten. Sie wurden mit dem gleichen Boot zurückgeschickt. So war es auch in Bangkok. Auf der Reede lagen zwei Schiffe mit 600 vietnamesischen Flüchtlingen, die nicht an Land durften. Die Schiffe erhielten weder Brennstoff noch Lebensmittel, wenn sie nicht mit den Flüchtlingen nach Saigon zurückkehrten. Als leere Worte müssen wir leider das unglückliche Telegramm brandmarken, das – wie die Presse erwähnte – Kardinal Alfrink namens der in marxistisches Fahrwasser geratenen Friedensbewegung „Pax Christi" den Erzbischöfen von Hanoi und Saigon schickte, um seine Freude über das Ende des Krieges und den Anfang des Friedens zu bezeugen. Was hätten die holländischen Bischöfe im Jahre 1940 wohl gesagt, wenn nach dem gelungenen Naziüberfall auf ihr Vaterland ein fremder Kardinal seine Freude über das Ende des Krieges und den Anfang des Friedens zum Ausdruck gebracht hätte?

Nichts ist gefährlicher als ein Scheinfriede, der als Deckmantel dazu dient, den Kampf gegen die Freiheit, die Wahrheit und die Rechte Gottes und der Menschen unbehindert fortzuführen.

Bereits Jeremias mußte gegen die falschen Friedensapostel seiner Zeit wüten: „Prophet und Priester, jeder übt Trug. Nur scheinbar heilen sie die Zerrissenheit meines Volkes, indem sie schreien: 'Friede, Friede!' Aber da ist kein Friede. Schande über sie, denn Greuel ist, was sie tun."

Der Friede ist nicht das höchste Gut, das man um jeden Preis anstreben muß. Pascal schrieb darüber: „So wie es ein Verbrechen ist, den Frieden zu stören, wo die Wahrheit herrscht, so ist es auch ein Verbrechen, den Frieden zu bewahren, wenn der Wahrheit Gewalt angetan wird. Es gibt daher eine Zeit, in der der Friede gerechtfertigt ist, und eine andere Zeit, in der er nicht gerechtfertigt ist. (...) Darum sagt Christus, der erklärt, daß er gekommen ist, den Frieden zu bringen, gleichfalls, daß er gekommen ist, das Schwert zu bringen. Aber er sagt nicht, daß er gekommen ist, sowohl die Wahrheit wie die Lüge zu bringen."

Um die Lüge zu entlarven und das Unrecht, das um eines falschen Friedens willen verschwiegen wird zu bekämpfen, rechne ich auf Christi Schwert. Für den Samariterdienst an unseren ausgeplünderten vietnamesischen Brüdern verlasse ich mich auf Euch.

W.v.S.

4. Pierre Martin Ngô-dinh-Thucs Lebensweg

Er wurde geboren am 6. Oktober 1897 in Phû-cam, einem Ort in der Erzdiözese Hué, Annam. Als Kind empfing er die Wohltaten seiner aufrichtigen, wohl heiligmäßig lebenden Eltern, ein klein wenig so wie das Jesuskind im Hause von Nazareth. Sein Elternhaus empfand er jedenfalls nach seinen Worten zu urteilen, wie ein Abbild des Hauses zu Nazareth, der Ursprungsstätte allen christlichen Lebens.

Der kleine Thuc hatte eine außerordentliche Begabung. Er konnte in kürzester Zeit umfangreichen Lernstoff in sich aufnehmen, verarbeiten und erlernen, in der Schule sowie im Seminar. Viel Zeit blieb ihm deshalb, und er lernte die Langweile kennen. Die Schulbrüder vermochten nicht seine durchs schnelle Lernen erworbene Zeit auszufüllen. Die Strafe für das Nichtstun bestand darin, in den Latrinen knien zu müssen, Latrinen, die voller Würmer waren und stacheligen Jacquier-Rinden. Trotzdem war der 6-jährige Bub seinen Lehrern gegenüber dankbar, weil sie ihm halfen, seine Sünden zu überwinden.

Der aufrichtige Katechismus-Unterricht der Schulbrüder bewog seine heidnischen Mitschüler, einen Priester zu rufen, um das hl. Bad der Wiedergeburt, die Taufe, zu erlangen.

In der Kapelle der Schulbrüder empfing Pierre Martin Ngô-dinh-Thuc die erste heilige Kommunion.

In derselben Kapelle sah er in Beisein seines Vaters einen Missionar, dessen Gesicht ihn an Jesus Christus erinnerte. Ein Wunsch erfüllte nun das Herz des Jungen. Dieser Pater sollte sein Firmpate werden. Der Vater fragte den Pater in diesem Anliegen, und dieser willigte ein. Es ist bemerkenswert, der kleine Thuc erwählte seinen Firmpaten nicht nach irdischen, wenn vielleicht auch lobenswerten Gesichtspunkten, sondern erwählte ihn wegen dessen wohl äußerlicher, aber wie anzunehmen, auch inneren Ähnlichkeit mit Christus. Dies bezeugt eine tiefe, wenn auch kindliche Liebe dieses Buben zu unserem Herrn Jesus Christus. Ein Jahr nach der ersten hl. Kommunion empfing er das hl. Sakrament der Firmung. Dieser christusähnliche, einfach lebende Priester wurde einer seiner Professoren am Großen Seminar von Hué. Später, als die Kommunisten kamen, trieben sie ihn in die Wälder, wo er an ihren Mißhandlungen verstarb. Er wurde ein Märtyrer, dessen Gebeine in einem Zisterzienserkloster bei Saigon[6] ruhen. Diesem Pater namens Mendibourne verdankte der kleine Thuc vor allem aber seine Berufung zum Priestertum.

Sein Vater und ein vergeistigter Priester der Mission von Hué verhandelten. Die Folge: mit einem Wäschepaket und Süßigkeiten der heiligmäßigen Mutter ausgestattet, kehrt der zwölfjährige Bub in das Kleine Seminar von Anninh ein. Anninh liegt in der Provinz von Quang-tri. In diesem Seminar verbrachte er acht Jahre, obwohl das Studium wegen seiner außerordentlichen Auffassungsgabe nach vier Jahren abgeschlossen war. Zum Leben des jugendlichen Thuc gehören nun auch Begegnungen mit den Abenteurern des Lieben Gottes. Das Seminar ist wohl reichlich ausgestattet mit Lehrern, ja selbst einem Professor, die an Originalität in ihrer gesamten Erscheinung kaum zu übertreffen sind. In dem im Anhang abgedruckten Lebenslauf wird z.B. solch eine ungewöhnliche Eigenheit eines Professors beschrieben, welche uns in Staunen versetzt.

Im Großen Seminar von Hué studierte er (inzwischen 20jährig) unter Leitung von Pater Roux thomistische Philosophie. Unter diesem Pater konnte Pierre Martin Thuc lernen, was es bedeutet Priester zu sein: „Ein anderer Christus zu werden". Um das Geschriebene zu verstehen, lud dieser Priester seinen Seminaristen Opfer auf, führte sie aber auch auf dem Weg über die vielfachen Hindernisse der Sünde und zahlreicher Rückschläge hinauf zu Gott, welcher durch einen Überfluß der göttlichen Gnade beschleunigt wurde. Thucs Wege führten nun zum Weiterstudium nach Rom. Welch ein Opfer für den Vater. Am Bahnhof von Hué wußte er, hier sieht er seinen Sohn das letzte Mal in dieser irdischen Gestalt. Er hatte Mühe, seinen Tränen nicht freien Lauf zu lassen. Er erlebte später noch die Nachricht aus dem fernen Rom über die niederen Weihen und die Subdiakonatsweihen, die seinem Sohn gespendet wurden.

Hier muß nun eingefügt werden, wie der weitere Lebensweg des Vaters verlief. Aus der Autobiographie ist zu entnehmen:

Mein Vater Ngô-dinh-Khâ, dessen Kindheit und Werdegang schon in „Doce me" dargelegt wurden, verdient es, im Gedächtnis zu bleiben als der Mann, der als erster daran gearbeitet hat, das Erlernen des Französischen in Zentralvietnam einzuführen. Er hat es aus Patriotismus getan. Zu dieser

---

[6] von den Kommunisten umbenannt in Hô-Chi-Minh-Stadt

Zeit regierten die Franzosen praktisch Annam. Nach den Vereinbarungen zwischen Frankreich als Sieger und den besiegten Kaisern von Vietnam jedoch sollte Annam den Status des Protektorats „genießen" und nicht zur Kolonie werden, was das Los des reichen Kotchinchina war, dessen Einwohner „Untertanen" waren und nicht französische „Bürger", Aber Annam wurde praktisch vom Gouverneur Frankreichs regiert, der als Minister des Königs seine Domestiken aufdrängte, die ein französisches „Kauderwelsch" sprachen, das sie im Küchendienst bei ihren Herren gelernt hatten. Mein Vater faßte also den Plan, „das richtige Französisch" zuerst den gebildeten Vietnamesen beizubringen und dann den jungen Vietnamesen königlicher Herkunft. Dabei gründete er das College national in Vietnam: Quöo-hoo. Ein etwas verrücktes Abenteuer: Die „adligen" Väter gaben ihm auf seine Anfrage nur die Kinder ihrer Konkubinen, und er mußte diese Schüler „bezahlen"! Diese wurden später Minister!

So wurden die Söhne der Konkubinen aus der letzten Klasse der Königssprößlinge die „Intellektuellen französischer Kultur" wie Doktoren der Medizin, Zahnärzte, Anwälte, hohe Funktionäre. Dank dieser von meinem Vater unterwiesenen Männer wurden meine Brüder, der älteste Ngô-dinh-Khôi, und der künftige erste Präsident der Republik Südvietnam gefördert und erklommen die Rangstufen des Mandarinats mit Leichtigkeit.

Mein Vater wurde dazu ausersehen, Erzieher des jungen Königs Thân-Thâi zu sein und später Minister seines Kaiserhauses. Diese Ehren waren Ursache schrecklicher Prüfungen für meinen Vater, als der Generalgouverneur Frankreichs in Zentralvietnam, Herr Leveque, unter Überschreitung der im französisch-vietnamesischen Vertrag enthaltenen Befugnisse beschloß, Thân-Thâi unter dem Vorwand der Verrücktheit zu entthronen. Denn dieser junge König, intelligent und aktiv, konnte sich nicht nur mit dem Vorrecht begnügen, für die Dörfer geniale Kräfte zum Schutz zu ernennen, und hatte die Idee, seine zahlreichen Konkubinen zu „militarisieren", indem er ihnen die Militärschritte beibrachte und sie mit hölzernen Gewehren manövrieren ließ. All dies geschah in der Verbotenen Stadt, also außerhalb des Gesichtskreises des gemeinen Volkes.

Der Gouverneur Leveque ließ illegal die Hofmandarine zusammenrufen und befahl ihnen, einstimmig für die Absetzung des Herrschers zu stimmen. Diese Mandarine gehorchten sklavisch, mit Ausnahme meines Vaters. Zur Enthebung von all seinen Mandarintiteln verurteilt, wurde mein Vater ins

Gefängnis gesteckt, und der König wurde nach Madagaskar verbannt.

Das vietnamesische Volk verkündete angesichts dieses Machtmißbrauchs und der Feigheit des Hofes, daß Ngô-dinh-Khâ der einzige war, der sich der Absetzung des Königs widersetzte. Die Verbannung meines Vaters wurde erst mit der Volljährigkeit des Kaisers Duy-tân, eines der Söhne Thânh-Thâis, aufgehoben, der meinem Vater seine Titel und seine Alterspensions-rechte wiedergab.

Hier glaube ich, berichten zu müssen, wie der Gouverneur von Frankreich den neuen König wählte. Er ließ die zahlreichen männlichen Sprößlinge von Thânh-Thâi sich in einer Linie aufstellen, befahl ihnen, einen Lauf zu machen und versprach dem Sieger eine Belohnung. Und derjenige, der zuletzt ankam, wurde vom Gouverneur als König ausgewählt, weil der dachte, er sei der am wenigsten Intelligente. Da täuschte er sich aber gewaltig, denn dieser Junge war der künftige Duy-tân, eingefleischter Feind Frankreichs, der beinahe die Franzosen mit Hilfe der „Freiwilligen" verjagt hätte, die dazu bestimmt waren, in Frankreich zu kämpfen. Dieses Komplott ging jedoch schief, dank meines Bruders Ngô-dinh-Khôi.

Am 20. Oktober 1925 empfing Pierre Martin Ngô-dinh-Thuc in Rom die zweite Stufe des hl. Weihesakramentes. Er wurde Priester nach der Ordnung des Melchisedech auf ewig. In Rom erhielt er noch je einen Doktorgrad in der Philosophie, in der Theologie und im kanonischen Recht. Daraufhin ging er als Priester in seine Heimat Hué zurück. Er lehrte am Großen Seminar in Hué und weiterhin am Kolleg der Göttlichen Vorsehung. Hier erhielt er die Berufung, von Papst Pius XI. in Rom ausgehend, den Stuhl des apostolischen Vikariates von Vinh-long zu besetzen. Das apostolische Vikariat von Vinh-long in Kotchinchina, unweit von Saigon wurde 1938 vom Vikariat Saigon abgetrennt und vom einheimischen Klerus verwaltet.

Am 4. Mai 1938 erhielt der junge Priester Pierre Martin Ngô-dinh-Thuc aus den Händen des Legaten für Indochina Msgr. Antonio Drapier O.P. in der Kathedrale von Hué die Fülle des Priestertums. Er wurde zum Bischof geweiht, nachdem er am 8.1.1938 zum Titularbischof von Sesina erwählt worden war. Der ihn weihende Bischof sprach unter Handauflegung:

Vollende in deinem Priester die Fülle deines Dienstes und, mit dem Schmuck der gesamten Verherrlichung ausgestattet, heilige Ihn mit dem Tau himmlischer Salbung.

Die Inschrift in seinem Bischofswappen lautet: „Miles Christi", also „Soldat Christi".

Vor ihm wurden schon zwei einheimische Vietnamesen in das Episkopat berufen. Das Episkopat ist das Bischofskollegium, also die Nachfolger der hl. zwölf Apostel.

Der erste war Msgr. J.B. Nguyên-ba-Tong aus Kotchinchina, für Phat-Diêm in Tonkin ernannt. Zu ihm sagte Papst Pius XI. 1933 anläßlich seiner Bischofsweihe: „Sie werden in Ihr Land, Vietnam in Ostasien, zurückkehren. Setzen Sie Ihr missionarisches Apostolat fort, denn Vietnam hat eine große Berufung und eine große Aufgabe. Es ist die älteste Tochter der Kirche in Ostasien."

Der zweite war Msgr. Can, ein geistiger Bruder von Pierre Martin Ngô-dinh-Thuc und geistiger Sohn von Msgr. Ally.

Kurz nach seiner Berufung zum Titularbischof von Sesiana am 9. Januar 1938 und kurz vor der Weihe zum Bischof erhielt Msgr. Pierre Martin Ngô-dinh-Thuc von Papst Pius XI. für seine Mission eine besondere Vollmachtsbestätigung (siehe auch das Original im Anhang). In deutscher Sprache lautet dieses Dokument:

Pius PP.XI.

Mit der Fülle der Gewalt des Apostolischen Stuhles ernennen wir zu uns bekannten Zwecken Petrus Martinus Ngô-dinh-Thuc, Titularbischof von Sesina, zu unserem Legaten mit allen nötigen Vollmachten.

Gegeben zu Rom bei St. Peter,
am 15. März 1938
im 17. Jahr unseres Pontifikats
Pius PP. XI.

Der Erzbischof machte bekannt, daß diese Vollmacht darin bestand, ohne Rückfrage beim Heiligen Stuhl und ohne päpstliches Mandat Bischöfe zu weihen, wenn es für das Heil der Seelen erforderlich sei. Diese Bevollmächtigung wurde durch ein Motu proprio erteilt.

Da ist doch zunächst zu fragen: warum betet der Bischof im Weihegebet über den zum Bischof zu weihenden Priester: „Vollende in deinem Priester die Fülle deines Dienstes", wenn ein Bischof doch noch eine päpstliche Generalvollmacht braucht, um sein Amt in Fülle ausüben zu können? Dies liegt an der Jurisdiktion.

Ein Priester erhält durch die Bischofsweihe die Fülle des gesamten Schmuckes des geheiligten Priesteramtes. Er kann nun die hl. Öle weihen. Er kann feierlich die Exkommunikation aussprechen und von dieser entbinden. Er ist von nun an imstande, das hl. Sakrament der Priesterweihe zu spenden in seinen drei Stufen: Diakon-, Priester-, Bischofsweihe.

Jedoch ist diese bischöfliche Bevollmächtigung nicht losgelöst von der päpstlichen Gesamtjurisdiktion für die Heilige Katholische Kirche. Besonders die Weihe eines Bischofs (da für die Gesamt- oder Teil-Kirche von großer Bedeutung) bedarf der Erlaubnis eines aktuellen Papstes, vorausgesetzt, daß der Inhaber des Petrusamts physisch erreichbar ist (was in Zeiten schwerer Christenverfolgung nicht der Fall sein kann). Da damals in Bischof Pierre Martin Ngô-dinh-Thucs Heimatland wohl eine große Gefahr bestand, zu einem Land einer heftigeren Christenverfolgung zu werden und damit ein Kontakt nach Rom zum Papst sehr erschwert würde, erhielt Bischof Pierre Martin Ngô-dinh-Thuc zum Segen für die hl. Kirche in Vietnam diese erweiterte Jurisdiktion.

Unwillkürlich stellt sich die Frage im Herzen der treu gebliebenen Katholiken unserer Tage: Hatte Papst Pius XI. nur Vietnam im Sinn bei der Weitergabe des ihm vorbehaltenen jurisdiktionellen Rechtes? Ahnte er, daß dieses [räumlich Rom-ferne] Vietnam zu einem [echt Rom-fernen] gesamten Erdkreis werden wird?

Ein aktueller Papst kann heute keine Erlaubnis für eine Bischofsweihe geben, wegen einer nun schon Jahrzehnte andauernden Vakanz des Stuhles Petri. Die Bedeutung dieser Tatsache näher zu erörtern soll in den nachfolgenden Kapiteln versucht werden.

Wie es nun dem mit 41 Jahren zum Bischof erwählten Pierre Martin Ngô-dinh-Thuc in seinem ihm zugewiesenen Vikariat Vinh-Long erging und wie segensreich sein Wirken in den dazugehörigen Provinzen, Pentri und Teile von Sadec, war, soll ein weiterer Abschnitt aus „Misericordias Domini" darlegen:

Mein Vikariat hatte 1938, als ich in seinen Besitz kam, etwa sechzig Priester und weniger als 100.000 Katholiken auf mehr als eine Million Einwohner. Es ist ein Land schöner Gärten und vor allem guter Reisfelder. Unsere Priester von Kotchinchina sind von leutseligem und einfachem Charakter, sie sind nicht förmlich und kompliziert wie die von Tonkin, weil die Kotchinchinesen von der Rasse der Siedler waren, die geschickt wurden, um Südvietnam zu besiedeln, das den Kambodschanern und den Cham entrissen worden war, während die Zentralvietnamesen (zu denen ich gehöre) ernsthafte Menschen sind, schwer arbeitend, da die Mitte nicht fruchtbar ist wie der Süden: armes Land, mutige und nachdenkliche Rasse. Aus dem Zentrum stammten die Regierenden Vietnams und auch die Revolutionäre wie Hô-Chi-Minh.

Das hat sich auch in kirchlicher Hinsicht bewahrheitet. Von den vier ersten vietnamesischen Bischöfen waren drei aus Zentralvietnam: Msgr. Dominique Hó-ngoo-Can, Msgr. Le-hilu-Tu und ich selbst. Ein einziger, der erste, war aus dem Süden, Msgr. Nguyên-ba-Tong. Kotchinchina, ein sehr reiches Land, war verwaltungsmäßig bei meiner Beförderung zum Bischof von Vinh-Long eine französische Kolonie. Die Kotchinchinesen waren „französische Untertanen", und viele von ihnen erwarben die französische Staatsbürgerschaft, auf die sie stolz waren und ihre Landsleute aus Zentralvietnam, die nur „französische Schützlinge" waren, als Bürger zweiter Klasse betrachteten, spöttisch „ban" genannt, d.h.: Volk der Dschunken, in Anspielung auf die Dschunkenruderer aus dem Norden und aus Zentralvietnam, die zum Handeltreiben in den Süden kamen.

Jedoch hat der Hl. Stuhl die Augen auf einen „ban", einen Sohn eines Dschunkenfahrers (obwohl ich Sohn eines Ministers des Kaisers und Doktor der Universitäten Roms war), geworfen. Die Franzosen aus Kotchinchina wunderten sich auch über diese Wahl, und eine französische Zeitung aus Kotchinchina sagte dem neuen Bistum eine sehr traurige Zukunft voraus, da dieses Bistum, einem Sohn von Neubekehrten anvertraut, Gefahr lief, den Glauben zu verlieren, der das Erbteil der Franzosen war... Ich kannte jedoch diese Mentalität der Leute aus dem Süden nicht und fand mich als einziger meiner Art, ohne Freund, ohne Bekannte wieder. Vielleicht hat mich diese Unwissenheit gerettet, denn ich benahm mich einfach wie ein Bruder unter anderen Brüdern. Da ich keinen Priester besonders kannte, behandelte ich sie wie Freunde.

Wie ich auf den ersten Seiten von „Misericordias" gesagt habe, hat Msgr. Dumortier, apostolischer Vikar von Saigon, vom Hl. Stuhl damit beauftragt, das Personal des neuen apostolischen Vikariates von Vinh-Long zu rekrutieren, die Besten aus dem Klerus von Kotchinchina zu sich genommen und all seine französischen Missionare zurückgezogen. Ich kam in die Stadt Vinh-Long, den Bischofssitz, ohne Haus für den Bischof, ohne einen Priester, der mich empfangen hätte, denn der Pfarrer von Vinh-Long, ein Missionar, war zurück nach Frankreich in Urlaub gefahren.

Alle Priester des neuen Vikariats haben mich in der Kirche von Vinh-Long zur Obödienzzeremonie empfangen. Dann haben wir zusammen mit Msgr. Dumortier zu Mittag gegessen, und jeder ist zu seinen Christen zurückgefahren. Ich blieb allein und hatte niemanden, um das Abendessen zuzubereiten! Ich hatte noch die Grippe, ich hatte meine zwei großen Brüder Khôi und Diêm bei mir. In dem kleinen Pfarrhaus ohne Pfarrer gab es nur ein einziges Bett. Ich nahm meine zwei Brüder mit zum Chef der Pfarrei, einem großen Krösus, der Nuôi hieß. Reich bedeutet nicht immer mildtätig; er zeigte meinen Brüdern zwei Bänke aus nacktem Holz. Meine Brüder, mit leerem Bauch, aber müde von der langen Reise von Zentralvietnam bis zum Westen Kotchinchinas, warfen sich komplett angezogen auf die Bänke und sanken in einen tiefen Schlaf.

Ins Pfarrhaus zurückgekehrt, streckte ich mich auf meinem Bett aus, einer einfachen Matte. So verlief mein erster Kontakt mit meinem Bischofssitz. Ich war 41 Jahre alt. Ich war weit davon entfernt vorauszusehen, daß Vinh-Long mein Trost würde, daß sein Klerus mich von ganzem Herzen unterstützen würde, dieses Niemandsland zu organisieren, und daß unser Verhältnis sehr brüderlich wäre und schließlich, daß ich von Vinh-Long aus mit bloßen Händen und leerem Geldbeutel an der Gründung der Universität von Dalat arbeiten würde: ein Wunder der Güte Gottes gegenüber Nachfahren von drei Jahrhunderten von Martyrern.

Meine Anfänge in Vinh-Long waren sehr einfach: einen Koch finden. Meine Familie schickte mir aus Hué den Koch Vinh, einen sehr guten Küchenbullen, der aber ein sehr großer Freund des Reisalkohols war, des Chum-chum der französischen Truppensoldaten. Dann opferte meine Mutter den kleinen Koch, einen ehemaligen Ziegenhirten, den sie selbst ausgebildet hatte. Er hieß An, sein Vater war auch der Koch von Pater Stoeffer, einem Elsässer und Nachfolger von Msgr. Allys in der Pfarrei Phû-cam.

An war ein guter Koch, intelligent, aber von mürrischem Wesen. Ich mußte ihm von Zeit zu Zeit einige Sous zustecken, um auf seinen Lippen ein kleines Lächeln erscheinen zu lassen. Ich hatte auch einen jungen Boy, er hieß Tri und war der Neffe meiner Mutter. Tri war mit einer außerordentlichen Faulheit ausgestattet. Mein Onkel, der sein Vater war, war der geduldigste Mensch der Welt. In seiner kleinen Familie wurde er von seiner Frau schikaniert und von seinen Kindern gering geachtet, und er hatte ihrer einen ganzen Haufen. Er war am Ende seiner Kräfte durch die Faulheit von Tri, seinem Ältesten, und so war es die einzige Lösung, ihn mir anzuvertrauen, um ihn loszuwerden. Tri jedoch kehrte einmal wöchentlich den Bischofssitz; die Ausnahme von dieser Regel waren die Besuche des Präsidenten der Republik, meines Bruders Diêm. Also kehrte praktisch ich selbst, damit im Bischofssitz Sauberkeit herrschte, jeden Tag das Haus. Tri schloß sich also in sein kleines Zimmer ein, wo ein unbeschreibliches Durcheinander herrschte.

Nach dem Kirchengesetz und dem Brauch in den Missionen gibt der Missionsbischof, wenn der Hl. Stuhl, d.h. die Hl. Kongregation zur Verbreitung des Glaubens, die Bildung eines neuen apostolischen Vikariats beschließt, dessen Verwaltung einem einheimischen Priester anvertraut wird, diesen schon gut organisierten Teil des ehemaligen Vikariats ab, der also Seminar, Kathedrale und natürlich Bischofspalais besitzt. Das liquide Geld in der Kasse wurde auch geteilt.

Beim Vikariat Vinh-Long, losgelöst von demjenigen von Saigon, das einst den Auslandsmissionaren von Paris anvertraut wurde und vom heiligmäßigen Msgr. Dumortier geleitet wurde, ist das Gegenteil eingetreten. Msgr. Dumortier behielt den organisierten Teil und ließ mir den brachliegenden Teil: Ich hatte weder Kathedrale, noch Bischofssitz, noch Seminar. Und da der Hl. Stuhl demselben Bischof die Aufgabe übertragen hatte, die zwei Vikariate zu organisieren, versetzte Msgr. Dumortier in seine Diözese Saigon die besten Priester und nach Vinh-Long die minderwertigen und sogar einige von zweifelhafter Tugend.

Was das Geld anbelangt: Saigon, das Hevea-Plantagen und Reisfelder besaß, hatte viel davon. Msgr. Dumortier jedoch brauchte – getreu dem Sprichwort „Jeder ist sich selbst der Nächste" – nur ein Jahr, um die finanziellen Mittel der Diözese für Werke in den Pfarreien auszugeben, die zu seinem künftigen Bistum gehörten. Das Ergebnis: Es blieben im Geldschrank der Mission in Saigon nur noch 30.000 Piaster, ein Rest der Millionen, welche die Muttermission vor der Trennung in zwei Missionen besaß.

Und Msgr. Dumortier trieb dieses Teilungsprinzip voran: Das Geld muß nach der Oberfläche jeder Mission aufgeteilt werden. Obwohl ich wenig von der genauen Ausdehnung der zwei Missionen wußte, war ich sicher, daß die Mission von Saigon eine Oberfläche hatte, die wenigstens drei Mal so groß war wie die von Vinh-Long. Sicher, daß dem so war, sagte ich zu Msgr. Dumortier, daß ich nach seinem Kriterium nicht nur keinen Heller von diesen 30.000 Piastern bekäme, sondern ihm noch Geld zurückgeben müßte. Ich hatte jedoch keinen Heller in der Tasche, weil die Mission von Vinh-Long ohne einen roten Heller begann. Meiner Meinung nach wäre es gerechter, die finanziellen Mittel nach der Zahl der Christen zu teilen. Man trug den Rechtsstreit nach Rom, und Rom entschied, daß mein Kriterium richtig war. Ich bekam also 10.000 Piaster. Mit dieser armseligen Rücklage begann die Mission. Msgr. Dumortier mußte mir noch eine Wohnung kaufen, ein einstöckiges Haus in einem kleinen Garten als Bischofssitz. An mir war es nun, die Mittel zu finden, ein Kleines Seminar und später ein Großes Seminar zu bauen.

Für den Augenblick gestattete man mir, unsere großen Seminaristen nach Saigon zu schicken.

Als Fortbewegungsmittel, um eine Fahrt durch meine Mission zu machen und Kontakt mit meinen Priestern aufzunehmen, hatte ich nur mein Fahrrad, eine solide aber schwere Maschine aus der Manufacture des Armes et Cycles von St. Etienne. Aber die Mission von Vinh-Long umfaßt zwei Provinzen und ein Drittel von einer anderen. Man kann sie nicht bequem mit dem Fahrrad besuchen. Und mit meinem Fahrrad hatte ich schon vor meiner provisorischen Kathedrale eine Flugstunde gemacht, als ich auf meinem Drahtesel einen Flug veranstaltete und vor dem Portal der Kirche hinfiel, wo der Pfarrer mit seinen Chorknaben stand, mit dem Weihwedel in der Hand, um mich zu empfangen. Aber dieser Zwischenfall war von der Vorsehung geschickt, denn dieser bischöfliche Flug wurde in Saigon bekannt, und die ehemaligen Schüler der Brüder, die ein schönes Kolleg in Saigon haben, legten zusammen, um mir einen alten Karren anzubieten, einen Citroen, mir, einem ehemaligen Schüler des College Pellerin von Hué.

Woher einen Chauffeur nehmen? Und womit sollte man ihn bezahlen? Wo sollte man ihn unterbringen? Auf diese drei Fragen fand ich eine einzige

Lösung: Wenn ich zur Visite fahre, geben mir die Pfarrer zu essen und einen Schlafplatz. Also hat mein Koch nichts mehr zu tun. Warum sollte man ihn nicht zu meinem Chauffeur machen? Der Pater Provikar von Vinh-Long, der gute Pater Dang, ein französischer Staatsbürger, ein sehr frommer Mann, der sich zu helfen wußte, lieh mir seinen Chauffeur aus, um meinen Koch An in die Geheimnisse des Autos einzuweihen. An bekam seinen Führerschein ohne Prüfung, da die Prüfer ihn auf die Versicherung des Bischofs hin davon befreiten, der dafür alle zukünftige Verantwortung übernahm.

An fuhr sehr gut und war stolz, Chauffeur und zugleich Küchenmeister zu sein. Besonders, als der Bischof von Vinh-Long seinen Mercedes, seinen Versailles und seinen Jeep bekam: Die beiden letzteren Autos waren Geschenke von Wohltätern, der Mercedes selbst erworben, da ich die harten Devisen gespart hatte, die mir unsere Regierung für meine Auslandsreisen bewilligt hatte, besonders damit ich der Einladung des Hl. Stuhles während des II. Vatikanischen Konzils Folge leisten konnte.

Nun hatte ich also eine Wohnung, klein aber groß genug für mich, meinen Sekretär und meine zwei Hausdiener, mit ein paar Zellen für Gäste, die vorbeischauten. Ich brauchte trotzdem einen Pfarrer für die Pfarrei von Vinh-Long. Ich mußte an Msgr. Dumortier schreiben und ihn um einen Priester bitten. Er hatte die Güte – oder vielleicht das Glück – einen zweifelhaften Priester loszuwerden, indem er mir Pater H. schickte, der äußerlich dem hl. Aloysius von Gonzaga ähnelte, aber in Wirklichkeit ein sexuell Gestörter und ein Dieb in großem Stil war. Ich habe es erst zu spät erfahren. Er ist verstorben, Friede seiner Seele!

Ich war gezwungen, Msgr. Dumortier einen jungen Vikar zurückzuschicken – jung, was das Alter angeht, aber seit Jahren lasterhaft. Msgr. Dumortier konnte das nur akzeptieren. Im Übrigen warf dieser arme Junge kurz danach die Soutane hin. Es war besser so. Er verdiente seinen Lebensunterhalt als Schulmeister dank des Unterrichts, den er im Kleinen Seminar erhalten hatte.

Msgr. Dumortier erwartete weitere zurückgeschickte Kandidaten meinerseits, aber da diese Fälle, die sicher unglücklich waren, nicht öffentlich bekannt wurden, beschränkte ich mich darauf, die Schuldigen im Geheimen zu ermahnen oder sie zu einer geistlichen Übung zu schicken. Da ich aus Zentralvietnam stamme, wo derartige Fälle äußerst selten waren, war ich ver-

dutzt, als ich so viele Schwächen entdeckte. Ich sprach darüber mit Msgr. Dumortier. Hier seine Antwort: „Das kommt daher, daß es in Kotchinchina zu heiß ist" Vielleicht hatte er recht. Die dauernde feuchte Hitze verbraucht alle Energie. Ohne Zuflucht zu beständigem und demütigem Gebet, ohne echte Hingabe an unsere reinste Mutter ist es unmöglich, nicht zu fallen. Aber meine Gläubigen, die ihre Priester sehr liebten, drückten oft die Augen zu.

Als Gegenmittel gegen diesen Stand der Dinge begann ich sogleich, jeden Monat meine Priester beim Dekan des Distrikts zu einer ernsten geistlichen Übung von sieben Uhr morgens bis mittags zusammenzurufen; ich war der Prediger. Die Übung endete mit dem Mittagessen, und danach prüfte ich die zu lösenden Fälle, gab die nötigen Empfehlungen, beantwortete die von den Konfratres vorgebrachten Fragen oder Schwierigkeiten. Ich wandte dieses Programm auf jedes der vier Dekanate an. Diese regelmäßigen Visiten förderten die gegenseitige Nächstenliebe, das Vertrauen zum Bischof, und man erfuhr direkt die Neuigkeiten aus unserer Mission (Mission bedeutet apostolisches Vikariat). So konnte ich sofort intervenieren, wenn es nötig war. Meine Priester begannen auch, ihren Bischof zu kennen, der, obwohl er aus Zentralvietnam kam, sich sehr schnell der Mentalität des Südens anpaßte. Ich hatte niemals Streit mit meinen Priestern, sie vertrauten mir, besonders meiner Diskretion. Der Bischof darf niemals gegen irgendeinen seiner Konfratres Voreingenommenheit zeigen.

Vorhaltungen müssen im Geheimen gemacht werden. Das Gesicht des Bischofs muß immer heiter sein, froh mit allen – gaudete cum gaudentibus – flete cum flentibus. Ich habe all meine Priester aufrichtig geliebt und ich glaube, umgekehrt war es genauso.

Die große, gute Eigenschaft der Priester aus Kotchinchina (also derer aus meinem Vikariat) war es und ist es, wie ich hoffe, immer noch, sich nicht mit den anderen zu befassen. Wenn Sie einen von ihnen fragen, was er vom Mitbruder Soundso denkt, wird er Ihnen antworten: „Monsignore, ich weiß darüber nichts." Er ist hierbei aufrichtig; er versucht nicht, die Fehler seiner Mitbrüder zu sehen. Offenbar gibt es Fälle öffentlichen Ärgernisses. Dann muß der Bischof sie nicht fragen, sondern mit Liebe seine Untergebenen überwachen.

Manchmal erhielt ich anonyme Briefe. Man darf ihnen nicht sofort glauben; die Geduld, die Langmut bringen Früchte. Aber wenn die Anklage begründet ist, lasse ich den beschuldigten Mitbruder kommen und entdecke ihm unter vier Augen die gegen ihn vorgebrachten Anklagen und bitte ihn, sich zu verteidigen, denn der Priester in einer Pfarrei wird sehr beneidet. Nach Anhörung seiner Leugnungen zeige ich ihm die Beweise, die mir von seinem Ankläger oder seiner Anklägerin geschickt wurden, z.B. einen von seiner Hand geschriebenen Brief. Er kann die Tatsache also nicht mehr leugnen. Also gebe ich ihm eine Ermahnung und führe die geistlichen Gründe an: Beleidigung Gottes, Sakrileg wegen im Stande der Todsünde gelesener Messen, Skandal, Unfruchtbarsein des Kirchendienstes, und das, ohne Wut zu zeigen; ich zeige vielmehr ein großes Mitleid. Schließlich: ihn bitten, die geistliche Strafe anzugeben, die er sich zuzieht: z.B. eine Woche oder einen Monat geistliche Übungen in einem Kloster oder eine Versetzung. Ich konnte mich dieser Vorgehensweise nur rühmen.

Der Priester ist so gefährdet, er ist so allein. Wenn die Liebe zu Gott nicht sein Herz beherrscht, muß er sich auf Abstürze gefaßt machen, da die Gelegenheiten so vielfältig sind. Die Leute haben so viel Vertrauen in ihren Pfarrer und mögen ihn sehr. Schließlich gibt es die erdrückende Hitze, die allen auf die Nerven geht, und den Teufel, der sein Spiel sehr gut macht. Fast immer wird der Priester mit dem sechsten und neunten Gebot versucht. Selten ist es das siebte, aber das kommt vor, am häufigsten, um die Mittel zu haben, um lasterhafte Neigungen zu befriedigen.

Im Norden gibt es ein Laster, das den Priester versucht, das ist der Reisalkohol (Chum-chum). Man weicht darin Zimt oder andere Wurzeln ein, um ihn stärker zu machen, und das ist das scheußliche Laster des Saufens. Dieses Laster greift auch die Missionare an, viel öfter als die Unzucht. Das sei zum Lob unserer Väter im Glauben gesagt.

Die religiöse Politik des Vatikans entsprach der Entstehung neuer Nationen in Afrika und Asien. Diese Nationen, die über ihre kaum erworbene Unabhängigkeit eifersüchtig wachten – und oft um den Preis ihres Blutes – sahen mit ziemlich übelwollendem Auge ihre Ausländern unterstellten Landsleute, die oft zu den Nationen ihrer früheren Herren gehörten. Nationen wie Birma verschlossen den neuen weißen Missionaren ihre Grenzen. Die Einrichtung des einheimischen Episkopats war unerläßlich, aber damit jemand ein fähiger weißer, gelber oder schwarzer Bischof wird, greift der

Hl. Geist nicht mehr ein wie zur Zeit der Apostel, die, obwohl sie nur Aramäisch konnten, sich nach Pfingsten den in Jerusalem anwesenden Fremden verständlich machen konnten. Petrus, ein ungebildeter Fischer, redete wie ein Rabbi und zitierte die Hl. Schriften wie der beredteste Schriftgelehrte. Es war die heroische Zeit. Um aufzurütteln und eine Bresche in die Mauer des Judaismus und des Heidentums zu schlagen, brauchte man aufrüttelnde Argumente, man brauchte Wunder, Wunder, wie Jesus es vorausgesagt hatte, die noch erstaunlicher waren als die vom Meister vollbrachten.

Unsere Epoche ist nicht mehr so. Die Kirche bildet ihre zukünftigen Bischöfe in den katholischen Universitäten in Rom, Frankreich, den Vereinigten Staaten und anderswo aus, wie im berühmten Salamanca in Spanien. Nach einem Jahr als Bischof schickte ich zwei junge Priester aus unserem Vikariat, die Patres Quang und Thiên, nach Europa, damit sie ihre Sekundar- und Universitätsstudien absolvieren konnten.

Ich selbst – als ehemaliger Student der römischen und französischen Universitäten – bin auf diesen Grundsatz gekommen: keine jungen Seminaristen nach Europa schicken, sondern junge Priester mit Intelligenz, Urteilsvermögen und seriösem Benehmen, die einige Jahre lang ins Apostolat selbst eingeführt wurden. Ein ganz junger Seminarist ist überfordert, der in diese europäische oder amerikanische Welt katapultiert wird, die materiell so anders ist als die Dritte Welt, zu der das Vietnam meiner Zeit gehörte, besonders was die materielle Kultur betraf. Der Luxus, der Wohlstand, der Komfort, in die der Asiat oder Afrikaner eintauchen wird, werden ihn aus dem Gleichgewicht bringen, wenn er zurückkehrt (oder nicht mehr zurückkehren wollen wird, wie es ganz schön viele Asiaten und Afrikaner gemacht haben, die sich ans Ausland klammerten, damit ihnen nicht dieser westliche Komfort fehlte und sie sich nicht mehr wieder an die frugale Nahrung, das tropische Klima, an das Fahrrad und die Strohhütte gewöhnen mußten).

Die Überlegungen des Bischofs haben nur einen Inhalt: Das Seelenheil seiner ihm anvertrauten Herde, besonders jenes der Seminaristen, welche ja die künftigen Priester und damit Seelsorger seiner Gemeinden sein werden. Ihr Seelenheil ist besonders in Gefahr, der Widersacher unseres Herrn Jesus Christus sucht sie besonders mit allen Tücken zu Fall zu bringen, weil er jeden Priester fürchtet, besonders jeden Priester nach dem Herzen Gottes. Eine solche Tücke kann, wie Bischof Thuc erkannte, ein Studium in Europa sein, sei es auch in einer päpstlichen Universität in Rom. Die Verlockungen der Welt, mit ihren Reichtümern in einer europäischen Großstadt, ist für eine vietnamesische Seele, die einen schlichten Lebensstil gewohnt ist, eine doch zu gefährliche Versuchung. Bischof Thuc will aus seiner Hirtensorge heraus keinen seiner Seminaristen dieser Versuchung aussetzen. Er entsendet lieber Priester, die, in ihrem Amt und in ihrer Würde durch eine gefestigte Gottesliebe gereift, imstande sind, mancher Versuchung und Verlockung zu widerstehen und die vor allem bereit sind, der Heiligen Kirche in ihrer Heimat zu dienen. Dazu Thuc selbst:

Dieser arme Priester, der sich weigert, ins Land zurückzukehren, macht die Bemühungen des Hl. Stuhles und die Hoffnungen seiner Landsleute zunichte. Gewiß darf man auf dieses Abfallen keine Steine werfen, aber man muß Maßnahmen ergreifen, um die Verluste gering zu halten. Ich glaube, daß die Hl. Kongregation zur Verbreitung des Glaubens in Rom schlußendlich die Schließung eines Seminars für Seminaristen aus den Missionsländern und die Eröffnung eines Kollegs für die jungen Priester aus den Missionen vereinbaren mußte, die sich auf ihre Promotion vorbereiteten durch den Besuch der diversen römischen Fakultäten. Dieser Grundsatz hat sich konkretisiert in der Eröffnung des Kollegs St. Peter an der kleinen Pforte, das den Missionsländern schon eine große Anzahl Bischöfe geschenkt hat. Mein Neffe, der Koadjutorerzbischof von Saigon, Msgr. F.X. Nguyên-vân-Thuân, der aus diesem Kolleg hervorgegangen ist, ist zur Zeit Zeuge Christi in den kommunistischen Kerkern.

Msgr. F.X. Nguyên-vân-Thuân ist offensichtlich, trotz seiner Kerkerjahre, die er mit und um Jesu Christi willen erduldete, durch den Neuvatikan in eine Falle gelockt, zum Kardinal ernannt worden. Msgr. F.X. Nguyên-vân-Thuân schrieb das Vorwort zur Autobiographie des verstorbenen, gottseligen Redemptoristenbruders Marcel Van, welche wirklich wert ist, gelesen zu werden, ebenfalls die etwa 300 Briefe dieses vietnamesischen Ordensbruders. Dieses Vorwort zeigt deutlich, daß dieser Bischof im tiefsten Herzen ein frommer Mann, weiterhin ein echter Vietnamese ist. Der Neuvatikan wählt jedoch meist weltgewandte, diplomatische, mit der Freimaurerei sympathisierende Männer ihrer Neu-Religion aus, um sie zum Kardinal zu ernennen.

In Bezug auf Msgr. F.X. Nguyên-vân-Thuân bleibt nur eine Erklärung für seine Erhebung in den obersten Stand der Neu-Religion Konzilskirche: mit einem Linsengericht (bei ihm ist dies der Kardinalstitel) hat man ihn zu Fall gebracht, zum Verräter an seiner Familie, die Ngô-dinh-Familie, welche eine Familie der Märtyrer um der Katholischen Kirche willen ist. Als „Kardinal" kann er es sich nicht mehr erlauben, im Guten über seinen Onkel Ngô-dinh-Diêm zu sprechen oder gar über Bischof Ngô-dinh-Thuc. Ich befürchte Schlimmstes in dem Sinne, daß hier ein Seelenmord stattfand, ein Mord an der durch Kerkerleiden für Jesus Christus geadelten Seele dieses Bischofs. Es wäre nicht die erste Seele, die durch Neu-Rom zu Fall gebracht wurde. Wir können nur hoffen, daß Bischof F.X. Nguyên-vân-Thuân noch vor seinem Hinscheiden, vor dem Augenblick, wo er hintreten muß vor das Angesicht Jesu Christi, erkennen darf, daß er durch Neu-Rom betrogen wurde, so daß er umkehrt und seinem Gott und seiner Familie wieder in wahrer Demut dient. Jetzt wieder Thuc selbst:

Die zwei Priester, die von mir selbst nach Europa geschickt wurden, sind zur Zeit Bischöfe in Mytho (Msgr. Joseph Thiên) und in Cantho (Msgr. Quang). Denn ich hatte ein Kleines Seminar bauen müssen, da dasjenige von der Muttermission in Saigon nicht mehr all meine kleinen Seminaristen aufnehmen konnte. Aber wie sollte man in diesem Augenblick bauen? Wir steckten im Zweiten Weltkrieg. Es gab keine Möglichkeit mehr, aus Frankreich oder woanders her Waren zu bekommen, da die japanische Flotte die warmen Meere blockierte. Frankreich, unser Schutzland, hatte jedoch die Industrie in Indochina nicht eingeführt. Wir waren nur Hersteller von Rohstoffen. Z.B. schickte der französische Exporteur den Kautschuk der Hevea-Plantagen in Kotchinchina in sein Mutterland Frankreich. Dieser Gummi, der in Frankreich z.B. bei Michelin verarbeitet wurde, kam zu uns zurück als Reifen für die (in Frankreich hergestellten) Autos oder für die Fahrräder wie dasjenige, was ich bei der Manufaktur von St. Etienne erworben hatte.

Wir hatten nicht einmal eine Nagelfabrik. Unser Kalkstein diente dazu, unsere Straßen zu bauen, aber keine Fabrik machte daraus Zement. Wir hatten massenweise Holz, aber keine Sägewerke. All dieses Holz mußte von Zimmerleuten mit ihren langen Sägen und der Kraft ihrer Arme zugeschnitten werden.

Aber auf jeden Fall brauchten meine Seminaristen ein Dach überm Kopf: Fast 200 waren eingeschrieben. Ich hatte noch nie etwas gebaut... Aber ich hatte das Glück, einen Vietnamesen zu haben, Vater dreier Priester und einer Ordensschwester, der seinem Pfarrer – dem von Vinh-Long – bei verschiedenen Bauvorhaben geholfen hatte. Sein Pfarrer, Pater Hang von Bextre, der mir seinen Fahrer als Fahrlehrer meines Kochs ausgeliehen hatte, nannte ihn mir.

Ich packte die Gelegenheit beim Schopf und ließ ihn kommen. Nachdem wir seinen Lohn vereinbart hatten, begab ich mich auf die Suche nach einem Grundstück. Das Glück ließ mich ein großes Grundstück finden, nahe bei meinem Bischofssitz, ein wenig sumpfig aber leicht mit dem Abfall der Stadt Vinh-Long aufzufüllen. Da sich unter diesem Abfall die Samen verschiedener Obstbäume oder Kürbisgewächse befanden, bekam mein Seminar einen schönen Garten, wo das Gemüse nur so wuchs. Ich gab den Fuhrleuten, welche die Stadt beschäftigte, um die Hausabfälle abzufahren, ein Trinkgeld. Die Fuhrleute entledigten sich ihrer, anstatt aus der Stadt herausfahren zu müssen, um sie auszustreuen, in der Einfriedung des Seminars. Denn das erste, was zu tun war, war der Bau einer Einfriedung aus Ziegelsteinen (es gab eine Fabrik in Vinh-Long) mit Mörtel aus einheimischem Kalk, der aus Meeresmuscheln gewonnen wird, die es in Kotchinchina massenweise gibt, und aus dem guten Sand, um das Stibitzen zu vermeiden. Strohschuppen waren die Behausung der Arbeiter, meines Vorarbeiters und dienten als Lager des Holzes für die Zimmerleute. Denn alle Möbel mußten aus Holz hergestellt werden: Pulte, Schreibtische, Betten, Holzböden für das Stockwerk, alles Gebälk usw. Jeden Morgen war ich auf der Baustelle. Ich kam abends von dort zurück. Das zerstreute mich von meinen geistigen Arbeiten und den brennenden Sorgen eines Bischofs, der noch in der Lehre war und der vor scheinbar unlösbaren Problemen stand, z.B.: Nägel herstellen. Jemand brachte die Idee vor, an das Meeresgestade zu gehen und dort die Eisendrähte aufzusammeln, welche die Fischer benutzen, um ihre Netze zu befestigen und die sie nach langem Gebrauch wegwerfen. Meine Gläubigen schickten mir also diese Drahtstücke, und man schnitt und bearbeitete sie sorgfältig, um Stifte daraus zu machen.

Nachdem der Bau des Seminars fertig war, ließ ich die Schwestern vom Kreuz von Caimon kommen [Caimon ist der Name der Christengemeinde (Pfarrei), in der sich der Konvent dieser Schwestern befindet]. Sie mußten die Küche des Seminars verwalten.

Bei uns ist es kein Problem, das Kleine Seminar zu füllen, denn die vietnamesischen Christen hegen eine tiefe Verehrung für das Priestertum, sie opfern gerne einen oder zwei, sogar drei Jungen fürs Seminar. Sie bezahlen, was sie können, für den Unterhalt ihrer Kinder. Wir nehmen sie auf, denn auch wenn sie das höchste Ziel, das Priestertum, nicht erreichen, so haben sie doch eine gute Sekundarausbildung erhalten – Lateinisch, Französisch – und können in ihrer Pfarrei ihrem Pfarrer eine wertvolle Hilfe sein als Chef der Action catholique oder in die bürgerliche Verwaltung eintreten und auch dort könnte ein gelehrter Katholik der Apostel seines Umfelds sein, dem Klerus helfen, wenn er mit der Regierung zu tun hat. Also hat die Kirche nichts zu verlieren, wenn sie die Pforten des Seminars weit öffnet.

Die Kommunisten sind davon überzeugt. Deshalb setzen sie einen Numerus Clausus für den Eintritt ins Seminar fest: nicht mehr als zwei Personen pro Jahr, von denen sie sicher sind, daß sie zumindest noch nicht gegen ihre marxistischen Dogmen sind. Mit diesem System glauben sie, nach und nach den katholischen Glauben ersticken zu können, aber unsere Vorfahren waren mehr als 200 Jahre lang ohne Priester, und der vietnamesische katholische Glaube konnte überleben und sich ausbreiten.

In Tonkin, wo sie seit mehr als zehn Jahren diese Methode gegen die Ausbildung der Priesterkandidaten angewandt haben, hat die Religion überlebt. Diese Schikanen steigern nur die Feindseligkeit aller gegen das marxistische System: bei den Heiden wegen aller Arten von Nahrungs- und Kleidungsmangel, wegen der propagandistischen Bearbeitung jeden Abend nach einem miserabel bezahlten, erschöpfenden Arbeitstag, für den man gerade soviel bekommt, um nicht zu verhungern. Die einzige Klasse, die gut lebt, ist diejenige der kleinen und großen Führer.

In Ermangelung von Priestern machen sich unsere Katholiken dort, wo es keinen Pfarrer mehr gibt, samstags abends auf den Weg und legen Kilometer zu Fuß (oder mit dem Fahrrad diejenigen, die eines besitzen) zu einer Pfarrei zurück, in der eine Sonntagsmesse stattfindet. Dieser Exodus ist eine Art, den Heiden unterwegs die Religion zu predigen.

Aus meinem Kleinen Seminar von Vinh-Long ist ein junger Bischof hervorgegangen, Hilfsbischof des Bischofs von Vinh-Long, meines zweiten Nachfolgers, der aus einer Pfarrei stammt, die vor mehr als 100 Jahren von Söhnen des hl. Franz von Assisi missioniert wurde, nämlich aus Cáinhum, der ältesten Pfarrei meiner Diözese und vielleicht eine der ältesten Christengemeinden Kotchinchinas. In seiner Kirche steht eine hl. Jungfrau, die auf spanische Art gekleidet ist, d.h. daß die Statue je nach den Festen die Kleidung wechselt. Cáinhum hat einen Orden der Schwestern vom Kreuz, den zweiten der Diözese mit dem von Caimon, der schon erwähnt wurde. Der derzeitige Hilfsbischof des Bischofs von Vinh-Long hat zwei Tanten, Schwestern seines Vaters, die Schwestern in diesem Orden sind.

Hier schweife ich ab und berichte über meinen Aufenthalt in Cáinhum. Es war nach der Invasion der japanischen Truppen in Indochina, nach dem Zweiten Weltkrieg und dem darauffolgenden kommunistischen Aufstand, der stattfand, als die Truppen aus Japan sich zu den Chinesen von Tchangkai Chek begeben mußten (der später nach Formosa floh).

Ich hatte meinen Sitz in Vinh-Long verlassen und nach Cáinhum fliehen müssen, denn wenn ich im von den französischen Truppen besetzten Vinh-Long geblieben wäre, wäre es mir unmöglich gewesen, die anderen Pfarreien meiner Diözese zu besuchen. Die Franzosen besetzten nur die Städte am Ufer des Mekong: Vinh-Long, Bente, während das Hinterland von den Kommunisten kontrolliert war.

Zu dem Zeitpunkt hat das Große Seminar von Saigon sich auch nach Cáinhum zurückgezogen und belegte den Konvent der Ordenskatechisten. Ich nahm Wohnung im Pfarrhaus von Cáinhum, das leer stand, da der Pfarrer und sein Vikar woandershin geflohen waren. Die zwei Professoren des Großen Seminars wagten es nicht, aus ihrer Wohnung zu gehen. Im Pfarrhaus gab ich den Kindern Katechismusunterricht, den Religionsunterricht fürs Nonnenkloster, besuchte die Kranken und brachte ihnen die Kommunion. Die Messe wurde vor sechs Uhr morgens gelesen, wenn noch Dunkelheit herrschte. Die Kirche war nur halb voll von Gläubigen, und ich wunderte mich, daß sie nicht besser besucht war, denn als in Vietnam Friede herrschte, war dort die Messe an den Wochentagen genau so gut besucht wie die Sonntagsmesse.

Hier die Antwort: der Mangel an Stoff (Baumwolle). Jede Familie besaß nicht genug Hosen und Kleider für alle. Folglich ging jeder der Reihe nach in die Messe, mit der gemeinsamen Hose.

Mir ist wegen dieses Hosenmangels eine lustige Geschichte passiert. Eine alte Christin ließ mich von ihrem Enkel holen, weil sie krank war. Als ich zu ihr ging, drückte ich ihr mein Erstaunen aus, daß es das erste Mal seit einem Monat war, in dem ich für sie als Pfarrer fungierte. Sie war jedoch erst seit ungefähr zehn Tagen im Bett. Hier ihre Antwort: „Ich hatte keine Hose für mich. Die einzige Hose wurde von meinen Söhnen und Enkeln gebraucht."

Ich sagte mir: Du bist Martin, denn dein Namenspatron ist St. Martin, der die Hälfte seines Mantels einem vor Kälte zitternden Bettler gegeben hat. Bring doch ein Opfer, gib der Großmutter deine zweite Hose, weil du zwei davon hast.

Die Alte wurde schnell gesund, und ich sah sie in der Morgenmesse, stolz darauf, die Ex-Bischofshose zu tragen. Aber nach ein par Tagen verschwand die Großmutti von der Bildfläche. Im Katechismusunterricht befragte ich die Knirpse wegen der Abwesenheit der Großmutter. Sollte sie aufs neue krank und im Bett sein? Ihr Enkel in seiner Treuherzigkeit: „Meine Großmutter hat ihre Hose im Spiel verloren..." Denn zugegebenermaßen sind die Vietnamesen große Spieler, denn um ihre Freizeit auszufüllen, hatten sie damals nicht viele Zerstreuungen. Was soll ich jetzt machen? Ich habe nur noch eine Hose! Da gab mir der Hl. Geist (ich glaube, Er ist es gewesen) eine famose Idee ein: In der Kirche, in der Sakristei liegt Stoff genug, um den Christen von Cáinhum kurze und den Christinnen etwas längere Hosen zu geben!

Ich bat die Ordensschwestern, das Futter aus den Meßgewändern und Chorröcken herauszutrennen (wir werden das wieder flicken, wenn Frankreich uns Stoffe schickt). Wir werden alle französischen Flaggen opfern (versteckt wegen der Kommunisten) für dieses Werk der Nächstenliebe. Hat Jesus nicht gesagt: „Ich war nackt, und ihr habt mich bekleidet?"

„Aber Monseigneur, diese Flaggen, diese Futterstoffe sind verschiedenfarbig. Nun sind bei uns Vietnamesen die Hosen schwarz für die Frauen und weiß für die Männer."

Ich antwortete ihnen: „Nicht so schlimm, Krieg ist Krieg! Ihr Schwestern, wolltet ihr euren schwarzen Schleier opfern, um daraus Hosen für die Frauen zu schneidern, und den weißen Schleier eurer Novizinnen für die Männerhosen?"

Dieses eines Salomon würdige Urteil fand die Zustimmung der ganzen Pfarrgemeinde. Die französische Flagge mit ihrem roten Teil beglückte die kleinen Jungen mit ihren feschen, roten Hosen. Der blaue Teil wurde für die

54

kleinen Mädchen verwendet, der weiße für die Männer und der schwarze Futterstoff für die Frauen. Wenn davon etwas fehlte, färbte man die übrig bleibenden Teile mit einer schwarzen Farbe, und jeder war zufrieden, und die Morgenmesse wurde von allen besucht.

***

Während meines Aufenthalts in Cáinhum habe ich eine Weihe vorgenommen, denn ich hatte einen Diakon namens Quyên, dessen Priesterweihe man auf den St.-Nimmerleins-Tag verschoben hatte, da man den Verdacht hatte, er sei leprakrank. Aus Saigon stammend, kam er zu mir als dem „Refugium peccatorum". Es war ein guter Kerl, ein bißchen nervös, aber von gutem Benehmen, und da ich einen Priester brauchte, habe ich ihn von vietnamesischen Ärzten untersuchen lassen, welche die Medizin der Vorfahren praktizierten: Absud aus verschiedenen Pflanzen. Sie haben mir versichert, daß der Diakon Quyên keine Anzeichen von Lepra zeigte. Ich ließ ihn eine Woche geistlicher Übungen beginnen, und am darauffolgenden Sonntag erlebte Cáinhum in der feierlichen Messe eine Priesterweihe mit einem Bischof, der als Bischofsstab ein mit Silberpapier überzogenes Schilfrohr und auf dem Kopf eine papierene Mitra hatte. Dieser unter dem kommunistischen Regime geweihte Priester lebt noch, und es geht ihm gut.

Ich übertrug ihm ein paar Tage nach der Priesterweihe einen etwas außergewöhnlichen Dienst, nämlich einem Typen in der letzten Stunde beizustehen, der dazu verurteilt war, von einer französischen Truppe erschossen zu werden, die in Cáinhum eine Razzia machte und ihn verhaftete, da er dafür bekannt war, franzosenfreundliche Vietnamesen denunziert zu haben, die aus diesem Grunde von den Kommunisten getötet wurden. Der arme Neupriester konnte diesen Dienst nicht ablehnen. Er nahm dem Verurteilten die Beichte ab (einem Ex-Ordensmann!), gab ihm die Wegzehrung, schloß aber die Augen, als er den Anführer des Haufens schreien hörte: „Achtung, Feuer!" Es war auch für ihn ein Dienstbeginn.

Von Cáinhum schwärmte ich in alle Winkel meiner Diözese aus, nicht über Berg und Tal, sondern überallhin per Kahn, wo man ißt, wo man schläft, wo die Christen Tag und Nacht mannschaftsweise über dieses Netz der Flüsse rudern, der Töchter des großen Mekong, die meine ganze Diözese durchfließen. Meine Priester empfingen mich an der Anlegestelle.

55

Aber diese Abwesenheit von Vinh-Long hinterließ bei den französischen Schwestern einen schlechten Eindruck, die mich als Kommunisten ansahen!

Als es Frankreich gelang, Kotchinchina zu befrieden, indem es die Kommunisten zwang, in ihre Schlupfwinkel zurückzukehren – sie hatten nur spitze Säbel und spitze Bambusrohre als Lanzen und sehr wenige Gewehre – ging ich nach Vinh-Long zurück. Die armen Schwestern wollten nicht an den Bischofssitz gehen, um mich zu begrüßen. Aber nach und nach legte sich das, als sie sahen, daß ich keinen Groll gegen sie hegte, und besonders, als sie feststellten, daß meine Art zu handeln ihren Mitschwestern, die auf dem Land arbeiteten, das Leben gerettet hatte, während sie selbst (eine Minderheit) ruhig in Vinh-Long und Bentre lebten. Denn die Kommunisten respektierten ihre Mitschwestern, die zu meiner Diözese von Saigon gehörten, die aber von einem französischen Bischof geleitet wurde. Sie wurden von den Kommunisten in die Wälder verbannt und starben dort tausend Tode, weil sie weder Lebensmittel noch Wohnungen hatten, sie waren ohne Priester und jeglichen Trost!

Beiläufig habe ich von den Schwestern vom Kreuz gesprochen, vom Kloster von Caimon mit mehr als 200 Schwestern; in dem von Caínhum sind etwa hundert. Woher kamen diese Schwestern? Nach den ersten Bekehrungen zum Christentum durch die jesuitischen Missionare weihte sich eine große Anzahl Frauen, nicht nur aus gewöhnlichem Stand, sondern auch einige Damen vom Kaiserhof, dem Herrn. Diese Weihe wurde schon von den weiblichen Bonzen praktiziert. Als die ersten apostolischen Vikare in Vietnam auftraten, darunter Msgr. De Lamothe-Lambert vom Seminar der Auslandsmissionen von Paris, sammelte dieser diese Jungfrauen in einer Gemeinschaft und gab ihnen eine Lebensregel. Aber vielleicht unterschätzte er den Wert dieser Neubekehrten und erlaubte ihnen deshalb nicht, die drei Ordensgelübde der Armut, Keuschheit und des Gehorsams abzulegen, obwohl diese Seelen praktisch die materielle Armut strenger praktizierten als die Ordensschwestern der alten Christengemeinden, die Keuschheit und den Gehorsam gegen ihre Oberen, und sie hatten sogar eine Noviziatszeit.

Diese Lebensweise dauerte drei Jahrhunderte und hörte erst kurz vor dem II. Vaticanum auf. Ich hatte das Privileg, diese Gelübde bei den Schwestern vom Kreuz meiner Erzdiözese von Hué einzuführen, nach einem ernsten Noviziat unter der Leitung der Augustinerinnen von Dalat. Gewiß, wenn sie ohne Gelübde blieben, konnte der Bischof ihnen alle Arten von Aufgaben anvertrauen, aber sie waren – streng genommen – keine Bräute Christi.

Das für das Kleine Seminar erworbene Grundstück war groß genug, um ein einstöckiges Krankenhaus und ein Haus für den Arzt zu bauen. Der Arzt hieß Doktor Lesage. Er hatte bei den französischen Truppen gedient, die gesandt worden waren, um die von den Japanern gekippte französische Vorherrschaft wiederherzustellen. Lesage war kein praktizierender Katholik, aber sehr mildtätig. Anstatt nach Frankreich zurückzukehren, blieb er lieber in Vietnam, ein Arzt, der eine Gabe der Vorsehung für die Bewohner war. In Vinh-Long hatten wir nur eine Krankenstation. Lesage hat mit mir Kontakt aufgenommen, ich war sehr zufrieden, ihn zu bekommen. Daher wurden das Krankenhaus und das Häuschen des Arztes gebaut. Lesage ließ nur diejenigen bezahlen, die es konnten; die Bedürftigen versorgte er gratis. Ihm gefiel es in Vietnam so gut, daß er die vietnamesische Staatsbürgerschaft erwarb. Armer Doktor, er hatte weder den Triumph des Kommunismus vorausgesehen noch seine Verhaftung und seine Verschickung in die Umerziehungslager... Da er Vietnamese war, konnte Frankreich ihn nicht als Landeskind anerkennen und ihn aus den marxistischen Klauen befreien!

Als das Seminar St. Sulpice von Hanoi Tonkin evakuiert werden mußte, das unter das kommunistische Joch gefallen war, um sich mit mehr als 50 großen Seminaristen nach Kotchinchina zu begeben, bot ich ihnen angesichts ihrer Wohnungsnot und ihrer Schwierigkeit, den Unterricht fortzusetzen, dieses Krankenhaus als provisorisches Seminar an. Denn ich erinnerte mich, daß ich in St. Sulpice in Paris zu Gast gewesen war, als ich mein Lizentiat am Institut Catholique vorbereitete und im Priesterhaus, rue Cassette wohnte. Die Patres von St. Sulpice waren sehr vorsichtig. Als sie mit ihren Seminaristen nach Saigon gehen konnten, wo sie sich niederlassen konnten, wurden unsere Verbindungen unterbrochen. Denn sie dachten, daß Verbindungen mit dem Bruder des Präsidenten der Republik von den Autoritäten unter Paul VI. nicht gern gesehen seien, der vom Freimaurer Cabot-Lodge betrogen, davon überzeugt war, daß unsere Familie die buddhistischen Bonzen verfolge. Ein seltsamer Irrtum, da die vietnamesischen Buddhisten öffentlich erklärt haben, daß nie eine Regierung ihre Werke so subventioniert habe wie die Regierung Ngô-dinh-Diêm. Derselbe Freimaurer hatte mit der Ermordung meiner drei Brüder Diêm, Nhu und Cân zu tun!

Präsident Ngô-dinh-Diêm, Bruder Bischof Thucs, der sicherlich allen Vietnamesen, allen Menschen seines Landes soweit ihm möglich Gerechtigkeit und Güte entgegengebracht hatte, konnte natürlich als katholischer Christ nicht den Buddhismus in seinen verschiedenen Ausprägungen positiv unterstützen, aber er tolerierte es, daß ein hoher Prozentsatz seiner Landsleute diesem nichtchristlichen Glauben anhingen. Er tat alles ihm mögliche für das südvietnamesische Volk. Da dieses Volk mehrheitlich buddhistischen Glaubens ist, blieb ihm nichts anderes übrig als dies in einer gewissen Toleranz zu ertragen. Sicher hätte er sehnlichst gewünscht, alle Vietnamesen würden den katholischen Glauben erkennen und annehmen. Seine Liebe zum Volk galt wahrscheinlich am intensivstem dem katholischen Vietnam. Doch auch das buddhistische Vietnam konnte spüren, was es bedeutet, einen wirklichen Katholiken als Staatsoberhaupt zu haben. Buddhisten hatten unter Diêm ein leichteres Los zu ertragen als unter Hô-Chi-Minh im Norden des Landes. Präsident Diêm mußte kluge Rücksicht auf Buddhisten nehmen, da sie die Mehrheit in der Bevölkerung bildeten. Sein Wollen war jedoch, allen den katholischen Glauben zugänglich zu machen.

Wird in den Medien über die Geschichte Vietnams berichtet, so wird immer wieder betont, daß es einen Aufstand im Volke gegen Präsident Ngô-dinh-Diêm gab, ja daß sogar buddhistische Mönche aus Protest gegen jenen sich selbst verbrannten. Jedoch in dem Pro-Vietkong-Dokumentationsfilm „Schlachtfeld des Kalten Krieges" wird zugegeben, daß dieser Aufstand gegen Ngô-dinh-Diêm von den Vietkong inmitten des südvietnamesischen Volkes angestachelt wurde. Ebenso habe ich in gewissen Publikationen gelesen, daß die CIA ebenfalls Interesse daran hatte, Diem zu stürzen und deshalb mithalf, das Volk gegen seinen Präsidenten aufzustacheln. (Apokalypse Vietnam, Teil II: Schlachtfeld des Kalten Krieges, Ottonia Media GmbH, Leipzig).

Doch nun ein weiterer Textabschnitt aus dem Leben Pierre Martin Ngô-dinh-Thucs, ein Leben das ausgezeichnet ist durch eine unverwechselbare Kühnheit:

Da die Schüler des Kleinen Seminars ihre acht Jahre Sekundarausbildung beendeten: Latein, Französisch und Vietnamesisch, mußte ich ein Großes Seminar für Vinh-Long bauen. Die Vorsehung half mir. Ich fand ein Grundstück, das damals ein Reisfeld von mehr als drei Hektar war, an den Toren

58

von Vinh-Long, an der Hauptstraße, die zur Fähre von Mw-Thuân führt. Diese Fähre führt zum anderen Ufer, wo die große Straße nach Mytho und Saigon entlangläuft.

Das erste, was zu tun war, war das Grundstück auf einer ausreichenden Fläche aufzufüllen, damit es feste Gebäude des Großen Seminars tragen konnte. Hierfür mußte man den Umfang der Bauwerke abgrenzen, dann auf einem anderen Teil des gekauften Grundstücks Teiche graben. Die Erde von diesen Ausgrabungen diente als Füllmaterial, und die so geschaffenen Teiche dienten als Lebensraum für die Fischzucht. Die Fische wurden mit den Resten vom Tisch der Seminaristen ernährt und besonders (ich schäme mich etwas, es zu sagen!) von den menschlichen Abfällen, die sie sehr gern fressen. Über diesen Teichen wurden also die WCs des Seminars gebaut!

Diese Zucht ist in Kotchinchina allgemein üblich. Aus Kambodscha kommen Dschunken, die in ihren Flanken Fischbrut mit sich führen, die so klein ist, daß man Netze wie Moskitonetze braucht, mit kleinsten Zwischenräumen, um diese kleinen Fische zu fangen. Man kauft den Inhalt einiger Dschunken, schüttet diese Fischbrut, die sehr schnell wächst, in die Teiche. Nach zwei Jahren wiegen die Fische mehrere Kilo, besonders wenn sie mit den menschlichen Abfällen gefüttert werden. Vor dem Verkauf läßt man sie einen Monat lang hungern, und ihr Fleisch ist vorzüglich. In den Schulen der Pfarreien gibt es immer einen Fischteich, und der Verkauf dieser Fische hilft dabei, die Lehrer zu bezahlen. Im übrigen, warum soll man daran Anstoß nehmen? Unsere Pflanzen, unsere Salate leben von tierischen Abfällen, d.h. vom Mist. Nun hatte man bei uns kein Geld, um synthetische und chemische Dünger zu erwerben – die oft Gemüse und Obst ohne Geschmack hervorbringen. Die Hl. Schrift sagt uns am Aschermittwoch: „Gedenke, o Mensch, daß du Staub bist, und zum Staub wirst du zurückkehren."

Dieses Seminar wird ein ziemlich schmeichelhaftes Schicksal haben, da es vom Großen Seminar von Vinh-Long zum regionalen Seminar für Zentral-Kotchinchina und schließlich von den Kommunisten beschlagnahmt werden wird.

Msgr. Ngô-dinh-Thuc drückt sich vornehm aus: „Ich schäme mich etwas, es zu sagen". Die Schöpfung des Menschen ist einmalig, einzigartig innerhalb der gesamten Schöpfung. Sie erfolgt nicht im Rahmen einer Evolution von Pflanzen, Tier, Mensch, nicht parallel Affe/Mensch aus dem ursprüng-

59

lichen Tierreich, sondern sie ereignete sich durch einen absolut einmaligen Schöpfungsakt. Trotzdem wurde der Mensch so erschaffen, daß er nicht unabhängig von der Natur leben kann. Er reagiert auf die Begebenheiten der natürlichen Schöpfungsordnung und darf auch in einer gewissen, durch Gottes Gebot geleiteten Art und Weise schöpferisch in die Natur eingreifen, um sich ernähren, kleiden und nach Gottes Willen leben zu können. Am Menschsein ist also vom Ursprung (vor dem Sündenfall) her nichts, was nicht mit den anderen Schöpfungsbereichen Tier, Pflanze, Kosmos im Einklang wäre. Auch die Materie der menschlichen Ausscheidung kann und soll der restlichen Natur von Nutzen sein. Durch den Sündenfall hat sich die menschliche Natur auch in ihrem Bezug zu anderen belebten oder unbelebten Naturen, eine Unordnung erfahren, welche heil werden kann nur durch den Kreuzestod und die Auferstehung unseres Herrn Jesus Christus.

[Thuc:] Als ich von meiner „Sezession" in Cáinhum erzählte, habe ich gesagt, daß das Große Seminar von Saigon sich dorthin zurückzog, um dem Druck der Kommunisten zu entrinnen, welche die Hauptstadt des Südens heimsuchten. Die Gebäude, in denen damals dieses Seminar untergebracht war, gehören der Gemeinschaft der Katechisten, Ordensleuten, welche die drei Gelübde abgelegt haben. Der Gründer dieses Ordens, dessen Mitglieder in den Diözesen Saigon und Vinh-Long dienten, war ein heiligmäßiger Mann, Pater Boismery von den Auslandsmissionen von Paris. Als ich ihn traf, war er vom Rheuma gelähmt und sah fast nichts mehr. Er sollte bald sterben. Nach ihm wurde ein alter, vietnamesischer Pater Superior des Ordens, ohne weitere Fähigkeit, ihnen bestimmte Anweisungen geben zu können – außer die Messe jeden Tag für die Novizen lesen zu können –, denn sobald sie einmal die Profeß abgelegt haben, gehen diese Ordensleute überallhin, wo man sie hinruft, um den Neubekehrten den Katechismus zu lehren. Jedoch kannte dieser Pater Superior nicht die Merkmale des Mönchslebens. So brauchen zum Beispiel beim Armutsgelübde die Ordensleute oft dort, wo sie arbeiten, eine Erlaubnis, gewisse Dinge zu erwerben, daher Dispensen von der Armut. Sie mußten also an den Pater Superior schreiben, die Gründe darlegen, weshalb sie um eine Dispens baten. Nun gab es den Postdienst, den es in den Städten gibt, in den ländlichen Gebieten nicht, und man mußte auf Gelegenheiten zurückgreifen: auf Reisende, die nach Cáinhum, einem sehr kleinen Ort, unterwegs waren.

Der Pater Superior erdachte also diese Lösung: Die Ordensleute, die in den Monaten der Sommerferien ins Mutterhaus zurückkehrten, sollten – bevor sie in die Mission zurückkehrten – vom Pater Superior ein Los erhalten, z.B. etwa 20 Dispensen von der Armut. So sollte, wenn im Laufe des Jahres dieses Los erschöpft war, der Ordensmann ein weiteres Los erbitten.

Aber Ordensleute auszubilden, ohne ihr Leben zu leben, ohne die Merkmale des Ordenslebens zu kennen, war heller Wahnsinn. Man mußte dem abhelfen. Diese Ordensleute mußten ihre Novizen führen können, einer oder zwei dieser Ordensleute mußten zum Priester geweiht werden können, um die Messe sicherzustellen und ihren Mitbrüdern die Beichte abzunehmen. Ich machte mich ans Werk. Ich wählte drei davon aus, welche die Gemeinschaft in geheimer Abstimmung für am besten geeignet hielt, die Rolle des Superiors auszufüllen. Ich selbst machte mich zu ihrem Professor der Theologie, und so konnte ich den ersten Priester aus der Gemeinschaft der Brüder von Cáinhum weihen. Später wurden junge Ordensleute nach Frankreich gesandt, um Literatur, Naturwissenschaften, Philosophie und Theologie zu studieren, um das Überleben dieser so notwendigen und verdienstvollen Kongregation zu sichern. Der Hl. Stuhl hat meine Vorgehensweise gebilligt.

Nachdem ich den Mißständen abgeholfen hatte, unter denen die neue Diözese von Vinh-Long zu leiden hatte, lenkte ich mein Augenmerk auf die materielle Seite. Ja, wir besaßen Reisfelder, besonders auf der Insel Co-chien und im Delta der Provinz Bentre. Gewisse Pfarreien waren mit guten Reisfeldern versehen, aber die meisten hatten nichts. Jedoch schien es mir, ich müsse dieses Problem lösen: Jede Pfarrei sollte für ihre normalen Bedürfnisse „self-sufficient" sein. Der Pfarrer sollte nicht den Bischof um Unterstützung bitten oder bei den Christen betteln gehen müssen, um die Mittel zu haben, die Schwestern in den Schulen zu bezahlen. Der Bischof oder die öffentliche Mildtätigkeit müssen nur in Ausnahmefällen einspringen, z.B.: Begründung einer neuen Christengemeinde, Bau einer von einem Taifun oder einem Brand zerstörten Schule. Hierbei zwingt man den Priester nicht, zum Bettler zu werden.

Auf den ersten Seiten dieses Buches erwähnte ich, daß das gesamte Trachten Bischof Pierre Martin Thucs dem ewigen Wert der unauslöschlichen Seele galt. Nun schreibt er in seiner Autobiographie, daß er sein Augenmerk auf die materielle Seite seiner neuen Diözese Vinh-Long wenden wollte. Dies ist kein Widerspruch. Die Seele ist bis zu unserem Abscheiden an den Leib gebunden. Dieser Leib braucht Nahrung und Kleidung. Weiterhin muß eine gewisse, äußere Ordnung für das gemeinschaftliche Leben gewährleistet sein, damit die Menschen es miteinander aushalten. Aber davon abgesehen, muß für den katholischen Christen (und dies dient seinem Seelenheil) innerhalb der kirchlichen Gemeinschaft im kleinen, also der Pfarrei, die Möglichkeit zur Teilhabe an der hl. Liturgie und zu Spendung bzw. Empfang der hl. Sakramente gegeben sein. Dies erfordert, von Verfolgungszeiten und äußersten Notzeiten wie heute abgesehen, eigene Kultstätten, also Kirchen. Wenn diese und andere materielle Aufwendungen von der Gemeinschaft der Gläubigen selbst aufgebracht werden können, kann der Bischof seine durch Spenden erhaltenen Gelder an wirklich Mittellose, an echt Bedürftige weitergeben.

Bischof Pierre Martin Thuc wußte auch um die möglichen kommenden Verfolgungen. Der Kommunismus stand unter Hô-Chi-Minh direkt vor der Tür. Eine wirtschaftliche Unabhängigkeit läßt, auch unter Verfolgung, zumindest in ihrer ersten gemäßigteren Phase, ein kirchliches Leben mit regelmäßiger Spendung der hl. Sakramente einigermaßen möglich sein.

Heute sind Christenverfolgungen allergrößten Ausmaßes in weiten Teilen des Erdkreises zu erwarten. Möglicherweise kann eine gewisse Vorsorge doch zumindest für die ersten, noch gemäßigteren Vorläufer der großen Verfolgung, eine materielle Unabhängigkeit, das Leben etwas erleichtern oder gar vor einem vorzeitigen Tod bewahren. Wir können oder müssen dankbar sein, daß es eine größere Anzahl kleiner, auf Privatinitiative eingerichteter Kapellen gibt, also Orte, in denen das allerheiligste Meßopfer dargebracht wird und andere Sakramente gespendet werden. Vielleicht gibt es doch noch Gläubige, denen es räumlich möglich ist, weitere Kapellen zu errichten als Zufluchtsort, wenn die eine oder andere durch die Feinde Jesu Christi innerlich oder äußerlich zerstört würde.

So wie jede Pfarrei in der Diözese Vinh-Long unter Bischof Thuc „selfsufficient", das heißt selbstgenügsam sein sollte, so sollten wir, wenn es möglich ist, auch für unser natürliches Leben „self-sufficient" sein. Wer ein Grundstück hat, wer einen Garten sein eigen nennt, der mag anstatt Zierpflanzen der Gesundheit dienliche eßbare Pflanzen, welche nach der hl. Hildegard von Bingen zu empfehlen sind, anbauen. Ob ein jetzt zu pflanzender

Maronibaum bis zur Zeit der Verfolgung schon Früchte tragen wird, ist fraglich. Aber z.B. Kürbisse, Fenchelgemüse, Himbeeren, Salbei sollten im Garten eines gläubigen Katholiken nicht fehlen. Andere Katholiken könnten mitversorgt werden, auch bedürftige, hungrige Mitmenschen können so die Wohltat Christi durch seine Christen in Zeiten höchster Not erleben und dadurch ihr Herz zur Umkehr bewegt werden.

[Thuc:] In unseren Gebieten gibt es kaum andere regelmäßige Einnahmequellen als die Ernte der Reisfelder. Also muß man die armen Pfarreien mit Reisfeldern versehen. Woher soll man das Geld nehmen, um welche zu kaufen? Im kotchinchinesischen Westen gibt es die Einnahmequelle, die ungenutzten Flächen zu besiedeln, aber in unseren alten Provinzen von Vinh-Long, Bentre, Sadec gibt es kein „Niemandsland" mehr.

Nach langem Überlegen bemerkte ich, daß wir eine Einnahmequelle hatten: die jährliche Dotierung, welche die hl. Gemeinschaft für die Glaubensverbreitung den Missionsgebieten zuweist. So erhielt mein Bistum jährlich drei Millionen Piaster. Was machen die Bischöfe gewöhnlich mit dieser Summe? Sie verteilen sie an die Priester, die sie brauchen, ohne die Bedürfnisse des Bistums selbst mitzuzählen, wie die Seminare oder den Bau einer Kathedrale.

Bei Vinh-Long beschloß ich, einen guten Teil der jährlichen Beihilfe des Hl. Stuhles den armen Pfarreien zu überlassen, damit sie sich Reisfelder kaufen konnten. Die Pfarrer würden beim Bistum eine Summe leihen und sie ihm nach und nach zurückgeben, bis zur Tilgung der Schuld. So waren, als ich Vinh-Long verließ, alle Pfarreien „self-sufficient".

Dies setzt einen ziemlich langen Aufenthalt eines Bischofs in einer Diözese voraus. Ich konnte etwas für Vinh-Long tun, weil ich hier mehr als 25 Jahre blieb. Es ist natürlich, daß ein Bischof Ideen hat, und die Ideen seines Vorgängers konnten nicht seine sein. Der liebe Gott hat mich begünstigt, indem er mich in Vinh-Long vergaß – von 1938 bis 1960. Meine zwei Nachfolger haben eine Diözese vorgefunden, die mit allen für ihr Leben notwendigen Elementen versehen war und sogar mit den Mitteln, welche die anderen Missionen nicht besitzen: Jede Pfarrei hatte die unentbehrlichen Ressourcen.

Msgr. Drapier war ein Dominikaner, fromm, gebildet; er war als Missionar von Seiten Mossuls nach Kleinasien geschickt worden. Es war also ein fähiger Missionar. Dort war er geistlicher Vater der Dominikanerinnen gewesen, die sich um die Waisen dieser Länder des Orients kümmerten, wo von Zeit zu Zeit weltliche Haßgefühle – politische oder religiöse – sich in Massakern entluden. Daher wurden diese Kinder zu Waisen. Pater Drapier lebte als Missionspfarrer nicht in einem Kloster wie seine geistlichen Brüder in Europa. Er hatte also Koch und Hausdiener. Sein Koch war ein libanesisches Waisenkind. Pater Drapier verheiratete ihn mit einem Waisenmädchen von den Schwestern und nahm das Paar mit, als er Apostolischer Delegat in Vietnam wurde.

Die apostolische Delegation befand sich damals in Hué, das noch Hauptstadt von Annam (Zentralvietnam) war. Er behandelte dieses Paar, das er als Kinder gekannt hatte, wie seine eigenen Kinder. So nahm er, wenn er keine Tischgenossen hatte, seine Mahlzeiten mit seinen zwei Adoptivkindern ein. Sie wohnten über der Küche. Der Mann erledigte die Einkäufe für Monseigneur, der ihm ein Auto gegeben hatte. Seine Frau machte den Haushalt der Delegation und hielt das Gebäude sehr sauber. Als diese Haushälterin schwanger wurde, erlaubte ihr Monseigneur, nahe zu ihm zu ziehen, ins Palais der Delegation, damit sie es bequemer hätte. Dies war nicht in Übereinstimmung mit dem kanonischen Recht, welches das Zusammenleben der Priester mit Personen des anderen Geschlechtes verbietet, außer im Falle der Verwandten (Mutter, Schwester des Priesters).

In Vietnam und vielleicht in Frankreich und anderswo erfährt man alles. In Hué gab es damals ziemlich viele Franzosen in der Kolonialverwaltung. Sie ließen es sich nicht entgehen, über dieses Zusammenleben zu scherzen. Diese Gerüchte kamen den apostolischen Bischöfen in Tonkin zu Ohren. Auf Grund ihrer in langen Jahren in Vietnam gemachten Erfahrung glaubten diese Prälaten, darüber mit ihrem Mitbruder in der Religion reden zu müssen. Ich weiß nicht, wie ihre Intervention von Msgr. Drapier aufgenommen wurde. Sie wandten sich an mich und beschworen mich zu intervenieren. Nach langem Nachdenken glaubte ich, darüber im Geheimen mit Monseigneur sprechen zu müssen, der mein Weihbischof gewesen war, und ihm von den Reden seiner Landsleute in Hué berichten zu müssen. Im Gegenzug schrieb mir Monseigneur einen erschreckenden Brief, in dem er erklärte, daß er, wenn er sich schlecht benehmen wollte, dies während seines Wehrdienstes hätte tun können... Nach diesem Eklat hatte Monseigneur keine Freundschaft mehr mit mir. Dann kamen noch die Friedhofsaffäre und schließlich **die Affäre Bâo-dai.**

Der Kaiser Bâo-dai wurde immer unbeliebter. Ich weiß nicht warum. Msgr. Drapier erinnerte sich an mich, rief mich zu sich und bat mich, die Sache dieses Wüstlings Bâo-dai zu übernehmen. Hier die Gründe der Intervention des apostolischen Delegaten: Der hl. Thomas von Aquin, der Ruhm des Dominikanerordens, habe gelehrt, die Monarchie sei die ideale Regierungsform für die Welt und er als Dominikaner glaubte, Bâo-dai helfen zu müssen. Er könne es nicht öffentlich tun, da er religiöser und nicht politischer Vertreter sei. Er hatte also sein Auge auf mich geworfen, der ich einigen Einfluß im vietnamesischen Umfeld hatte, besonders bei den Katholiken.

Ich antwortete ihm frei heraus: „Monseigneur, meine Aufgabe als Bürger ist es, Steuern zu zahlen und die Gesetze des Kaiserreiches zu erfüllen. Was das Herausragen der Monarchie über jede andere Form der Regierung angeht, muß man unterscheiden, welche Art der Monarchie gemeint ist: die absolute? Die konstitutionelle? Die von einem fremden Lande protegierte Monarchie? Von welcher Kategorie der Monarchie sprach St. Thomas von Aquin? Als Bischof kann ich keine Politik betreiben, egal, was meine Vorlieben sind. Die Päpste verpflichten uns nach dem Beispiel der Apostel dazu, uns nicht mit der Politik zu befassen."

Dieses Mal war Msgr. Drapier wiederum mit mir unzufrieden, konnte aber meine Argumentation nicht zerstören. Ich war zu „einem seltsamen Kerl" für ihn geworden. Er zeigte es deutlich, als Msgr. Drapier, von den Bischöfen Msgr. Lê-hûn-Tu und Pham-ngoc-Chi gefragt, ob sie Truppen ausheben sollten, um gegen die Kommunisten zu kämpfen, ihnen antwortete: „Tun Sie alles, was Sie wollen, nur: Hören Sie bloß nie auf Msgr. Ngô-dinh-Thuc!"

Dies wurde mir von Msgr. Lê-hûn-Tu zugetragen, der unter seinen Pfarrkindern von Phât-diên mit Hilfe von Msgr. Pham-ngoc-Chi, Bischof von Bui-dun, Truppen aushob. Sie wurden vernichtend geschlagen und mußten nach Südvietnam flüchten.

Die Aktivitäten des apostolischen Delegaten Msgr. Drapier mißfielen dem Vatikan, der ihn direkt nach Rom bestellte. Msgr. Drapier wurde dadurch von einer großen Unzufriedenheit ergriffen und kehrte nach Frankreich zurück, direkt, ohne in Rom Halt zu machen, um von seinen diplomatischen und religiösen Aktivitäten Rechenschaft zu geben, begleitet von seinen zwei Adoptivkindern (den Waisen aus dem Mittleren Osten). Diese standen an seinem Bett, als er starb. Was Bâo-dai angeht: Er lebt noch in Frankreich auf Kosten seiner zahlreichen Konkubinen.

Als ich für die geistlichen und materiellen Bedürfnisse meines apostolischen Vikariats vorgesorgt hatte, glaubte ich, mich etwas ausruhen zu können. Ich wurde von der Hl. Kongregation zur Verbreitung des Glaubens informiert, zusammen mit den anderen Bischöfen von Südvietnam, der Summus Pontifex wünsche, in Vietnam solle eine katholische Universität entstehen, mit Französisch als einer der Amtssprachen, um außer den Vietnamesen die Kambodschaner und Laoten auszubilden, die einmal unter französischem Protektorat waren.

Auf den Ruf des Hl. Stuhles hin versammelte sich die Gesamtheit der Bischöfe Südvietnams (die im Norden konnten ja nicht teilnehmen, da sie unter kommunistischem Regime standen), bestehend aus einer vietnamesischen Mehrheit mit drei französischen Bischöfen: dem Bischof von Quinhin, von Konhin und einem aus dem Norden geflohenen Dominikanerbischof in Saigon. Alle waren verblüfft: Eine Universität gründen? Zunächst: Womit sollte man die Universität bauen? Soll man die Gläubigen um Spenden bitten?

Nun lebt die Mehrzahl der Christen aus dem Süden in bescheidenen Umständen. Die aus dem Norden geflohenen Christen (fast eine Million) hatten von dort nur ihr Kruzifix, ein Bild der hl. Jungfrau und einen Ballen Kleider mitgebracht. Die Regierung Ngo-dinh-Diêm half ihnen, nicht Hungers zu sterben, und gewährte ihnen monatliche Beihilfen, bis sie auf eigenen Füßen stehen konnten. Sollte man also von diesen hungrigen Armen Millionen erbitten, um eine Universität zu bauen?

Angenommen, wir finden etwas, um eine Universität zu bauen, woher das Lehrpersonal nehmen? Menschlich gesprochen mußte man dem Hl. Stuhl antworten: „Non possumus." Dieser wird uns, bestenfalls einige tausend amerikanische Dollar geben: einen Wassertropfen, um eine Wüste zu bewässern und zum Blühen zu bringen.

Da ich der Dekan war, wandten sich alle an mich. An mich, den Bischof eines Vikariats, das soeben entstanden war und erst anfing, normal zu bestehen! Eine Universität bauen? Ich wußte, was eine Universität war, sei es *in Rom, sei es in Paris. Es hieß den lieben Gott versuchen, ein Wunder von ihm fordern. Es wäre eine wahre Schöpfung, wie man es auf Lateinisch sagt: „Ex nihilo sui et subiecti." Das heißt: aus dem Nichts ein neues Lebewesen hervorbringen. Aber der Hl. Stuhl will es. Der Hl. Vater, der Gott repräsentiert, will es.*

Die Vietnamesen sind Leute, die an die Macht Gottes glauben und immer seine gehorsamen Kinder gewesen sind. Der arme Dekan antwortete der Versammlung: „Der Hl. Stuhl will sie, diese Universität, also will Gott sie. Wer von uns wird sie erbauen lassen und organisieren und sie leben und wachsen lassen müssen? Niemand antwortete auf meine Frage. Es war also an mir zu antworten: „Meine lieben Kollegen, ich springe ins kalte Wasser. Bitten Sie den lieben Gott, daß ich nicht ertrinke. Beten Sie für mich. Ich brauche ein Wunder erster Klasse!"

Man trennt sich: Meine Kollegen sind froh, daß sie keine Federn lassen mußten, nicht die kleinste Flaumfeder, während der arme Dekan allein und nachdenklich zurückbleibt. Zuerst muß man das Geld auftreiben! Auf das Beten und Betenlassen, überall Rat einholen hin brachte jemand folgende Idee vor: „Monseigneur, wenn es Ihnen gelänge, die Erlaubnis zu erhalten, einen Wald zu nutzen, der etwa dreißig Kilometer von Saigon entfernt ist, einen Wald mit hundertjährigen Bäumen, so fänden Sie leicht Käufer: z.B. Tausende von Chinesen, die in Cholon wohnen, zwei Schritte von Saigon entfernt. Sie würden mit Kußhand all die Lose Holz nehmen, die Sie hätten schlagen lassen, um sie auf den Weltmarkt von Hongkong zu schaffen, da die ganze Welt Holz braucht."

Die Idee, einen Wald mit 100-jährigen Bäumen zu roden, um mit den daraus zu erzielenden Einkünften eine Universität zu bauen, wurde Wirklichkeit. Es wurde selbst eine Straße von Saigon zu diesem gewinnträchtigen Waldgrundstück gebaut. Die Idee, eine Universität zu errichten, die zweite in Vietnam, kam nicht von Msgr. Pierre Martin Thuc, sondern von Papst Pius XII. Diese Einnahmequelle „Wald" war so gewinnträchtig, daß ärmere katholische Studenten keine Studiengebühren bezahlen mußten, sondern deren Studien sogar mit dieser übersprudelnden Geldquelle finanziert wurden.

Nicht lange ruhte ein Segen auf dieser Bildungsstätte. Sie geriet in die Hände der Modernisten und bei den Feierlichkeiten ihres 15-jährigen Bestehens wurde mit keinem Wort ihres Erbauers und Finanziers gedacht.

Doch weiter in Thucs Bericht:

Wo sollte man dese Universität hinbauen? Südvietnam hat ein tropisches Klima, schwierig für körperliche und besonders geistige Arbeit in den sechs Monaten der heißen Jahreszeit, denn praktisch gibt es nur zwei Jahreszeiten: Regenzeit und heiße Jahreszeit. Regenzeit: von Oktober bis März; Trockenzeit: von April bis September. In Kotchinchina wird die Trockenzeit von einem heftigen, aber kurzen Nachmittagsgewitter gemildert. Um bequem studieren zu können, müßte man alle Gebäude klimatisieren, was die in Südvietnam arbeitenden Amerikaner getan haben, aber die Vietnamesen besitzen nicht die Dollars!

Zum Glück gibt es in Südvietnam in fast 1.000 Metern Höhe ein Tafelland, das ein Franzose, Dr. Yersin, entdeckt hatte, etwa 100 Kilometer von Saigon entfernt, das man in weniger als einer Stunde mit dem Flugzeug erreichen kann oder in einem halben Tag mit dem Lastwagen über eine Bergstraße. Dieses Tafelland heißt Dalat. Dort wachsen Kiefern, das Klima ist ein immerwährender Frühling, die Blumen und Gemüsepflanzen der gemäßigten Länder wachsen in Hülle und Fülle. Wasserfälle ergießen klares und frisches Wasser, und ein kleiner See bietet Trinkwasser und Fische.

Dort zu studieren wäre ein Vergnügen, und man könnte auch leicht Sport treiben. Dieser Ort wurde also von ihrem demütigen Diener als Sitz der künftigen Universität ausgewählt. Damals kosteten Grund und Boden nicht allzu viel, und ich beeilte mich, beträchtliche Anteile zu kaufen im Hinblick auf spätere Erweiterungen. Nun befanden sich dort, wo ich bauen wollte, massiv errichtete Gebäude, die für die Kinder der französischen Truppe als Schule gedient hatten. Abmachungsgemäß hatte Frankreich diese Gebäude der Regierung meines Bruders, des Präsidenten, übergeben. Hinsichtlich des Erwerbs dieser Gebäude legte dieser mir nahe, mich an den Botschafter Frankreichs in Vietnam zu wenden. Als ich bei diesem vorfühlte, äußerte er den Wunsch, daß diese Gebäude einer Institution zuerkannt werden sollten, welche die französische Sprache unterrichtete zur Erinnerung an Frankreich. Der Wunsch Frankreichs stimmte mit dem des Hl. Stuhles überein, der uns gebeten hatte, eine Hochschule zu eröffnen, deren Sprache die den Bewohnern von Vietnam, Kambodscha und Laos gemeinsame französische Sprache sei.

Ich erhielt also diese schönen Gebäude zum Geschenk und auch noch einige kleine Villen in der Umgebung, in denen die Lehrer der Kinder der Truppe gewohnt hatten. Diese Gebäude mit ein paar Reparaturen bildeten die Wiege der Universität. Ich kaufte die Ländereien um diesen Kern herum, nämlich mehr als zehn Hektar für die Universität, ohne weitere Hunderte Hektar für künftige Erweiterungen zu zählen.

Mit einem weiten Gelände, mit dem Geld aus der Bewirtschaftung des Waldes war es klar, daß ich das amerikanische Konzept für den Bau meiner Universität übernehmen würde: getrennte Gebäude mit höchstens einem Stockwerk für jedes Lehrfach, ein geräumiges Heim, um die Studenten in der Universität selbst wohnen zu lassen, eine schöne Kapelle mit einem Glockenturm und einem Kreuz auf dessen Spitze, errichtet auf einer Anhöhe und so von ganz Dalat aus sichtbar, in der Nähe der Kapelle ein Grundstück für das Universitätsseminar und seine Professoren, die Jesuitenpatres, die ihre Kleriker bis zum Lizentiatengrad in Theologie führen sollten, ein Haus für die von den verschiedenen Ordensgemeinschaften geschickten Schwestern, ein Heim für Studentinnen; kilometerlange Straßen durch die Universitätsgelände, ein Fußballplatz, weitere Plätze für Handball usw., der Rest mit immergrünem Rasen bedeckt, dem hier und da majestätische Bäume Schatten spendeten. Ruhe überall!

Wer wird es übernehmen, diese kleine Stadt zu bauen? Ich hatte abermals Glück, einen Erbauer zu finden, einen belgischen Priester deutscher Herkunft, Diplom-Ingenieur der Universität Brüssel, wo sein Vater, ein Atheist, gelehrt hatte. Denn mein zukünftiger Mitarbeiter hatte, bis er 20 Jahre alt war, den lieben Gott nicht gekannt. In diesem Alter gab Gott ihm sowie seiner Schwester die Gnade der Konversion. Eine teuer bezahlte Konversion, denn sein Vater, entrüstet, seinen einzigen Jungen zum Katholizismus übertreten zu sehen, warf dessen Sachen zum Fenster hinaus und jagte ihn für immer aus dem Vaterhaus. Der Junge wurde Missionar in dem Orden, den der berühmte P. Lebbe gegründet hatte – dieser befürwortete als Generalvikar von Peking die Übertragung des Bischofsamtes an Chinesen. Er wurde aus seinem Orden hinausgeworfen und gründete eine kleine chinesische Ordensgemeinschaft der Kleinen Brüder und die Missionsgesellschaft, die zum Zweck hatte, sich in den Dienst der einheimischen Bischöfe zu stellen. Zum Priester geweiht, wurde mein zukünftiger Mitarbeiter nach Phat-Diêm geschickt in den Dienst von Msgr. Lé-hun-Tuí (dem künftigen kommandierenden General der katholischen Armee im Krieg gegen die Kommunisten). Dort installierte der Priester und Ingenieur die Elektrizität in der kleinen Stadt Phat-Diêm und unterrichtete die Seminaristen in Mathematik. Nach der Flucht seines von den Roten besiegten Bischofs bat dieser belgische Pater mich um Gastfreundschaft. Ich ernannte ihn zum Professor am Kleinen Seminar, wo es ihm trotz seiner Unkenntnis der vietnamesischen Sprache gelang, seinen Studenten die Lehrsätze der Geometrie und Algebra zu erklären.

Pater Willich (so ist sein Name), als Erwachsener konvertiert und Spätberufener, hatte einen sehr schwierigen Charakter; es war schwierig, mit ihm umzugehen, aber er hatte eine Sympathie für den Präsidenten, meinen Bruder Diêm, und für mich. Er ist uns immer treu geblieben im Unglück und in seinem eigenen Unglück, der Folge seines sehr eigensinnigen Charakters. Er baute also die verschiedenen Häuser und die Kapelle der Universität und ließ die kleinen Villen um die Universität herum reparieren. Er tat es mit Sparsamkeit. Er hatte ein wenig Verdruß, als er erfuhr, daß er nicht zum Rektor der Universität ernannt worden war. Ich konnte es nicht tun, es wäre gegen den Geist des Hl. Stuhles gewesen und gegen den Geist seines Ordens, der vom hl. Pater Lebbe gegründet worden war, um den (einheimischen) Klerus zu unterstützen und nicht, um ihn zu beherrschen.

Nach der Fertigstellung der Gebäude verabschiedete er sich von mir und nahm eine Anstellung bei den nach Vietnam gekommenen Amerikanern an, für die Installation der Elektrizität, Brunnenbohrungen und andere für unser Land nützliche Projekte. Mein Bruder, der Präsident, verlieh ihm einen bedeutenden Orden und bezahlte ihm eine Hin- und Rückreise nach Belgien, um seine Schwester zu besuchen und sich zu erholen. Nach der Ermordung meines Bruders kehrte er nach Europa zurück und ist zur Zeit Pfarrer eines kleinen Arbeiterzentrums in Frankreich.

Er hat immer noch Heimweh nach Vietnam, aber die Schritte, die er bei den Bischöfen, die ihn kannten, etwa Msgr. Tham-ngoe-Chi, dem Stellvertreter von Msgr. Le-hfin-Tu unternahm, hatten keinen Erfolg. Ich konnte nichts mehr für ihn tun, da die Amerikaner die Regierenden des Südens zwangen, mir die Rückkehr in mein Heimatland zu versperren. Denn ich galt als Pazifist, Gegner des brudermörderischen Krieges zwischen dem Norden und dem Süden. Ich hatte doch noch die Freude, ihn in Belgien zu treffen, wo er mich seiner Schwester vorstellte, der Gattin eines Großindus-

triellen. Ich verbrachte ein paar Tage zu meiner Erholung in der Sommerre-
sidenz dieses Industriellen.

Wenn ich schon von der von P. Lebbe gegründeten Kongregation für die
Unterstützung des einheimischen Klerus rede, denke ich, daß ich über P.
Raymond de Jagher sprechen muß. Auch er war ein belgischer Priester,
hatte aber einen von dem des P. Willig völlig verschiedenen Charakter. Er
wurde von meinem Bruder, dem Präsidenten, sehr geschätzt. Er war im
Dienst der chinesischen Bischöfe gewesen, wurde von den Kommunisten des
Mao-Tse-Tung ins Gefängnis geworfen und schrieb ein schönes Buch über
seine Gefangenschaft. Freigelassen, stellte er sich dann in den Dienst von
Kardinal Yupin auf Formosa. In der Zwischenzeit kam er nach Saigon, wo
er mit Hilfe meines Bruders eine Schule für Chinesen eröffnete. P. de Ja-
gher spricht und schreibt chinesisch wie seine Muttersprache, er spricht eng-
lisch, und jetzt verbringt er seine Zeit damit, Vorträge zu halten zugunsten
chinesischer Katholiken, die ihr Land verlassen haben, und auch zur Unter-
stützung von nach Amerika und anderswohin geflüchteten Vietnamesen. Er
ist ein dem Ideal des P. Lebbe treuer Missionar.

Nun mußte ich den Lehrbetrieb der Universität organisieren. Zu Beginn
wollten wir die geisteswissenschaftliche Fakultät eröffnen, dann die natur-
wissenschaftliche, mit den Fächern, die nicht viele Geräte erforderten, näm-
lich: Philosophie, Geschichte, vietnamesische, französische, englische
Sprache, Mathematik, neben der theologischen und philosophischen Fakul-
tät unter der Leitung der Jesuitenpatres.

Die Professoren wurden unter den europäischen Missionaren oder Or-
densleuten rekrutiert, die in Kotchinchina waren, und Professoren der Uni-
versität von Saigon, meist keine Katholiken, hatten Lehrstühle in unserer
Universität. Mit dem Flugzeug konnten sie Dalat in weniger als dreiviertel
Stunden erreichen. Nach ihren Vorlesungen ruhten sie sich im Kühlen aus
im frühlingshaften Klima und der angenehmen Luft von Dalat. Sie nahmen
ihre Mahlzeiten mit den Patres der Universität ein und kehrten nach einem
erholsamen Wochenende nach Saigon zurück. Mein Wald erlaubte mir, ih-
nen ein einträgliches Gehalt zu geben. Da ich mich nicht ständig in Dalat
aufhalten konnte, nahm ich den Titel eines Kanzlers der Universität an, dem
ein Rat von einigen Bischöfen zur Seite stand, darunter der Bischof von Da-
lat, Msgr. Hien, mein ehemaliger Schüler im Großen Seminar von Hué, und
Msgr. Piquet von dem Auslandsmissionen von Paris, Bischof von Nhahang.

Ich ernannte Pater Thien, den ich nach Frankreich geschickt hatte, um seine akademischen Titel zu erwerben, zum Rektor der Universität.

Die Barmherzigkeit des Herrn hat es mir also gestattet, dieses Projekt zu verwirklichen, das als utopisch angesehen wurde, als der Hl. Stuhl es uns unterbreitet hatte. Mehr als 15 Jahre sind seit dieser Gründung vergangen. Ich bin im Exil in Europa. Man hat diese 15 Jahre des Bestehens mit großartigen Festen gefeiert, welche die Bischöfe von Mittel- und Südvietnam vereint mit den Vertretern der Regierung aus Saigon sahen (das noch nicht in die Krallen der Kommunisten gefallen ist), der Hl. Stuhl hat eine Lobesbotschaft geschickt, mehrere Reden wurden gehalten: Nur den Gründer der Universität hat man vergessen, denn sein Name gefiel dem Vatikan von heute nicht: Ende gut, alles gut. Ich habe die Universität geschaffen, um dem Vatikan von damals zu gehorchen. Gott hat mir geholfen. Ihm sei alle Ehre und Herrlichkeit in alle Ewigkeit. Amen.

Nach dem Weggang von Msgr. Drapier bekamen wir einen irischen Apostolischen Delegaten: Msgr. Dosley, ehemaliger Prokurator der irischen Missionare St. Kolumbans (und dann der australischen). Er wurde gewählt und mußte französisch lernen, um sich mit unseren Missionaren, unseren Priestern und unseren Behörden verständigen zu können. Msgr. Dosley ist ein heiligmäßiger Mann (er lebt noch), aber er hat Vietnam vorher nie gekannt, das damals unter französischer Herrschaft war. Er machte sich keinen Begriff von der Bedrohung durch die Kommunisten von Hô-chi-Minh.

Es gab Differenzen zwischen ihm und mir. Er bezeichnete mich als Miesmacher, als ich ihm vorschlug, Vorsichtsmaßnahmen zu treffen, um die Schäden so gering wie möglich zu halten, falls die Kommunisten einmal die Oberhand gewinnen sollten. Zum Beispiel: alle in unseren Seminaren verwendeten Handbücher der Philosophie und der Theologie ins Vietnamesische übersetzen zu lassen; Verstecke für den Meßwein vorzusehen, denn die Reben, die in Vietnam wachsen, liefern keine für Meßwein geeigneten Trauben; die Namen der Neupriester nicht bekannt zu machen; beim Hl. Stuhl für jeden Bischof die Befugnis zu erwirken, einen oder zwei Nachfolger zu ernennen, ohne beim Hl. Stuhl um Erlaubnis nachzusuchen, für den Fall, daß die Verbindung mit dem Vatikan abbrechen würde, usw.

Msgr. Dosley, der auf das optimistische Gerede der französischen Armee vertraute, warf mir Pessimismus vor. Er wurde von der Woge der Kommunisten in Hanoi überrascht und wurde monatelang ihr Gefangener zusammen mit seinem Sekretär, seinem Landsmann, einem Priester der Missionare St. Kolumbans. Er wurde erst freigelassen am Ende seiner physischen und geistigen Kräfte und auf einer Bahre in ein Flugzeug gebracht, um nach Europa zurückzukehren. Als er nach einer langen Rekonvaleszenz mich als Verbannten in Rom traf, sagte er demütig zu mir: „Monseigneur, Sie hatten auf der ganzen Linie Recht." Ich war weder Prophet noch Wahrsager, aber vorbeugen tut nicht weh, während es unverzeihlich ist, sich aus Nachlässigkeit fangen zu lassen.

Da ich seit mehr als 40 Jahren mit einer großen Zahl Vertreter des Hl. Stuhles als Apostolischer Delegat in Verbindung stehe, darunter einige, die aus den Missionaren ausgewählt waren, und andere, Berufsdiplomaten, die ihren Beruf an der kirchlichen Pontifikalakademie gelernt hatten, die einst die Pontifikalakademie der Adligen im Kirchendienst war und 1701 gegründet wurde, glaube ich, diese Anmerkung machen zu dürfen: Welche Rolle spielen diese Vertreter des Hl. Stuhles? Sie sollen Rom über den religiösen Zustand in dem Gebiet der Delegation informieren. Um diese Rolle auszufüllen, erscheinen mir die Berufsmissionare erfahrener als junge Diplomaten, die nur mit den schon organisierten Diözesen Europas in Verbindung gestanden haben.

Die Nationalität dieser aus der Pontifikalakademie hervorgegangen Delegaten war vor weniger als zehn Jahren vor allem italienisch: Meist waren es Italiener aus dem Süden, von dort, wo die Armut die normale Lage des Klerus ist. Um ihr zu entfliehen, gibt es nur eine Tür: diejenige der diplomatischen Karriere, wo man sehr schnell zum Prälaten und dann zum Erzbischof befördert wird. Man hat das Privileg, die Welt zu sehen, denn die Diplomaten wechseln alle zehn Jahre den Posten. Sie setzen sich als Kardinäle zur Ruhe und werden oft Präfekten der Hl. Kongregationen und manchmal oberste Hirten. Also führt die Diplomatie zu allem. Aber hat Jesus so seine Apostel ausgebildet? Ich weiß nicht, was ich darauf antworten soll. Meine geringe persönliche Erfahrung sagt mir, daß man Besseres zum Wohle der Kirche tun könnte.

Ich bin nun an einem Wendepunkt meines kirchlichen Lebens angelangt. Nach 22 Jahren im Bischofsamt werde ich als Erzbischof ins Erzbistum Hué versetzt: bei der Umwandlung der Hierarchie Vietnams, die einst aus Apostolischen Vikariaten bestand, in Bistümer und Erzbistümer, obwohl sie *noch immer von der Hl. Kongregation „de Propaganda Fide" abhängig sind, die derzeit auch Hl. Kongregation für „die Evangelisierung der Völker" genannt wird.*

Warum nach Hué, in meine Geburtsstadt? Nun, gewöhnlich vermeidet die Kirche es, einen Bischof für die Leitung einer Diözese zu ernennen, aus der seine Familie stammt. Der Grund ist offensichtlich. In Vietnam vermieden es die früheren Kaiser auch, diejenigen zu Gouverneuren einer Provinz zu ernennen, die aus ihr stammten, da man sie hätte verdächtigen können, ihre Familie zu begünstigen. Nun lebten in Hué noch meine Mutter, meine Schwestern und meine Brüder. Mein ehemaliger Lehrer, der Kardinal Agananian, Präfekt der Hl. Kongregation zur Verbreitung des Glaubens, hat mir den Grund für diese Ausnahme offenbart. „Mein Sohn", hat er mir gesagt, „du hättest Erzbischof von Saigon sein sollen, aber in Saigon regiert dein Bruder, der Präsident Diêm. Wenn du Erzbischof von Saigon geworden wärest, wären die politische und die religiöse Macht in der Hand der Mitglieder ein und derselben Familie gewesen. Deshalb hat man dich für Hué ernannt, weil Hanoi in den Händen der Kommunisten ist."

Die Berufung in seine Heimatstadt Hué erfolgte nach dem Tode Papst Pius' XII. am 9.10.1958. Johannes XXIII. folgte ihm, sei es durch eine reguläre Wahl, sei es durch Wahlbetrug, was wahrscheinlicher ist, denn er wußte bereits 1954, daß er gewählt würde. Dieser Johannes XXIII. sagte ein klares Nein zu einem wesentlichen Aspekt des Petrusamts, der „Löse- und Bindegewalt". Er wollte alles nur Gott überlassen, sprach er in fromm klingenden Worten. Binden und Lösen, welch hohe Anmaßung! so schien er zu denken. Er war der Unbarmherzigste der Unbarmherzigen, denn die Binde- und Lösegewalt des Petrusnachfolgers weist den Christen den Weg zur Vollendung in Jesus Christus durch die Fürsprache Mariens.

Johannes XXIII. jedoch ließ die Menschen, besonders die getauften Christen, im Dunkeln. Er wies ihnen nicht den Weg, der zum Heile führt. Er war ein Mörder der Seelen. Sein Papstamt ist mehr als zweifelhaft. Wir dürfen keine zweifelhaften Sakramente empfangen, so auch keinem zweifelhaften Papst folgen. Seine Jurisdiktion hat er selbst verschleudert. So ist sein Ruf an Msgr. Pierre Martin Ngô-dinh-Thuc eigentlich für letzteren nicht bindend, jedenfalls nicht, wenn es letzterem bereits bewußt war, wer denn da den Stuhl Petri beschlagnahmt hatte. Er gehorchte trotzdem diesem Ruf nach Hué. Wenn auch von einem zweifelhaften Papst ausgehend, war es für ihn der Wille Gottes. Er verwaltet seine neue Diözese, welche seine Heimatdiözese ist, im guten Glauben, die volle bischöfliche Jurisdiktion zu besitzen. Hören wir wieder Thuc selbst:

Meine Bestimmung scheint es zu sein, die Ruinen wieder aufzurichten, über diejenige hinaus, aus allen Stücken entweder ein Bistum – das von Vinh-Long – oder eine Universität zu schaffen: diejenige von Dalat. Eine sehr harte Arbeit, besonders wenn man bei Null anfangen muß, aber es hat einen Vorteil: Man kann tun, was man will. Dagegen schließt das Aufbauen der Ruinen die Sorgfalt ein, das zu bewahren, was noch zu gebrauchen sein könnte.

Nun mußte ich in Hué, einem alten Bistum, wenn ich ein ganz neues Kleines Seminar bauen mußte, da das alte Seminar von Annihh in der kommunistischen Zone lag, das Große Seminar von Phu-xuin, ein ehrwürdiges, fast 100 Jahre altes Gebäude, vergrößern, das einst höchstens um die 30 Kleriker beherbergte, um in der Kapelle, in den Unterrichtsräumen und im Schlafsaal mehr als 100 Große Seminaristen aufzunehmen, die zu Hué und den Bistümern gehörten, die vom Haupterzbistum abhängig waren. Zum Glück fehlte es nicht an Land.

Die Diözese von Hué, bekannt durch den guten Ruf ihres gelehrten und frommen Klerus, war die ärmste von Vietnam. – Der Grund? Die Verfolgung, die mehr als 200 Jahre gedauert hat, war über all die Besitztümer der Diözesen und Pfarreien Vietnams hergefallen. Als der religiöse Friede durch die französische Eroberung hergestellt wurde, mußte die vietnamesische Regierung den katholischen Missionen Entschädigungen gewähren für die Zerstörung der Kirchen und der anderen katholischen Einrichtungen. Die Missionen verwendeten dieses Geld entweder zum Kauf von Reisfeldern oder zum Bau von Kirchen.

Zu dieser Zeit hatte Hué einen Bischof aus Kotchinchina, Msgr. Caspar, einen Elsässer der Auslandsmission von Paris. Nun lebte in Kotchinchina die Mission von den Reisfeldern. Dieser Prälat wollte also dieselbe Politik wie in Saigon anwenden und erwarb Reisfelder mit den für die Diözese von Hué bestimmten Entschädigungen. Nun war die Situation der Reisfelder in Hué ganz anders als diejenige von Kotchinchina, wo es gute und billigere Reisfelder gab.

In Hué hingegen gibt es wenig Reisfelder und insbesondere wenig gute Reisfelder. Die vom Bischof für den Kauf der Reisfelder angestellten Vertreter waren nicht alle ehrlich. Das Ergebnis war tragisch: Man erwarb zu horrenden Preisen Hektar von Sand oder vernünftige Reisfelder, die gekauft wurden, während ihre wirklichen Besitzer sie gar nicht verkauft hatten. Daher rührten schreckliche Querelen, als die Leute des Bistums sich anschickten, diese Felder zu bearbeiten! Das Unheil war irreparabel.

Ich stand vor einer unmöglichen Situation. Zum Glück half mir mein Bruder, der Präsident Diêm, großzügig und diskret. Dank seiner Almosen – deren Zahl nur Gott kennt – konnte ich ein modernes Kleines Seminar bauen, zwei Schritte vom Bischofspalast entfernt, und mein Großes Seminar vergrößern, die in Trümmer gefallene Kathedrale reparieren, den Bischofspalast modernisieren, um dort Priester auf der Durchreise zu empfangen und ein Haus für alte Priester zu bauen.

Ein Problem beschäftigte meine Gedanken: Wie sollte man die Diözese von Hué aus ihrer Armut befreien? Wie sollte man, wie ich es in Vinh-Long geschafft hatte, jede Pfarrei mit den Mitteln ausstatten, ihren normalen Bedürfnissen zu genügen? Nun erließ genau in dieser Zeit die Regierung meines Bruders Diêm ein Agrargesetz, das Darlehen festsetzte für die Wiederaufforstung der unbebauten Ländereien, die Gemeinden oder Dörfern gehörten.

Nun befinden sich in den Provinzen Thûa-Thiâs (Hué) und Quangtri, die meine Erzdiözese bilden, sandige Ländereien, die für einen spottbilligen Preis zum Verkauf stehen. Ich habe also ein Gesuch an den Staat gerichtet, in dem ich um ein Darlehen von mehreren Millionen Piastern bat, um diese Ländereien wiederaufzuforsten. Nach zehn Jahren würden wir dem Staat das geliehene Geld mit Zinsen zurückzahlen. Ich versammelte meine Priester und erläuterte ihnen das Projekt: Wenn eine Pfarrei mit unbebauten Ländereien in der Nähe ein Darlehen wünscht, um diese Ländereien zu bebauen, würde der Pfarrer mit Zustimmung seiner Pfarrei ein Gesuch schicken, in dem die Oberfläche dieser Ländereien, der Betrag des nötigen Darlehens und die Art der zu pflanzenden Bäume angegeben wären. Nach Prüfung durch den Bistumsrat und reiflicher Überlegung würde das Darlehen dem Pfarrer übergeben, und er würde mit der Aufforstung beginnen. Und jedes Jahr, zur Zeit der jährlichen geistlichen Übung, wird er dem Bischofsrat von seiner Arbeit berichten. Die Überprüfung der Örtlichkeiten und der Ergebnisse würde von den Dekanen des Distriktes des Betreffenden vorgenommen.

Die Mehrheit der Pfarrer legte Gesuche nach diesem Schema vor. Auf diesen sandigen Ländereien konnte nur ein einziger Baum leben und gedeihen, eine Art Nadelbaum, der von den Franzosen „Filao" genannt wurde. Er liefert ein passables Bauholz, aber es ist ein sehr gutes Holz zum Heizen. Er wächst sehr schnell und hat viele nadelreiche Zweige, die sich zum Kochen von Reis und anderer Nahrungsmittel eignen. Und je mehr man die Äste abschneidet, desto schneller sprießen andere Zweige hervor! Also hätte die Pfarrei nach dem Verkauf dieses Feuerholzes in zehn Jahren normalerweise das Darlehen mit den Zinsen bezahlt.

Erfreulich ist, daß die Quelle zur wirtschaftlichen Selbständigkeit der einzelnen Pfarreien in der Diözese ein rechter Gebrauch der Materie Holz war. Die ständige Wiederaufforstung erhält den Wald in seiner Lebendigkeit. Mit Befremden ist jedoch zu vernehmen, wie die einzelnen Pfarreien in den Besitz eines zu bewirtschaftenden Waldgrundstückes kommen sollten: Durch ein Darlehen. Ein Darlehen ist jedoch damit verbunden, Zins zu zahlen oder Zins zu erhalten. Darin liegt das tiefe Befremden über die Handlungsweise Bischof Thucs, auch wenn sie zu einem guten Ergebnis führen sollte. Unser Herr und Heiland spricht: „Liebet vielmehr eure Feinde, tut Gutes, leihet, ohne etwas zurückzuerwarten." Aus diesen Worten folgerten einige Väter und Lehrer der Heiligen Kirche, wie etwa Klemens von Alexandrien, Basilius, Gregor von Nazianz, Gregor von Nyssa, Hieronymus, Ambrosius, Augustinus ein gänzliches Zinsverbot. Bis ins Mittelalter hin war das Zins- und damit Darlehensverbot Bestandteil kirchlicher Rechtsprechung.

Das allgemeine Zinsverbot beruht auch auf einigen stichhaltigen alttestamentlichen Aussagen.

In Exodus 22, 24 ist zu lesen: „Wenn du meinem Volke, einem Armen neben dir, Geld leihst, so sollst du ihm gegenüber nicht wie ein Wucherer handeln. Ihr dürft ihm keinen Zins auferlegen."

Leviticus 25, 25/337: „Verarmt dein Bruder, und gerät seine Existenz neben dir ins Wanken, dann sollst du ihn unterstützen wie einen Fremdling und Beisassen, so daß er neben dir leben kann. Du darfst von ihm nicht Zins und Zuschlag nehmen, sondern sollst dich fürchten vor deinem Gott, so daß dein Bruder neben dir leben kann. Du darfst ihm also dein Geld nicht um

Zins ausleihen und Lebensmittel nicht um einen Zuschlag."

Leider ist das Zinswesen, welches zugleich das Bankwesen ist, Herrscher im gesamten Geld- oder Finanzbereich. Ohne ein Bankkonto müßte ich physisch zugrunde gehen. Die Gehälter werden heute zwangsweise statt in einer Lohntüte durch Überweisung auf ein Bankkonto übergeben. So können wir katholische Christen unserer Tage nicht ohne Beteiligung am Zinswesen existieren. Das Bankwesen ist, möchte ich sagen, ein über die gesamte Erde (welche der Mittelpunkt des gesamten Kosmos ist) verteilter Fluch. Daß der Vatikan und das noch unter der Zeit des rechtmäßigen Papstes Pius XII. eine Bank errichtete, kann nur ein Hinweis sein auf das zu erwartende apokalyptische Endgeschehen. Ein Rat: Wenn unser Gehalt auf das Konto gelangt, möglichst einen großen Betrag an Bargeld abheben, so daß unser Teil an den schmutzigen Geschäften, in welche alle Banken alleine durch ihr Zinsnehmen und -geben beteiligt sind, möglichst gering bleibt.

Weiter im Thuc-Bericht:

Notabene: Das Darlehen war nicht verpflichtend. Dem Pfarrer blieb es überlassen, darum zu bitten oder nicht. In diesem Fall konnte ein neuer Pfarrer, wenn er ein von seinem Vorgänger vernachlässigtes Stück Land bebauen wollte, beim Bischofsrat ein Gesuch einreichen, um ein Darlehen für die Wiederaufforstung zu erhalten. Jedoch um sicher zu gehen, habe ich dem Dekanat eine kollektive Verantwortung für die Pflanzung, die Bezahlung des Darlehens und die Nutzung der Pflanzung auferlegt.

Da von dem vom Staat gewährten Darlehen eine große Restsumme verblieb, habe ich mit diesem Rest ein sumpfiges, also nicht teures Gelände gegenüber meinem Bischofspalast gekauft und ein großes Gebäude errichten lassen, mit zu vermietenden Zimmern für die Staatsbeamten, die in Hué im Dienst waren... und eine große Kokospalmen- und Filao-Plantage in Longcó für den Bedarf des Bischofssitzes.

Gott sei Dank schien dieses Projekt sehr vielversprechend. Alle machten sich ans Werk, und während der paar in Hué verflossenen Jahre konnten die meisten Pfarreien das Geld vom Verkauf der Filao-Zweige auf die hohe Kante legen, die jedes Jahr geschnitten wurden, während das auf dem Sumpf errichtete Gebäude gegenüber dem Bischofspalast, das gänzlich vermietet war, dem Bistum beständige und ziemlich interessante Einkünfte sicherte.

Leider ist es das Los von Hué, arm zu bleiben, da die Vietcongs (Kommunisten) sich überall in meiner Diözese einschlichen, die ca. 50 Kilometer von der kommunistischen Grenze entfernt war, und die kommunistischen Guerilleros unsere zwei Provinzen heimsuchten und unseren Priestern verboten, der Regierung von Saigon das Darlehen zurückzuzahlen. Aus dieser Situation entstand eine unvorstellbare Anklage von Erzbischof Diên, den der Hl. Stuhl zu meiner Ersatzperson auf dem Sitz von Hué ernannt hatte, als ich nach Europa verbannt war. Er hat mich damals angeklagt, die von Saigon geliehenen Millionen für die Wiederaufforstung in die eigene Tasche gesteckt zu haben. Die Hl. Kongregation zur Verbreitung des Glaubens schrieb mir einen Brief, der über diese infame Beschuldigung berichtete, in dem Augenblick, in dem ich nach Rom zurückkehrte, nachdem ich meine Nichte begraben hatte. Sie war die älteste Tochter meines Bruders Nhu, die bei Paris von zwei von zwei von amerikanischen Fahrern gelenkten LKW überfahren wurde.

Ich habe der Hl. Kongregation sofort geantwortet, sie solle meinen Ankläger wissen lassen:

Primo: Daß Bischof Diên, der in dem mit meinem eigenen Geld errichteten Bischofspalast wohnt, den Pater Prokurator der Mission, der im Bischofspalast wohnt, bitten soll, ihm die Dokumente auszuhändigen, welche die den Pfarreien für die Wiederaufforstung gewährten Darlehen betreffen.

Secundo: Bischof Diên solle die große Kokos- und Filao-Plantage bei Langeo besichtigen.

Tertio: Hat Bischof Diên nicht die Miete des von mir selbst errichteten Gebäudes eingenommen, das gegenüber dem Hause liegt, in dem er wohnt? Schließlich behielt ich mir das Recht vor, ihn wegen Verleumdung vor das Gericht der Rota zu zitieren.

Außerdem: Da die Postverbindungen zwischen Europa und Südvietnam noch bestanden, habe ich an meine Priester von Hué geschrieben und ihnen vorgeworfen, meinen Hilfsbischof nicht über das Wiederaufforstungsprojekt informiert zu haben. Diese Priester jedoch antworteten mir, sie hätten während der jährlichen geistlichen Übung Msgr. Diên die Wahrheit über das Regierungsdarlehen gesagt: daß Bischof Thuc dieses in der Prokur aufbewahrte Geld nie gesehen hatte.

Msgr. Diên hatte mich also des Diebstahls beschuldigt, obwohl er wußte, daß das eine Verleumdung war. Erschrocken über meine Drohung, diese

Geschichte vor das römische Gericht zu bringen, hat Msgr. Diên mich dann um Verzeihung gebeten. Da haben wir die Aufrichtigkeit dieses ausgezeichneten Freundes Pauls VI., des Papstes, der mich vor der gesetzlichen Frist zum Rücktritt gezwungen hat, damit Msgr. Diên zum Erzbischof von Hué ernannt wurde, und seine Praxis der den Kommunisten dargebotenen Hand in die Tat umsetzen konnte, um die Regierung von Saigon zu untergraben. Und Msgr. Diên bediente sich der Millionen, deren Eigentümer ich war, ohne mich um Erlaubnis zu bitten!

Wie sehr Bischof Ngô-dinh-Thuc recht hatte in seiner Einschätzung bezüglich seines Nachfolgers Bischof Diên, eingesetzt von dem sich im Nachhinein als Nichtpapst auszeichnenden Paul VI., sollte sich bald zeigen. Bischof Diên verwechselte bewußt oder unbewußt aufs Äußerste die Wahrheit. Er sagte: „Die Zeit ist vorbei, da wir in Angst und Unruhe lebten, die Zeit, da einer dem anderen mißtraut. Wir müssen gemeinsam Gott danken, daß er uns eine so große Gnade gewährte". Welch ein Hohn. Die Zeit des Mißtrauens verstand Msgr. Diên als die Zeit Südvietnams vor der kommunistischen Machtübernahme, die Zeit der großen Gnade als die, welche ihr folgte.

Bischof Binh, ein Gesinnungsgenosse Diêns und Bischof der Diözese Saigon in der Zeit von Paul VI, läßt in einem Hirtenbrief folgende Worte verlesen: „Wir vietnamesischen Christen freuen uns, daß unser Volk jetzt unabhängig ist und daß Friede herrscht. In allen Bereichen, in denen unser Gewissen uns eine Zusammenarbeit mit den Kommunisten ermöglicht, wollen wir diese Gemeinsamkeit zum Segen unseres Volkes suchen.

Diese Worte sind angesichts der vietnamesischen Wirklichkeit eine bloße Verhöhnung des Volkes, besonders der gläubigen Katholiken. Selbst wirtschaftlich ging es den Südvietnamesen nach der sozialistischen Machtergreifung schlechter denn je. War das Land vor der Wende ein Land, was den dort reichlich wachsenden Reis betraf, so mußte jetzt selbst der Reis, das Brot der Asiaten, eingeführt werden. Das nun „befreite" Saigon zeigte ein grausames Bild. Einige Beispiele:

Zwei hungernde Jungen, 16 oder 18 Jahre alt, sind als Diebe (wahrscheinlich war es Mundraub) gefaßt worden und sofort ohne jegliche Gerichtsbarkeit erschossen worden.

Eine in Vietnam lebende französische Frau erklärte: Ich bin Französin, mein Mann ist Vietnamese, Polizeioffizier. Wir wissen, daß in Kontum drei höhere Funktionäre hingerichtet worden sind. Was soll aus uns werden? Unser Freund hat mit seiner Frau und seinen vier Kindern Selbstmord verübt. Auch wenn die Kommunisten uns nicht töten, so werden sie sicher einen Teil unserer Familie in ein Straflager abkommandieren. Mein Schwiegervater, der Mitglied einer antikommunistischen Liga war, trägt jetzt immer eine Giftkapsel mit sich."

Sicher keine Christen, über die dieser kleine Bericht aussagt, denn Christen sollten keinen Selbstmord begehen oder in Erwägung ziehen, aber der Bericht zeigt die harte Wirklichkeit großer Teile der Bevölkerung, welche völlig anders ist, als die der Paul VI. genehmen Bischöfe des Landes.

Thuc im Original:

Während der paar Jahre als Erzbischof von Hué war mein Leben gut ausgefüllt. Ich ging gegen neun Uhr abends zu Bett und stand früh auf zur Meditation und zur Messe; danach kam die Korrespondenz. Alles war bis sieben Uhr beendet. Ich ging dann nach Phfi-cam meiner Mutter die Kommunion bringen, die mit Arthrose gelähmt im Bett lag, danach begab ich mich auf die Baustellen, um die Bauarbeiten zu überwachen.

Was muß es dieser Mutter bedeutet haben, täglich von ihrem bischöflichen Sohn, den sie neun Monate in ihrem Leibe getragen hatte, die Arznei der Unsterblichkeit gereicht bekommen zu haben? Was muß es dem Sohn in seinem Priesterherzen bedeutet haben, seiner eigenen Mutter täglich das Heiligste vom Heiligen, den wahren Leib unseres erhöhten Herrn reichen zu dürfen? Kurz vor ihrem Heimgang in die Ewigkeit wurde seine Mutter jedoch der Obhut seiner Schwester in Saigon anvertraut, welche die Mutter von Nguyên-van-Thuan ist. Vermutlich erhielt sie von diesem das letzte Mal die hl. Seelenspeise. Bischof Thuc berichtet über die letzten Jahre seiner sicher gottseligen Mutter folgendes:

In ihren letzten Jahren wurde unsere Mutter von einer Krankheit heimgesucht, die ihr ihre Geisteskräfte ließ, ihr aber die Beweglichkeit der unteren Gliedmaßen nahm. Etwa zehn Jahre war sie gezwungen, auf einem Bett zu vegetieren; so hatte sie alle Zeit, um sich auf den Tod vorzubereiten. Ich war zu dieser Zeit Bischof von Hué geworden, also der Bischof meiner Mutter. Ich hatte das Privileg, ihr jeden Morgen die hl. Kommunion zu spenden, gegen sieben Uhr. Sie starb in Saigon im Hause meiner Schwester, Mutter des Erzbischofkoadjutors von Saigon. Meine Mutter erfuhr nichts von der Ermordung meiner Brüder. Sie ging eines Morgens in den Himmel, nachdem sie wie gewöhnlich die hl. Kommunion empfangen hatte, durch eine Gehirnblutung im Alter von mehr als 96 Jahren. Zu ihrem Begräbnis kam eine große Zahl von Teilnehmern, die sie im Leben geschätzt hatten.

Doch nun weitere Ausschnitte aus der Biographie „Misericordias Domini in aeternum cantabo":

Gegen neun Uhr war ich im Bischofpalast, um Priester und Diözesanen zu empfangen, die mich zu sehen wünschten. Was die Priester betraf: Sie stellten sich mit einem Papier vor, auf dem ihre Bitten oder Fragen standen. So konnte ich ihnen mit wenigen Worten antworten und ihnen dann schreiben, wenn die Frage langer Überlegung bedurfte. So mußten sich die Mitbrüder nicht sehr lange in Hué aufhalten, sondern konnten in ihre Pfarreien spätestens am Tage nach ihrer Ankunft im Bischofpalast zurückkehren.

Jeden Monat berief ich den Bischofsrat ein, der aus den Provikaren und Distriktoberen bestand, damit diese mir alle Informationen über ihre Distrikte lieferten. Eine Sache lag mir am Herzen: Meine Erzdiözese sollte self-sufficient sein – also wirtschaftlich eigenständig. Dasselbe Problem und dieselbe Sorge wie in Vinh-Long. Rom, d.h. die Hl. Kongregation für die Verbreitung des Glaubens, muß für die Bedürfnisse der Missionen aufkommen. Das Geld kommt von den Gläubigen: Mitgliedern des Werkes zur Verbreitung des Glaubens, des Werkes der Hl. Kindheit, des Werkes des hl. Apostels Petrus. Die beiden ersteren Werke waren gestiftet von einer französischen Christin aus Lyon. Nun hatte also Vietnam, obwohl es noch von der Hl. Kongregation für die Glaubensverbreitung abhängig war, seine Hierarchie, die nicht mehr aus Apostolischen Vikaren, sondern aus Erzbischöfen und Bischöfen bestand. Also mußte das katholische Vietnam grundsätzlich auf eigenen Füßen stehen und die Almosen der päpstlichen Missionswerke den eigentlichen Missionen überlassen. Aber wie sollte man diesen Begriff unseren Christen verständlich machen? Wie sollte man ihnen das beibringen?

Zunächst, indem man unsere Pfarreien autonom machte durch das Kirchgeld. Und dazu mußte man unsere Gläubigen an der Aufstellung des Bud-

gets der Pfarrei beteiligen. Der Pfarrer möge seine Pfarrkinder versammeln und ihnen den Geldbedarf der Pfarrei bekannt machen: Schule, Schulschwestern, Gottesdienst usw... und die Beteiligung jeder erwachsenen Person daran, jeder nach seinen Möglichkeiten. Der vom Pfarrer vorgelegte Kostenvoranschlag muß von den Pfarrangehörigen gebilligt werden. Der gesammelte Betrag soll durch Aushang öffentlich bekannt gemacht werden. So kommt die geringste Spende, der geringste Geldbeitrag zur Kenntnis aller, ebenso kennt die ganze Pfarrei die Ausgaben. Normalerweise dürfte es für unsere Pfarrangehörigen genügen, jede Woche auf ein Päckchen Zigaretten zu verzichten, um ihre Pfarrei in Gang zu bringen!

Gewöhnlich mögen die Pfarrer diese Art des Vorgehens nicht, sie bekämen lieber das Geld, ohne die Ausgaben ausführlich offen zu legen, während die Christen gern wissen wollen, was man mit ihren Beiträgen gemacht hat. Die Pfarrei muß eine einzige Seele haben. Nach und nach gewöhnt man sich daran, und jeder ist stolz, auf eigenen Füßen stehen zu können. Ich weiß nicht, ob mein Nachfolger unsere Gläubigen weiterhin dazu ermutigt, ihre Pflicht zu tun, und unsere Priester dazu, ihre Sorgen mit ihren Schafen zu teilen, denn es ist bequemer, keine Rechenschaft zu geben über die Verwaltung und nicht darüber zu diskutieren, um die Zustimmung der Pfarrangehörigen zu bekommen, sondern nach ihrem Belieben über deren Kirchgeld zu verfügen... Ein Dialog ist mühsamer als alles per Ukas zu entscheiden.

In Vinh-Long mußte ich immer meine Priester zum Dialog mit ihren Gläubigen antreiben. Nun ist es aber keine Willfährigkeit, sondern schlicht und einfach Gerechtigkeit, wenn man über das Geld anderer Leute nur mit deren Einverständnis verfügt. Man gewöhnt sich auch schnell daran, denn der Mensch ist – natürlich ein sehr blasses – dennoch das Spiegelbild Gottes, seines Schöpfers, der ganz Gerechtigkeit ist.

Meine Priester von Hué (meiner lieben Heimat) sind entweder älter als ich und haben mich als ihren Schüler im Seminar gekannt oder meine Studienkameraden oder meine Schüler im Großen Seminar oder – schließlich – meine jüngeren Mitbrüder im Priestertum. Sie kennen meine Schwächen, sind aber auch alle dankbar für meine Achtung und Zuneigung ihnen gegenüber. Sie wissen, daß ich – wie jeder Mensch – etwas falsch machen kann, aber sie sind auch davon überzeugt, daß ich versucht habe, die Erzdiözese Hué den beiden anderen Erzdiözesen (Saigon und Hanoi) zumindest *ebenbürtig zu machen.*

Geistig und hinsichtlich des apostolischen Eifers sind sie den anderen Diözesen gleichwertig oder ihnen vielmehr noch voraus. Wirtschaftlich sind sie arm, sie haben nur die Meßstipendien zum Leben, aber sie kommen gut zurecht bei der Bekehrung der Heiden.

Sie wissen, daß die Bürde, die ich ihnen auferlege, für ihr Wohl und das ihrer Diözese unbedingt notwendig ist. Deshalb sind, trotz meiner Amtsenthebung von meiner Erzdiözese ohne triftigen Grund, die nie vorher eine solche Blüte erlebt hat wie in den paar Jahren meiner Verwaltung, meine Priester mir treu geblieben, abgesehen von einigen wenigen, welche die Umgebung meines Nachfolgers Msgr. Diên bildeten. Letzterer hat diesen Zustand rasch bemerkt und sich beim Hl. Stuhl über diesen Mangel an Zuneigung beschwert, und er glaubte, ich schürte eine latente Opposition. Ich mußte mich verteidigen und verlangte von der Hl. Kongregation zur Glaubensverbreitung Beweise für meine geheimen Umtriebe. Nun, ich habe nie etwas anderes an meine wenigen Briefpartner aus meinem ehemaligen Bischofssitz geschrieben als: Sie sollten ihrem Bischof gehorchen, und der Gehorsam ist mehr wert als alle Opfer. Dabei blieb die Sache. Ich brauche mein Verhalten gegen Msgr. Diên nicht zu bereuen, denn die Mitglieder meines Klerus, die nach Amerika oder nach Europa geflüchtet sind, bezeigen mir nach meiner langen Abwesenheit von Vietnam weiterhin ihre Zuneigung.

Vielleicht fragt man sich, warum ich Wert darauf legte, in Hué ein Kleines Seminar zu haben, ein Seminar, das imstande war, 300 Studenten aufzunehmen? Das war deswegen, weil unsere Christen in Hué arm sind und es in Hué nur ein Kolleg der Sekundarstufe gibt, dessen Leiter ich war, und dort mußte Schulgeld bezahlt werden, weshalb es für die große Mehrheit der Katholiken nicht zugänglich war. Die Seminaristen, die bis zum Priestertum weitermachen, sind nicht sehr zahlreich, aber die, welche das Seminar verlassen, verdienen ihren Lebensunterhalt gut als Angestellte des Staates. Dort leisten sie uns viele Dienste; sie betätigen sich auch als Führer der Action Catholique, was noch besser ist.

Aber ich habe nicht die Frage der späten Berufungen vergessen. Unseren Priestern im Seminar habe ich folgende Weisung gegeben: diese jungen Leute liebevoll aufnehmen, ihnen raten, sie sollten ihre Studien dort zu Ende führen, wo sie sie nach dem Erwerb der Reifeprüfung begonnen hatten.

Nach diesen weiterführenden Studien nahm man sie ins Seminar auf, um sie zwei Jahre lang nur Latein lernen zu lassen. Danach traten sie ins Große Seminar ein. In der Zwischenzeit jedoch, damit sie ihre Hinwendung zum Priestertum bewahrten: sie an den freien Tagen im Kleinen Seminar versammeln, um sie das Leben der Seminaristen teilen zu lassen und mit ihnen über die Berufung zu sprechen. Dieser regelmäßig wiederkehrende und häufige Kontakt ist unerläßlich, denn die Welt lockt sie an, und der geistliche Stand ist besonders in Hué vom wirtschaftlichen Gesichtspunkt aus wenig glänzend. Kann man sagen, daß die Spätberufungen beständiger sind und bessere Priester hervorbringen als die, welche auf dem normalen Weg der Seminare zum Priestertum kommen? Nichts beweist das. Ich habe Spätberufene gesehen, die versagt haben, andere, die durchgehalten haben, wie es auch bei denen ist, die in unseren Seminaren erzogen werden.

Eines der Ziele meiner Verwaltung in Hué war, aus unseren Schwestern vom Kreuz richtige Ordensschwestern mit den drei Ordensgelübden zu machen. Nun besaß Hué fünf Klöster, in Dilsan, einer großen Christengemeinde in der Provinz Quang-tri, in Cov'n, dem Hauptort von Change-Tri, in D'oDg-Son, Provinz Hué, Phû-cam, auch in Hué, und Kêbang in der Provinz Change-Binh. Jedes Kloster hat seine Güter, sein Noviziat, seinen Wirkungsbereich apostolischer Arbeit, seine Schule. Was ihnen gemeinsam war, war das Fehlen der Ordensgelübde, und das seit ihrer Gründung zu Beginn der Evangelisierung Vietnams.

Der erste Apostolische Vikar von Vietnam fand einige Frauenvereinigungen mit gemeinsamem Leben vor, aber ohne jedes geistliche Band. Er gab ihnen eine Regel für das gemeinsame Leben ohne Ordensgelübde. Gewiß war das bequem für ihre Dienstherren, d.h. den Bischof und die Priester: Man konnte sie für alles gebrauchen: die Katechumenen unterrichten, für die Seminare kochen, für die Krankenhäuser, die Ernten auf den Reisfeldern der Mission einbringen, usw. Sie stehen den Pfarrern zur Verfügung, Arbeiterinnen mit ganz geringem Lohn, Arbeiterinnen, die Tag und Nacht arbeiten, wenn man sie braucht. Ein Minimum an Frömmigkeitsübungen, ein Monat Urlaub im Jahr und das so lange, bis sie nicht mehr können; dann nimmt das Mutterhaus sie wieder auf und begräbt sie. Kein Recht also, keine Verteidigung, ein Minimum an religiöser Bildung.

Nun ist die vietnamesische Frau bewundernswert in der Hingabe, Gewandtheit und auch in der Heldenhaftigkeit. Vielleicht ist sie dem vietnamesischen Mann überlegen. Die ersten Aufrührer gegen die in Vietnam Einge-drungenen – die Chinesen – waren die zwei Schwestern Trung-truc und Trung-Nhi. Sie erhoben die Standarte der Revolte, schlugen die Chinesen in mehreren Schlachten, und dann, als sie von den überlegenen Kräften einge-kreist waren, brachten sie sich um, indem sie sich in einem Fluß ertränkten. Aber unsere Landsleute folgten ihrem Beispiel und schafften es, die Chine-sen nach tausendjähriger Besatzung aus Vietnam zu vertreiben!

Als ich Bischof in Vinh-Long war, hatten unsere zwei Orden der Schwe-stern vom Kreuz, derjenige von Cai-mon und von Cáinhum, seit kurzem ihre Ordensgelübde abgelegt, aber ihre Verwendung durch den Klerus in den Pfarreien war mißbräuchlich. Die Ordensschwestern wurden zu zweit los geschickt, eine alte und eine junge, also eine schwierige Gemeinschaft. Theoretisch mußten sie immer zu zweit sein. Praktisch waren sie oft allein: z.B. wenn der Pfarrer die eine ins Pfarrhaus etwas holen schickte oder in die Kirche, um ihm irgendeine Sache zu bringen. Also konnte ein durchtrie-bener Pfarrer „solus cum sola" mit einer jungen Ordensfrau sein, der er den Hof machen oder die er mißbrauchen konnte. Das ist vorgekommen, zwar nicht oft, aber so manches Mal. Bei wem sollte man sich beschweren? Die Sendung der Schwester dauert zehn Monate, sie kehrt nur für die zwei Monate Juni und Juli in den Orden zurück, um sich zu erholen.

Bilden Sie sich Ihr eigenes Urteil über meine Perplexität, wenn die Or-densfrau mich in der Beichte davon unterrichtete, daß sie jeden Monat die Messe und Kommunion nur selten bekommen hat, da sie bei ihren Katechu-menen in ihrer kleinen Pfarrei bleiben mußte. Jedoch hält der Priester sonn- und feiertags nur eine einzige Messe in seiner Hauptpfarrei, wo sein Wohnsitz ist. Also: viel Arbeit, eine nicht sehr reichhaltige Nahrung, da sie von der jungen Ordensfrau auf die Schnelle zubereitet und auf die Schnelle gegessen wird. Besuch der Katechumenen, nicht nur Frauen und Kinder, sondern auch reife und junge, starke Männer; sehr karge geistliche Nah-rung. Wenn diese Schwestern der Versuchung widerstehen konnten, so war dies Heldentum. Ich mußte also meinen Pfarrern vorschreiben, die Reise der Schwestern zu bezahlen, damit sie jede Woche zur Messe, zur Beichte und zur Kommunion gehen konnten, wenigstens einmal. Ansonsten nahm ich ihnen die Schwestern weg.

Zum Unterricht schickte ich sie (die jungen) nach Saigon zu den französi-schen Schwestern von St. Paul von Chartres, damit sie das „diplome elementaire" und die Begabteren das „brevet elementaire" erwarben und während des Postulats und Noviziats Schulschwestern wurden. Mit diesen armseligen Diplomen standen sie bei unseren Priestern wie Akademikerinnen da, die außer dem Lateinischen kein Staatsdiplom hatten. Folglich wurden sie allmählich respektiert. Und als ich die katholische Universität in Dalat gründete, gingen einige dorthin und konnten ein Lizentiat erwerben, denn die vietnamesische Frau ist sehr intelligent

In Hué habe ich also in jedem Orden zwei Schwestern ausgewählt und sie nach Dalat zu den Kanonikerinnen vom hl. Augustinus geschickt, die dort ein Sekundarkolleg haben. Dort absolvierten diese Schwestern vom Kreuz ein Noviziat wie richtige Ordensschwestern, dann kehrten sie nach Hué zurück. Und seitdem mußten alle Ordensschwestern, alte wie junge, ihr Noviziat absolvieren und echte Ordensschwestern werden, denn das Noviziat und die Sekundarschule sind in Hué zusammen im alten Palais des Apostolischen Delegaten.

Dieses Palais der Delegation von Hué war mir zur Verfügung gestellt worden, weil der Delegat, seit die politische Hauptstadt in Saigon war, einen Sitz in dieser Stadt erworben hatte, um nahe bei der bürgerlichen Regierung zu sein. Jetzt gibt es eine gemeinsame Generaloberin für alle Orden. Sie residiert in dem Haus und verfügt über das Gut meiner Familie, wo ich geboren bin, mit ihrem Rat, in dem eine meiner eigenen Nichten sitzt, die eine in Rom erworbene Lizenz besitzt. Die Orden bewahren ihre Besitzungen, bezahlen aber für die Unterhaltung des gemeinsamen Noviziats und der Sekundarschule. Dies ist also ein Erfolg, der für mich ein wahrer Trost ist.

Es weht ein scharfer Wind der Verfolgung in Vietnam, aber die Ordensschwestern sind gut darauf vorbereitet standzuhalten, wie es ihre Vorgängerinnen in den 200 Jahren der Verfolgungen getan haben. Keine Schwester vom Kreuz hat Jesus durch Treten des Kreuzes mit den Füßen verleugnet, während ein Priester und ein Seminarist es getan haben. Letzterer hat im Gegensatz zum Priester seine Feigheit bereut und ist von den Füßen eines von den Verfolgern geführten Elefanten zertrampelt worden. Der Priester trug den Namen Duyet und der Seminarist: der selige Bot. Das rechtfertigt meine Meinung über den Wert der vietnamesischen Frau, einzigartig auf der Welt.

All dies wurde in der relativ kurzen Zeitspanne verwirklicht, zwischen 1960 und 1968 – Jahre, von denen ich die Hälfte in Rom verbrachte, zuerst um an der Vorbereitung des Konzils teilzunehmen und danach mit der Teilnahme am II. Vatikanischen Konzil. Das war der letzte Glanz meiner priesterlichen und bischöflichen Aktivität. Der Rest meines Lebens ist eine Serie von Mißerfolgen, über deren Ablauf ich berichten werde, nachdem ich meine bescheidene Rolle beim Pastoralkonzil beschrieben habe.

Dieses Pastoralkonzil (die normale Wortbedeutung Konzil ist für diese Versammlung von 1962 bis 1965 eigentlich völlig unpassend) rettete sein Leben. Er war durch seinen Aufenthalt in Rom den sozialistischen Horden von Christenmördern entwichen. Doch blieb ihm deswegen das Martyrium erspart? Die folgenden Jahre seines Lebens waren, nach seinen eigenen Worten, eine Serie von Mißerfolgen und, um es vorwegzunehmen, aus der Sicht der Ewigkeit, vielleicht die wichtigste und für die Gesamtkirche die segensreichste Epoche seines Lebens. Wenn das Handeln und Tun von Bischof Thuc bisweilen Züge von Kühnheit und wirklich katholischer Aktion in sich barg, so wird der Rest seines Lebens dadurch gekennzeichnet, daß er im Kreuz und Leid seiner Seele, der Heiligen Kirche genau das schenken durfte, was ihr zum Weiterbestand am dringlichsten von Nöten war.

Unser Erlöser und Heiland Jesus Christus hat gesagt, daß die Pforten der Hölle seine Kirche niemals überwältigen werden. Warum die „nachkonziliaren Jahre" seines Lebens mit diesem Geheimnis der Kirche engstens verbunden sind, dies möchte der restliche Teil dieses Buches darlegen.

Thuc und Vaticanum II:

Dank seiner Diplomatenrolle in Europa entkam Luyên dem Schicksal meiner drei Brüder, die in Vietnam geblieben und durch die von der amerikanischen CIA bezahlten abtrünnigen Generäle ermordet worden waren, während mir selbst, da ich als Mitglied des II. Vatikanischen Konzils in Rom zurückgehalten wurde, auch das Leben gerettet wurde, obwohl ich bei der Regierung des Südens und bei Paul VI. mein Möglichstes getan hatte, nach Hué zurückkehren zu können, um mit meinen Schäfchen zu leben oder zu sterben, da ich als Erzbischof ihr Hirte war.

Das II. Vatikanische Konzil ist auf die Initiative Johannes' XXIII. mit dem Beinamen „der Gute" zurückzuführen, aber nach meiner unmaßgeblichen

Meinung war dieser sehr fromme, sehr heiligmäßige Papst ein Schwächling. Er hat diesen Charakterfehler zugegeben. Auf ihn könnte man das Wort anwenden: „Video meliora, deteriora sequor." „Ich wollte das Beste und habe dann doch das Schlechtere getan."

Johannes XXIII. wollte eine Renaissance der Kirche und hatte ein schönes Programm dafür. Aber ach, er konnte dem Drängen der Männer der Kirche nicht widerstehen, welche die Kirche Christi mit Hilfe der modernen Welt modernisieren wollten, die „in malo positus", die sich zum Bösen gewandt hat. Denn wir sind die Generation, die dem „Ende der Welt" vorausgeht, wo sich die letzte Schlacht Satans gegen Gott abspielen wird: die Entscheidungsschlacht, die nach einigen Schicksalswendungen mit der Niederlage Luzifers und dem Endtriumph Christi, mit dem Jüngsten Gericht endet.

Die Charakterisierung Johannes' XXIII. als dem Guten, als sehr heiligmäßig, scheint in diesem Zusammenhang gesehen ironisch gemeint zu sein. Jedoch widerstrebt es im inneren Gemüt, Worte wie „heiligmäßig" oder „gut" in einer ironisch gemeinten Aussage zu verwenden. Es gibt Begriffe[7], die nur für das, was sie auch wirklich ausdrücken, in den Mund genommen werden sollten. Wir sind schwache Menschen, und wie oft mißbrauchen wir geheiligte Worte in unserem alltäglichen Leben! Unser Leben sollte, wie es Bischof Ngô-dinh-Thuc immer wieder ausdrückte, ein Leben der Reue und Buße sein. „Wir sind die Generation, die dem Ende der Welt vorausgeht" schreibt er. Bischof Thuc und die meisten Menschen seiner Generation sind inzwischen verstorben, doch die Welt ist noch nicht an ihrem Ende angelangt. Weltall und Sonne drehen noch ihre Runden. War diese Prophezeiung also ein Irrtum von Bischof Thuc? Bei genauem Lesen wird klar, daß Bischof Thuc meinte, seine Generation sei die Letzte vor der Entscheidungsschlacht. Also gibt es noch eine Zeit zwischen dem Hinscheiden seiner Generation und dem Weltgericht, dem Jüngsten Tag. Wir leben in dieser Zeitspanne und können deshalb nur hoffen, in dieser letzten Schlacht bestehen zu dürfen. Halten wir auch „Öl für unsere Lampen" bereit[8], denn unser Erlöser Jesus Christus naht in großer Macht und Herrlichkeit.

---

[7] Pater Pio vom Monte Gargano – dieser geistige Leuchtturm – hat schon in der zweiten Hälfte des 20. Jahrhunderts von der Umwertung aller Werte gesprochen – entsprechend also: Umdeutung vieler Wortbedeutungen. Gedankenlosigkeit oder Sabotageabsicht?

[8] Die klugen Jungfrauen hatten rechtzeitig Öl; die anderen hörten: Ich kenne euch nicht.

Thuc:

Satan hatte den atheistischen Kommunismus als Armee. Der Kommunismus des Juden Marx ist äußerlich verlockend: Er will das Wohl des Volkes, er will eine größere, verteilende Gerechtigkeit, er will den Kapitalismus ohne Gott zerstören, in dem das einzige Ziel der Gewinn des Einzelnen ist durch die Ausbeutung der Arbeiter, der Werktätigen. Das ist lobenswert. Aber sein Ziel geht nicht darüber hinaus: das Glück, das Paradies in dieser Welt. Für ihn existiert der Himmel nicht. Für ihn ist die Religion nur Opium für das Volk, um es abzustumpfen, das Volk, das die Kapitalisten arbeiten lassen, um ihre Geldschränke zu füllen nach dem Vorbild der Jagdhunde, die man hält, um Wild zu beschaffen. Er ist also der direkte Nachfahre der Philosophen der Aufklärung mit Voltaire an der Spitze. Die Losung war also: Ecrasons (sic!) l'infâme: die katholische Kirche, Jesus Christus.

Gewiß, die Kirche Christi, in der Person einiger ihrer Oberen, einiger Päpste, stützte sich auf die Mächtigen, auf die Reichen im Glauben, dort Hilfe zu finden für den Triumph der Kirche.

Diese Päpste haben die Strategie Jesu Christi nicht verstanden: Selig die Armen im Geiste. Selig, die Verfolgung leiden. Die Kirche macht Fortschritte durch das Kreuz und nicht durch den Dollar.

Das II. Vaticanum hätte damit beginnen müssen, an diesen Grundsatz zu erinnern: Zum Triumph durch das Kreuz, zum Triumph durch das Martyrium. Also, los auf den Kommunismus ohne Gott oder vielmehr, gegen Gott! Das Paradies des Kommunismus ist dasselbe wie das des Kapitalismus: ein irdisches Paradies.

Die Arbeit, die der Schöpfergott dem Menschen auferlegt hat, ist zur Entwicklung, für die Vervollkommnung seiner intellektuellen, übernatürlichen und körperlichen Fähigkeiten und nicht für das einzige Ziel, sich den Bauch vollzuschlagen. Vaticanum II scheint dasselbe zum Ziel zu haben wie der Kommunismus: das zeitliche Glück des Menschen. Deshalb kam es zu folgendem Skandal: Verbot des geringsten Angriffs gegen den Kommunismus. Von daher das Dogma von „der natürlichen Güte jeglicher Art von Glauben". Von daher der Triumph des protestantischen Axioms: Freiheit des Denkens und Gleichwertigkeit aller religiösen Meinungen. Von daher die Bemühung, die katholische Religion leichter zu machen, indem man das Nicht-schuldig für jene verordnete, die das Brevier nicht mehr beteten und keine Meditation mehr machten; die Abfassung einer Patent-Messe für Ka-

tholiken und Protestanten, erstere Anhänger der Lehre von der Transsubstantiation, die zweiten glauben nicht daran, sondern behaupten, die Messe sei nur das Andenken an das Letzte Abendmahl, also kein „Mysterium fidei".

Bischof Thuc drückt hier trefflich die Zielsetzung von Vaticanum II aus, ohne aber die jüdisch-freimaurerischen Hintergrundmänner, die diese Zielsetzung bewußt gefördert haben, beim Namen zu nennen.

Kurz zusammengefaßt, bewirkte dieses „Konzil" eine „Tyrannei der Verweltlichung". Die Christen wurden, von einer über die ganze Erde verteilten kleinen Herde abgesehen, welche den aufzusparenden Rest bildet, ihrer vorzüglichen Berufung, welche das ewige Leben ist, beraubt.

Vaticanum II wagte es nicht, die Messe in Lateinisch zu verbieten, der gemeinsamen Sprache der Christenheit, besonders im zentralen Teil der Messe, dem Kanon, erlaubte aber den Gebrauch der Volkssprache für die anderen Teile, angeblich, damit die Gläubigen die Messe besser hören und verstehen könnten. Dabei vergaßen sie, daß die Gläubigen mit einem zweisprachigen Meßbuch der vom Zelebranten auf Lateinisch gelesenen Messe sehr gut folgen konnten. In der „Neuen Bugnini-Messe" hat man im Einvernehmen mit den Protestanten, vor allem mit den protestantischen Mönchen von Taizé, welche die Kirchenväter der modernen Kirche sind, beim Abschaffen die offizielle Sprache der lateinisch-katholischen Kirche abgeschafft, die auch die Diplomatensprache Europas ist (Anm. d. Übersetzers: bis zum Westfälischen Frieden 1648 einschließlich war; von da an war Französisch die Diplomatensprache Europas).

Man glaubte, dieses Entgegenkommen des Vaticanum II gegenüber unseren getrennten Brüdern würde die Protestanten zu uns führen. Nun erfolgt aber keine Rückkehr zum Katholizismus, vielmehr haben diese Verkürzung der Gebete, der Meditation, diese Bevorzugung der Aktion vielfach das Aufgeben des Priestertums hervorgerufen; wie viele Ehen von Priestern und Ordensleuten werden geschlossen, wie viele Nonnen verlassen das Kloster! Keine Berufungen mehr! Weder für das Seminar noch für die Orden. Nachwuchs gibt es nur bei den Orden, die streng und ihren alten Regeln treu geblieben sind.

Die Kirchen leeren sich. Die neue Messe, bei welcher der Priester nur noch der Vorsitzende der Versammlung ist – und nicht mehr der einzige, welcher opfert, hat immer weniger Besucher. Jedes Land hat seine eigene Messe, die der Mentalität seines Volkes angepaßt ist: Die Japaner sitzen auf den Fersen um eine Matte als Altar. Statt des monumentalen Kruzifixes, das unsere alten Kirchen beherrscht, liegt ein Kreuzlein auf einem kleinen Tisch, der als Altar dient – ohne Altarstein. Die Messe wird hingepfuscht in zwanzig Minuten. Die seltenen Kommunion-Empfänger kommunizieren stehend und nicht mehr kniend, sie empfangen die Hostie in die Hand und kauen darauf herum wie auf einem Bonbon, anstatt sie auf die Zunge zu empfangen. Die Ohrenbeichte ist nicht mehr Mode, man begnügt sich mit dem Confiteor der Messe trotz der Mahnung der Hl. Kongregation für die Verteidigung des Glaubens. Der Priester liest die Messe mit dem Rücken zum Tabernakel!

Man begreift jetzt den Aufstand von Msgr. Lefebvre, den Erfolg seines Ecôner Seminars und das Anwachsen seiner Priorate in Frankreich und anderswo; und das Unbehagen in allen christlichen Ländern Europas und Amerikas. Die Zukunft der Kirche ist durch das Fehlen der Berufungen bedroht. Der Marxismus triumphiert überall. Afrika wird von den Kubanern Castros angegriffen. Südamerika, wo früher die katholische Religion unbestritten herrschte, ist entzweit durch den Kampf zwischen Traditionalisten und Anhängern des Vaticanum II. Sowjetrußland ist überall tätig, seine Flotte ist die stärkste der Welt, sein Militärbudget übersteigt das der Vereinigten Staaten. Es mischt sich in Afrika ein, in Südamerika, überall – sogar im Vatikan, wo Paul VI. trotz so vieler Enttäuschungen bei seiner Politik der dem Kommunismus dargebotenen Hand beharrt.

Das Vorausgehende läßt meine Rolle auf dem Konzil verstehen: Meine wenigen Interventionen hatten zum Ziel, die Kirche Christi zu verteidigen gegen die modernistischen Angriffe, gegen die Herabwürdigung der Kirche durch die gut organisierte modernistische Partei unter der Führung Suenens und anderer Prälaten wie Marty, dem heutigen Kardinalerzbischof von Paris. Ich muß auch hinzufügen, daß die Mehrheit der Konzilsväter, besonders die aus Nordamerika, nicht gut Latein verstand, die offizielle und verbindliche Sprache des Konzils. Sie verbrachten einen Großteil der Konzilsdebatten in den beiden in St. Peter eingerichteten Cafés, wo sie Kaffee oder Coca Cola tranken, und kehrten erst zur Stunde der Abstimmung in die

Konzilsaula zurück, ohne recht zu wissen, worüber sie abstimmen sollten. Sie stimmten aufs Geratewohl mal mit JA, mal mit NEIN (zur Abwechslung, wie sie sagten), und diese Stimmen galten offiziell als „vom Hl. Geist inspiriert" und wurden zur „Mehrheit" zusammengezählt. Ich habe andere Väter – sehr wenige – gesehen, die nicht den Hl. Geist in die Cafés anrufen gingen, sondern auf ihren Sitzen den Rosenkranz beteten und dann für ihre Stimmabgabe ihre Nachbarn um Rat fragten!

Auf dem Konzil hätte man die Innovation von Simultanübersetzungen, vor allem ins Englische oder ins Französische, einführen müssen, damit jeder wußte, worum es ging, um nach seinem Gewissen abzustimmen und mit voller Kenntnis die Rolle eines Konzilsvaters zu erfüllen. Jeder sah, wie ein amerikanischer Kardinal nach ein paar Sitzungen das Konzil verließ und nach Amerika zurückkehrte. Er sagte, seine Anwesenheit auf dem Konzil sei weniger nützlich, als wenn er in die Heimat der Dollars zurückkehre, um dort Geld zu sammeln, weil das Konzil den Hl. Stuhl sehr viel koste wegen der gemieteten Einrichtungen in der St.-Peters-Basilika während der ganzen Dauer des Konzils. Und die Schenken erforderten riesige Ausgaben!

Auf dem Konzil sah man auch viele Meinungsänderungen; Prälaten, die anfangs eingefleischte Traditionalisten waren, wurden nach einigen Sitzungen Modernisten, als sie merkten, daß Paul VI. (er war auf dem Konzil nicht anwesend, angeblich um zu zeigen, daß er die Meinungen der Väter nicht beeinflussen wolle; aber er verfolgte die Debatten am Radio) für die Modernisten war. Sie wechselten also die Partei, um sich später nicht die hohen Kirchenämter zu vermasseln und vor allem nicht das Purpurkäppchen der Kardinalswürde. So machte es z.B. der Sekretär der Hl. Kongregation des Index, heute Kongregation für die Verteidigung des Glaubens, der seinen Vorgesetzten, den verehrten Kardinal Ottaviani verriet, um Suenens zu folgen.

Die Durchsicht der Abstimmungen und Interventionen der Konzilsväter, die in den Archiven des Vatikans aufbewahrt werden, würde meine Behauptungen bestätigen. Wir dürfen uns über diese Lage der Dinge nicht wundern. Die vorausgehenden Konzilien zeigten dieselben Phänomene. Ein Athanasius kämpfte fast allein für den rechten Glauben, und er mußte eine ungeheure Energie und Geduld aufbieten, um eine Mehrheit zu bekommen. Nun waren es zu seiner Zeit einige hundert Konzilsväter, während Vaticanum II mehr als 2.000 Teilnehmer zählte. Nun werden die Bischöfe weniger wegen *ihrer theologischen Kenntnisse ausgewählt als wegen ihrer Gewandtheit und ihrer guten Beziehungen zu den Nuntien und Apostolischen Delegaten, die den römischen Dikasterien die Nachfolger für die vakanten Bischofssitze angeben.*

Meine Anwesenheit auf dem Konzil fern von Vietnam hat mir das Leben gerettet. Sonst wäre ich ermordet worden wie meine drei Brüder, der Präsident Diêm, Nhu und Om. Denn während meine Kollegen aus Südvietnam nach Abschluß des Konzils nach Vietnam zurückkehrten, zwangen die Amerikaner die Regierung von Südvietnam dazu, mir das Visum für die Rückkehr zu verweigern. Ohne es offen zu sagen, denn es gab keinen Grund, mir diese Rückkehr zu verweigern: die vietnamesische Botschaft bat mich, ich möge mich gedulden, während sie sich mit der Regierung in Saigon in Verbindung setze. Ich wartete einige Monate und wandte mich um Hilfe an den Hl. Vater, damit man mir diese Erlaubnis zur Rückkehr gebe.

Ich weiß nicht, was der Hl. Vater Paul VI. tat, aber er nutzte die Situation, daß ich nicht zu meinem Erzbischofssitz in Hué zurückzukehren konnte, aus, um mich zur Abdankung zu zwingen und an meine Stelle seinen Favoriten, Msgr. Diên, zu ernennen.

Es ist bemerkenswert, daß Bischof Thuc in der Zeit der Niederschrift seiner Autobiographie Paul VI. noch als Heiliger Vater also als einen Papst bezeichnet. Ihm war damals wohl die Konsequenz aus dem Handeln und Glaubensverständnis Pauls VI. noch nicht bewußt, jedenfalls noch nicht in dem Sinne bewußt, wie die Väter der Kirche die Möglichkeit des Verlustes des Papstamtes darstellten. In seinem zwei Jahre später verfaßten kurzen Lebenslauf spricht er im Zusammenhang mit Paul VI. nur noch von einem „Papst" in Anführungszeichen. Später folgt Ausführlicheres zu dieser dramatischen Entwicklung.

Thuc:

Um nicht im Müßiggang zu versauern, bat ich darum, in Italien als Vikar in einer Pfarrei Dienst zu tun, was mir nicht schwer fiel, denn ich spreche fließend italienisch und liebe die Italiener. Zunächst begab ich mich in die Abtei Casamari. Der hochwürdigste Herr Abt hatte mich kennengelernt, als ich Msgr. Lê-hûu-Tu dorthin begleitete, einen Zisterzienser, der zum selben Orden gehörte wie der von Casamari, einer sehr alten, vom hl. Bernhard von Clairvaux gegründeten Abtei. Er machte mir den Vorschlag, dort meine Wohnung zu nehmen. Ich habe dort Monate verbracht und war froh, daß ich der Beichtvater der Mönche des Klosters und der Gläubigen der von der Abtei abhängigen Pfarrei sein konnte. Aber nach mehr als einem Jahr mußte ich sie ohne eigenes Verschulden verlassen. Das war der Beginn des letzten Abschnitts meines Lebens, der nur noch Mißerfolge zählen sollte. Providentielle Mißerfolge.

Da die nationalistische Regierung in Saigon auf Anstiftung der Amerikaner mir das Einreisevisum nach Vietnam verweigerte, mußte ich irgendeine nicht zu teure Wohnung in Rom suchen. Ich machte die Runde bei allen Unterkünften für Geistliche. Überall erfuhr ich eine höfliche, aber definitive Abweisung. Ich glaube, der Grund war mein Bischofstitel. Man war davon überzeugt, daß ich mir Freiheiten herausnehmen und den Studenten ein schlechtes Beispiel geben würde. „Et sui eum non receperunt", was heißt: „Aber die Seinen nahmen ihn nicht auf."

Glücklicherweise zeigte mir ein ehemaliger Apostolischer Delegat in Vietnam, Msgr. Caprio, der mir bei der Regierung von Saigon, damals unter dem Vorsitz meines Bruders Diêm, verpflichtet gewesen war und der bei den Franziskanerschwestern während seiner Aufenthalte in Rom zu Gast gewesen war, diese Unterkunft. Ich packte die Gelegenheit beim Schopf. Die Oberin, eine Luxemburgerin. nahm mich auf und gewährte mir sogar einen Nachlaß auf die Miete: Mit 50.000 Lire monatlich hatte ich Recht auf ein kleines Zimmer. auf drei Mahlzeiten am Tag. Ich fand auch apostolische Arbeit beim Pfarrer der angrenzenden Pfarrei: um 11:00 Uhr die hl. Messe lesen, den Gläubigen die Beichte abnehmen, jeden Monat etwa 100 Kranke besuchen. die sich nicht zur Kirche begeben konnten, da sie marschunfähig waren. Zweimal im Monat, gegen 15:00 Uhr, machte ich meine Runde und brachte ihnen die hl. Kommunion, nachdem ich ihre Beichte gehört hatte, und dies, wenn sie mich darum baten.

Für diesen Dienst gab mir der Pfarrer fürstliche 30.000 Lire pro Monat. Also mußte ich für den Dienst in dieser ziemlich reichen Pfarrei die 20.000 Lire finden, die nötig waren. um die monatliche Pension bei den Schwestern zu vervollständigen. Der Pfarrer erklärte mir, er habe dieses Gehalt seinem ehemaligen Vikar gegeben, der ihn verlassen habe. Ich machte ihn darauf aufmerksam, daß dieser Vikar über dieses Gehalt hinaus gratis ein Zimmer bewohnte und die Mahlzeiten des Pfarrers brüderlich teilte. Dieser erwiderte, er brauche das ehemalige Zimmer des Vikars für seine Gäste, und es sei ihm eine Ehre, mich zum Abendessen an den Hauptfesten des Jahres zu empfangen.

Ich akzeptierte diese ziemlich drakonischen Bedingungen, denn ich war glücklich, dieses Apostolat zu machen, und ich glaube, daß die Pfarrkinder mit meinen Diensten zufrieden waren. Sie haben es mir mehrmals gesagt, und ich war überzeugt, daß ich zwar keine Quelle des Reichtums, aber eine Gelegenheit gefunden hatte, bescheiden mein priesterliches Apostolat auszuüben.

Nach mehr als einem Jahr brach plötzlich ein Gewitter aus. Wir waren mitten in den Hundstagen. Rom war heiß wie ein Ofen. Nach dem Besuch der Kranken war ich schweißgebadet, ich wünschte zu duschen. Jedoch hatten die Schwestern bei sich keine Dusche, nutzten aber den Sonntag, um mit dem Wasser ihrer Küche ein heißes Bad zu nehmen. Ich ging also ins Pfarrhaus, wo es immer heißes Wasser für die Badewanne gab, die den Vikaren vorbehalten war. Aber der Pfarrer verbot es mir und sagte wörtlich, „da ich ja bei den Schwestern wohne, müsse ich bei ihnen baden und nicht im Pfarrhaus." Jedoch die Schwestern hatten nur sonntags ein Bad. Außer mir durch die Weigerung des Pfarrers, „warf ich ihm das Handtuch hin". So endete mein erstes Apostolat in Italien, zum größten Leidwesen der Gläubigen der Pfarrei und vor allem meiner Kranken. Denn die Weigerung des Pfarrers war nicht die Folge seines Geizes, sondern einer gewissen Eifersucht, da er bemerkte, daß mein Beichtstuhl von seinen Pfarrkindern besucht wurde und daß eine Anzahl seiner Schäfchen ihn verließ, um mich zum Beichtvater zu nehmen.

Wie sollte man das beweisen? Ich hatte die Gewohnheit, zur Kirche zu gehen, um zu meditieren und mein Brevier zu beten, und so für meine evtl. Beichtkinder verfügbar zu sein. Sonst mußten die Leute, um beichten zu gehen, den Küster finden, der nicht immer in der Kirche war. Und wenn er dort war, mußte er den Pfarrer holen, der nicht immer im Pfarrhaus war. Bei mir hingegen – ich war dauernd in der Kirche – konnte das Beichtkind sofort beichten und danach nach Hause zurückkehren!

Während des Sommers nahm der Pfarrer einen Monat Urlaub und erlaubte mir, seinen Beichtstuhl zu belegen. Außerhalb dieses Monats mußte ich meinen Beichtstuhl benutzen, der beim Eingang der Kirche lag, während derjenige des Pfarrers in der Nähe des Hauptaltares war. Eines Morgens hielt ein Priester die hl. Messe. Er war beim Paternoster. Ich hörte diese Messe, als mich eine Dame ansprach und mich bat, ihre Beichte zu hören, denn es war das Jahrgedächtnis eines ihrer verstorbenen Verwandten. Da die Zeit für die Kommunion drängte, glaubte ich, es sei praktischer, ihre Beichte im Beichtstuhl des Pfarrers zu hören. Kaum hatte die Beichte angefangen, hörte ich Schreie. Ich beschränkte mich darauf zu sagen: „Wer Sie auch immer sind, seien Sie still, denn ich bin gerade am Beichthören."

Kaum war die Beichte zu Ende, sah ich beim Hinausgehen den Pfarrer, rot vor Zorn, der mir sagte: „Sie haben nicht das Recht, meinen Beichtstuhl zu nehmen". Ich antwortete ihm: „Pater, ich erkläre es Ihnen nach der Messe, in der Sakristei." In der Sakristei erzählte ich ihm die Geschichte dieser Frau, die beichten mußte, um bei der Messe zu kommunizieren, die beim Paternoster war. Also hätte sie keine Kommunion bekommen, wenn ich hinten in die Kirche hätte gehen müssen. Der Pfarrer erwiderte mir: „Pech für sie, sie hätte früher in die Kirche kommen müssen. Jedenfalls haben Sie nicht das Recht, meinen Beichtstuhl zu belegen."

Ich hatte vorher noch nie einen Priester mit so wenig Nächstenliebe gesehen. Der Herr lief dem verlorenen Schaf nach, während es dem Hirten der Pfarrei der Herzen Jesu und Mariä ziemlich „piepegal" war. Für ihn war der Besitz seines Beichtstuhles wichtig, auch wenn er von seiner Kirche abwesend war. Jedoch, der Grund für diese Intransigenz war: Seine Schäfchen teilten ihm vor dem Bekenntnis ihrer Sünden den Klatsch der Pfarrei mit. Tatsächlich: Als ich während des Urlaubs des Pfarrers in diesem Beichtstuhl war, begannen sehr oft seine Beichtkinder ihren Bericht, da sie glaubten, der Pfarrer sei im Beichtstuhl. Ich rügte sie sofort und sagte ihnen, daß der Beichtstuhl dazu da ist, seine Sünden zu bekennen und nicht die Sünden seiner Nächsten zu erzählen.

Also wurde ich aus dieser Pfarrei gejagt, und folglich mußte ich eine andere Wohnung finden, denn die von den Schwestern gewährte, bezahlte Gastfreundschaft war nur für diesen Dienst nützlich.

Wo sollte ich jetzt hingehen? Nachdem ich gut überlegt hatte, erinnerte ich mich an die einst vom Hochw. Zisterzienserabt von Casamari ausgesprochene Einladung, zu ihm nach Mittelitalien wohnen zu kommen, wo ich ein wenig Gutes tun könnte, ohne etwas auszugeben, denn diese sehr große Abtei hatte nur etwa 30 Mönche, um etwa 100 Zellen und darüber hinaus etwa 30 Zellen für die Novizen zu besetzen. Jedoch gab es damals nur einen *einzigen Novizen.*

Ich schrieb, und Abt Buttarazzi antwortete mir sofort; er wiederholte seine Einladung. Ich machte mich auf den Weg, mit dem Bus von Rom nach Casamari, in der Provinz Frosinone, und so wurde ich Gast der sehr alten Abtei, die im Mittelalter von den Schülern des hl. Bernhard von Clairvaux gegründet wurde und von der mehrere fast überall in Italien verstreute Priorate abhängen. Einst zählte die Zisterzienserkongregation von Casamari Hunderte von Mönchen, aber zurzeit ist die Zahl der Mönche dieser Kongregation ziemlich reduziert. Der fruchtbarste Zweig ist der von Vietnam mit einem Abt, der in Thíu-dûé nahe Saigon residiert und dessen Jurisdiktion sich auf zwei Klöster ausdehnt, die sich nach Kotchinchina zurückziehen mußten, um dem kommunistischen Vordringen in Zentralvietnam zu entfliehen.

Die vietnamesische Zisterzienserkongregation wurde von einem ehemaligen Missionar der Europäischen Auslandsmission in Paris gegründet, Pater Denis, einst mein Professor im Kleinen Seminar von Annihh, der diese Gründung vornahm, da er die Trappistenpatres aus Frankreich nicht davon überzeugen konnte, nach Vietnam auszuwandern. Daher werden die Zisterzienser in Vietnam gewöhnlich unrichtigerweise Trappisten genannt, denn sie haben das Büßerleben der Trappisten übernommen, sind aber den Zisterziensern angeschlossen, die eine größere Freiheit in der Organisation der Klosterdisziplin in jedem Kloster zulassen.

Das Kloster von Casamari, geleitet vom Hochw. Dom Nivardo Buttarazzi, besitzt viele Güter, Hunderte Hektar an Feldern und Wäldern. Das Klosterleben ist nicht mehr so wie vom großen Bernhard von Clairvaux begründet. Das ist die Folge des materiellen Wohlstandes, der die Orden untergräbt. Die Mahlzeiten in Casamari sind einfach, aber reichhaltig und gut zubereitet. Die Fasttage liegen sehr weit auseinander. Außerhalb der Hauptgebete wie der Matutin, gefolgt von der Konventmesse, gehen die Mönche nur abends in die Abteikirche, um die Komplet zu singen, bevor sie zu Bett gehen und für ein paar Minuten Sammlung nach dem Mittag- und Abendessen. Also, was das Essen betrifft, lebte ich wie Gott in Frankreich.

Der Vater Abt brachte mich im Gästehaus unter, in einem ziemlich geräumigen Zimmer. In diesem Hause befinden sich auch zwei Salons, einer für die Besucher des Abtes und der andere für diejenigen der Mönche. Darüber hinaus gibt es außer den Toiletten Badezimmer mit warmem Wasser und Duschen. Die Wäsche wird jeden Samstag von den Schwestern zum

Waschen gesammelt, die sich auch um die Küche kümmern und die in einer Wohnung nahe dem Eingang der Abtei wohnen. In diesem Bereich, nahe dem Haupteingang, liegt auch der Laden, wo die Mönche die berühmten Liköre der Abtei verkaufen, Produkte der Destillation verschiedener Pflanzen, die in mehreren Gegenden Italiens geerntet und alle für stärkend gehalten werden. Die Abtei besitzt auch ein Pensionat, das an ein Sekundarkolleg angeschlossen ist. Dieses wird von Söhnen von Familien besucht, die eine angemessene Pension bezahlen, ist aber auch offen für die kleinen Zisterzienserpostulanten, die dort gratis verpflegt und ausgebildet werden. Eine große Anzahl Familien der Umgebung von Casamari profitiert davon, aber die Mehrheit ihrer Kinder verläßt das Postulat nach dem Sekundarunterricht. Deshalb hatte das Noviziat nur einen Novizen!

Der Zisterzienserorden, der mehr als zehn Kongregationen auf der Welt umfaßt, wird vom Vater Abt Kleiner Sighard geleitet, der den Titel Generalabt hat, unterstützt vom Vater Abt Gregorio, Prokurator und Generalpostulator, einem ehemaligen Mönch von Casamari mit Residenz in Rom. Eine ziemlich gemäßigte Führung, besonders nach Vaticanum II, das die klösterlichen Verpflichtungen auf das Mindestmaß reduziert hat, weshalb die Berufungen so selten sind. Denn die Berufungen richten sich auf die Orden aus, die ihrer alten Strenge treu bleiben konnten.

Der Dienst, den ich selbst gefunden habe in Casamari, mit schweigender Zustimmung des Hochw. P. Abtes, war derjenige des Beichthörens, zunächst für die Mönche, die es angenehmer finden, bei einem Fremden zu beichten als bei ihren Beichtvätern, mit denen sie seit dem Postulat zusammengelebt haben. Samstags und am Morgen vor dem Hochamt war mein Beichtstuhl für die Pfarrkinder von Casamari geöffnet, einer Pfarrei von fast 5.000 Seelen. Ich hatte also genügend Arbeit. Außerhalb der in meiner Zelle verbrachten Zeit besuchte ich die verlassene Abteikirche, um dort den Kreuzweg zu beten und unseren Herrn in seinem Tabernakel anzubeten, die meiste Zeit solus cum solo. Ich verbrachte mehr als 15 Monate in Casamari wie in einem Paradies, aber es stand geschrieben, daß diese schöne Zeit sich auch verfinstern würde und mich plötzlich ein heftiges Unwetter erwartete.

Als ich wegen persönlicher Angelegenheiten nach Rom gereist war, merkte ich bei meiner Rückkehr sofort, daß sich etwas geändert hatte. Der Hochw. Vater Abt war abwesend. Kaum war ich in meinem Zimmer, als ich den Prior kommen sah – der mein Beichtkind war – mit einem sehr traurigen Gesicht, der mir sagte, ich müsse so schnell wie möglich Casamari verlassen und eine andere Unterkunft finden.

Warum dieser Rauswurf? Der Prior sagte mir: „Der Vater Abt wurde davon informiert, Sie hätten dem Vatikan angezeigt, daß eine Akt-Ausstellung im Bibliothekssaal der Abtei eröffnet wurde, und der Abt wurde vom Hochw. Abt Sighard, der höchsten Autorität des Zisterzienserordens, getadelt." Ich erinnerte mich da an den von mir selbst an Abt Sighard unter dem Siegel der Verschwiegenheit gesandten Brief.

In diesem Brief bat ich diesen Abt, den Vatikan davon in Kenntnis zu setzen, daß ein Mönch von Casamari, begleitet von einem italienischen Priester, einem Postulanten dieses Klosters, die an der Eröffnung der Akt-Ausstellung und besonders am Prospekt, Anstoß genommen hatten, der diese Akte zeigte, in der Klosterdruckerei gedruckt, gratis an die Pfarrkinder der Abtei und die Besucher verschickt wurde und auf dem auf der Titelseite nach dem Namen des Abtes mein Name und meine kirchlichen Titel aufgeführt waren, als ob wir Ehrenvorsitzende dieser einzigartigen Ausstellung wären, mich von dieser einzigartigen Ausstellung unterrichtet, die beim Vatikan Befremden hervorrufen konnte. In meinem Brief an Abt Sighard schrieb ich, daß ich von dieser Ausstellung überhaupt nichts wußte und daß niemand mich um meine Zustimmung gebeten hatte, dort als Mit-Ehrenvorsitzender aufzutauchen. Ich bat also den Abt, beim Vatikan die Wahrheit wieder herauszustellen, diese Korrespondenz aber nicht in Casamari bekannt werden zu lassen. Abt Sighard hatte die Rücksichtslosigkeit besessen, Abt Buttarazzi den Inhalt meines Briefes zu offenbaren. Daher die Wut Buttarazzis und sein Entschluß, mich sofort aus der Abtei zu werfen. Also keine Sanktion für die Förderer der skandalösen Ausstellung, sondern Bestrafung für mich, den angeblichen Denunzianten der Mönche. Der Prior räumte mir eine Frist von einem Tag ein, um meine Sachen zu packen und eine Zuflucht zu finden.

Nach langer Überlegung erinnerte ich mich an die Sympathie des Bischofs dieser Region mir gegenüber. Ich begab mich also zum Bischofspalast und fragte ihn, ob es irgendeine Kapelle gebe mit einer Sakristei, wo ich ein Bett zum Schlafen und einen Arbeitstisch hinstellen könnte und wo ich mich einrichten würde. Der Bischof antwortete mir, daß etwa 20 Kilometer von Casamari entfernt auf einem Hügel eine schöne Kirche stehe mit Pfarrhaus, wo der Pfarrer nicht wohne, er werde den Pfarrer von seinem Entschluß informieren, mir diese Örtlichkeiten zu leihen und ihm angeben, daß er immer noch Inhaber der Pfarrei bleibe, mich aber als Hilfspriester betrachten solle mit der Erlaubnis, im leeren Pfarrhaus zu wohnen und in der Kirche die Messe zu lesen.

Ich dankte dem Bischof und mietete einen kleinen Lastwagen, der mich und meine Sachen ins Pfarrhaus dieser Pfarrei brachte. Der Pfarrer war entzückt über den Beschluß seines Bischofs, und er behielt sich nur die bezahlten liturgischen Dienste vor wie Taufe, Hochzeit, Begräbnis, während die anderen Dienste mir zufielen: Katechismus, Krankenbesuch, Sonntagsmesse etc.

Diese kleine Pfarrei namens Arpino zählte nur etwa zehn Familien, die Weizenfelder und Obstplantagen besaßen. Es waren Bauern, die also einige Lasttiere, einen Hühnerstall und einen Kaninchenstall besaßen. Wohlhabende Leute. Arpino hat ein kleines Restaurant. Die Kirche hat einen alten Küster, der sehr sympathisch ist. Gewiß mußte ich für meine Bedürfnisse aufkommen, aber man machte mir Geschenke: Eier, Milch etc.

Ich verbrachte dort glückliche Tage mit der kleinen Herde, deren zweiter Hirte ich war, und ich glaubte, Arpino wäre mein letzter Aufenthaltsort in dieser Welt. Jedoch, die Zukunft, welche die Vorsehung mir bereitete, nahte sich mit schnellen Schritten! Ein Jahr und ein paar Monate waren verflossen: Während dieser Pause hatte ich viele Leute kennengelernt, und mein Pfarrhaus quoll von Geschenken über: eine ganz neue Küche, ein Kühlschrank, der die Einkäufe kühl hielt, die ich jede Woche in der Stadt erledigte, die auch Arpino hieß, eine halbe Stunde zu Fuß, aber diese Entfernung verminderte sich auf einige Minuten, wenn meine Pfarrkinder mit dem Auto in die Stadt fuhren und mich einluden, mit ihnen zu fahren.

In dieser Stadt habe ich mit Ordensleuten und mit dem Erzpriester Freundschaft geschlossen, der mich einlud, die großen Feste zu leiten, besonders am Fest der Aufnahme der hl. Jungfrau in den Himmel, einem religiösen Fest, dem ein reichhaltiges Festmahl folgte. Ich kehrte nach Hause zurück mit dem Honorar der Pontifikalmesse in der Tasche. Ich war ziemlich oft beim Bischof eingeladen. Jeden Sonntag riß man sich darum, mich zum Mittagessen einzuladen. Diese Freundschaften waren mir immer treu. Aber das Gewitter näherte sich: an der Vigil von Weihnachten, gegen Mittag, als ich dabei war, die Krippe vorzubereiten, die erste Krippe in Arpino: Ich legte großen Wert darauf und hatte mehrere tausend Lire geopfert, um sie zu erwerben, denn es war eine einzigartige Attraktion für meine Kinder vom Katechismusunterricht. Diese Kinder machten große Augen und standen mit offenem Mund um mich herum, als ich ihnen den kleinen Jesus, seine Mutter Maria, den hl. Josef und in einer Ecke die Karawane der hl. drei Könige zeigte und sie, mit ihren Füßchen auf Zehenspitzen aufgerichtet, den wunderbaren Stern bemerkten. Es war leicht, ihnen die unerschöpfliche Liebe Gottes verständlich zu machen, der aus Liebe zu uns ein kleines Kind geworden ist. Es war nicht nötig, ihnen die Existenz der Engel zu beweisen, die mit weit geöffnetem Mund das „Gloria in excelsis" intonierten. Diese Bauernkinder kannten die Hirten, die ihren Brüdern ähnlich waren, die Schafe, die ihre kleinen Herden bildeten, den ganz weißhaarigen hl. Joseph, ähnlich unserem alten Küster. Die Krippe, eine herrliche Erfindung von Franziskus von Assisi, ist ein lebendiger und kindgemäßer Katechismus. Mir tat mein kleines Vermögen nicht leid, das beim Kauf dieser schönen Krippe draufgegangen war, als ein Priester zu mir kam, den ich einst in Ecône in der Schweiz kennen gelernt hatte. Er sagte mir geradeheraus: „Exzellenz, die Hl. Jungfrau schickt mich, um Sie sofort mitten nach Spanien zu schikken, um ihr einen Dienst zu erweisen. Mein Auto steht für Sie an der Tür des Pfarrhauses bereit, und wir werden sofort abfahren, um an Weihnachten dort zu sein."

Verblüfft von dieser Einladung, sagte ich zu ihm: „Wenn es ein Dienst ist, den die Hl. Jungfrau verlangt, bin ich bereit, Ihnen zum Ende der Welt zu folgen, aber ich muß dem Pfarrer wegen der Weihnachtsmesse Bescheid sagen und mein Köfferchen packen. Inzwischen, da es ja bald Mittag ist, gehen Sie ins Restaurant des Dorfes und schieben Sie sich etwas zwischen die Zähne." Er antwortete mir: „Wir sind zu dritt im Auto und haben keinen Pfennig mehr in der Tasche, nicht mal um eine Tasse Kaffee zu bezahlen." Ich erwiderte ihm: „Gehen Sie alle drei dorthin, ich werde Ihr Mittagessen bezahlen." Ein Mittagessen, das mich 3.000 Lire gekostet hat.

Um nach Palmar de Troya zu gelangen, habe ich 50.000 Lire für Benzin und Essen ausgegeben. Während sie aßen und ich ein Stück Brot knabberte, habe ich den Küster gerufen und ihn gebeten, dem Pfarrer wegen der Weihnachtsmesse Bescheid zu sagen. Ich habe ihm gesagt, ich ginge sofort nach Frankreich wegen dringender Familienangelegenheiten und käme in zwei Wochen sofort zurück...

Leider endet Bischof Pierre Martin Ngô-dinh-Thucs Autobiographie „Misericordias Domini in aeternum cantabo" an dieser Stelle. Über seinen weiteren Lebenslauf zu schreiben ist ein wahres Wagnis, da es nur wenig zuverlässige Anhaltspunkte gibt, welche sich auch in erster Linie auf die durch Zeugen bestätigten Bischofsweihen beziehen. Die spektakulärsten unter diesen waren die Weihen in Palmar de Troya in Spanien. Bischof Thuc erwähnte noch in seiner Autobiographie mit wenigen Worten, wie dieses Abenteuer begann, nämlich mit der Aufforderung eines Priesters, den er von Ecône her kannte, sofort mit nach Spanien zu Reisen.

5. Palmar de Troya

Ecône ist ein Ort, an welchem Priester für die Priesterbruderschaft St. Pius X. ausgebildet werden, damals noch unter der Leitung von Msgr. Lefebvre. Der obgenannte Priester, welcher Bischof Thuc aufforderte, im Namen Mariens sofort eine Reise nach Spanien anzutreten, muß, wie ich von verschiedenen Seiten hörte, ein Professor von Ecône gewesen sein. Der zweite im Auto wartende Priester ebenso. So kann nur vermutet werden, daß sie im Auftrag Bischof Lefebvres handelten. Zu ihm hatte Thuc zu dieser Zeit wohl noch ein gewisses Vertrauen, und es verband beide wohl auch noch eine innere Haltung bezüglich der neu entstandenen nachkonziliaren Zeitepoche. Im Nachhinein ist es von großer Bedeutung zu wissen, daß dieses „Abenteuer", in welches Bischof Thuc hineingeschleudert wurde, seinen Anfang auch im Umkreis Bischof Lefebvres nahm. Was war geschehen? In der Nähe der Stadt Sevilla in Spanien, in dem Ort Palmar de Troya wurden dem Gründer des Ordens des Karmels vom Heiligen Antlitz Clemente Dominguez y Gomez angebliche Erscheinungen Mariens zuteil. Der Inhalt ihrer Botschaften war antimodernistischer Natur, auch die neue Gottesdienstform, ja alle nachkonziliaren Reformen wurden in diesen Botschaften abgelehnt. Ja, Herr Clemente Dominguez y Gomez erhielt sogar sichtbar eine Stigmatisation. Ob diese künstlich bereitet, dämonischen Ursprungs oder eine tatsächliche Stigmatisation durch unseren Herrn war, wissen wir nicht. In einer seiner Erscheinungen, welche in ihren Botschaften die ganze Wucht antichristlicher Machenschaften zum Ausdruck bringen und trotzdem die Zeichen der Unechtheit an sich trägt, wird er aufgefordert, Priester, ja Bischof zu werden. Leider waren mir die Botschaftstexte im Wortlaut nicht zugänglich, so daß ich nicht sicher sagen kann, ob Bischof Lefebvre als Weihevater von den angeblichen Erscheinungen genannt wurde oder ob sich Clemente aus eigenem Antrieb an Lefebvre gewendet hat. Erzbischof Lefebvre verwies Clementes Bittgänger an Bischof Thuc mit der Begründung, da er diesen ja sehr gut aus den Zeiten des II. Vaticanum kannte und seine Sicht der Dinge schätze, weiterhin, weil er zur konservativen Gruppe gehöre und ein Marienverehrer sei.

Wie seine Einladung, den angeblichen Wünschen Mariens nachzukommen, aussah, berichtete Bischof Thuc in den letzten Zeilen seiner Lebens- oder Seelenbeschreibung. Es wird, solange wir in der Welt leben, immer ein

Geheimnis bleiben, warum Bischof Thuc dieser Einladung folgte, warum er den Bittgängern Bischof Lefebvres glaubte, welcher wiederum von Clemente angeregt worden war. War er einfach naiv, weil dieser Auftrag im Namen Mariens erfolgte und er ihr auf jeden Fall seine Dienste zur Verfügung stellen wollte? Bischof Thuc reiste nach Palmar. Wem er dort das Heilige Sakrament der Weihe in seinen drei Stufen Diakon-, Priester-, Bischofsweihe spendete, soll durch ein von ihm selbst geschriebenes Dokument dargelegt werden.

PALMAR DE TROYA
Dorf im Distrikt der Stadt Utrera
in der Provinz SEVILLA (Spanien),
am 12. Januar des Jahres des Herrn eintausendneunhundertsechsund-
siebzig.

Ich PETRUS MARTIN NGÔ DINH THUC, Titularerzbischof von Bulla Reggia, Italien, bescheinige hiermit, daß ich am ersten Januar des Jahres eintausendneunhundertsechsundsiebzig folgenden Personen die Tonsur, die niederen und die höheren (Subdiakonat, Diakonat, Priesterweihe) Weihen erteilt habe:

Clemente Domínguez y Gomez aus Sevilla, Identitätsausweis D.N.I No. 28279369

Manuel Alonso Corral aus Cabeza de Buey (Badajoz) D.N.N. No. 1702964

Louis Henri Moulins, französischer Nationalität, wohnhaft in Sevilla, eingetragen auf dem französischen Generalkonsulat von Sevilla unter No. 50/74

Francis Coli, irischer Nationalität, mit Ausweis Reisepaß F-19/65/73, wohnhaft in Sevilla

Paul Gerald Fox, irischer Nationalität, mit Ausweisen, Reisepaß F 19 094, wohnhaft in Sevilla.

In gleicher Weise bezeuge ich, daß ich am 11. Januar des Jahres unseres Herrn eintausendneunhundertsechsundsiebzig folgenden Personen in Palmar de Troya die Bischofsweihe erteilt habe:

Hochw. Herrn P. Clemente Domínguez Y Gomez

Hochw. Herrn P. Manuel Alonso Corral

Hochw. Herrn P. Camilo Estevez Piga aus Maside (Orense/Spa.), Identitätsausweis D.N.I. 34576 182

Hochw. Herrn P. Michel Thomas Donnelly, aus Irland, Identitätsausweis Reisepass D 13 296, wohnhaft in Sevilla

Hochw. Herrn P. Francis Bernard Sandler, aus den Vereinigten Staaten von Nordamerika Reisepass Nr. Z 22 58 066

Ebenfalls bestätige ich, daß die genannten Bischöfe und Priester dem Orden der Karmeliter vom Heiligen Antlitz angehören, gegründet in Sevilla am 23. Dezember des Jahres des Herrn eintausendneunhundertfünfundsiebzig.

Das Generalatshaus des besagten Ordens befindet sich in der Redes-Straße No. 20 in Sevilla. Gründer und Generaloberer ist S. Exzellenz Msgr. Bischof Clemente Domínguez y Gomez. Dieses Schriftstück unterzeichne ich eigenhändig und mit eigener Feder, damit die kirchlichen und zivilen Rechtsfolgen gewährleistet sind.

Am zwölften Januar des Jahres des Herrn eintausendneunhundertsechsundsiebzig unter Beifügung meines Siegels
+ Petrus Martin Ngô-dinh-Thuc
Erzbischof von Bulla Reggia

Eine Nebenbemerkung: Erzbischof Ngô-dinh-Thuc unterschreibt hier mit Erzbischof von Bulla Reggia. Dieser Titel wurde ihm von Paul VI. am 17. Februar 1968 verliehen. Paul VI. wurde noch im Jahre 1976 vom Bischof Thuc als Nachfolger Petri anerkannt, weshalb er wohl den 1968 verliehenen Titel noch auf sich bezogen hatte.

Welche Folgen die damals noch vorhandene Anerkennung Pauls VI. als Papst hatte, zeigt folgende Erklärung über die Geschehnisse in Palmar de Troya:

Gegeben zu Palmar de Troya am dritten Januar eintausendneunhundert-sechsundsiebzig.

Am letzten Tag des Jahres 1975 schickte der Kardinal von Sevilla zwei-mal die Polizei aus, um in der Rue Redes (Redes-Straße, Sevilla) und im Haus des Pilgers in Palmar Nachforschungen über meine Identität sowie über die für den 1. Januar vorgesehenen Priesterweihen anzustellen. Überdies schickte er nach dem Weggang der Polizei den Pfarrer von St. Magdalena (Sevilla) in das Haus des Paters Clemente mit einem Schrift-stück, in welchem der Kardinal von Sevilla damit drohte, die Priesterwei-hen von Palmar in Rom zur Anzeige zu bringen, und dies aus dem Grunde: Er habe ausdrücklich und in offizieller Form die Geschehnisse von Pal-mar als erfunden und falsch verurteilt. Damit seien in gleicher Weise auch Weihen von Palmar verurteilt.

Der Abgesandte des Kardinals bat mich, mit ihm in die Kapelle zu ge-hen. Pater Clemente folgte uns als Hausherr nach, doch der Abgesandte stieß ihn hinaus mit den Worten, er wolle nur mit mir alleine sprechen. Daraufhin fragte mich Pater Clemente, was ich dazu meine. Ich antworte-te, daß ich zunächst den Brief des Kardinals lesen wolle, dann würde ich ihm meine Ansicht sagen. Der Abgesandte erklärte mir nun, daß die Ka-pelle nicht vom Kardinal genehmigt worden sei. Während er weitersprach, kehrte er dem Altar und dem heiligsten Sakrament den Rücken zu. Nach-dem ich die Drohungen des Kardinals gelesen hatte, bedeutete ich Pater Clemente in Gegenwart des Abgesandten, daß er ruhig bleiben und unse-rem Gespräche beiwohnen könne. Alsdann gab ich dem Abgesandten fol-genden Bescheid: „Sagen Sie dem Kardinal, daß ich für alles vor Gott und meinem Gewissen die volle Verantwortung übernehme. Ich bin Doktor des Kirchenrechts und weiß sehr wohl um die Folgen meiner Handlungen."

Der Abgesandte machte mir nun den Vorschlag, mit dem Kardinal am Telephon zu sprechen. Ich antwortete, daß dies unnötig sei, da ja der Kardinal in seinem Schreiben alles bereits dargelegt habe, was er von der Sache denke. In diesem Augenblick fiel mir auf, daß der mit Maschine geschriebene Brief eine Unterschrift von Hand trug, die schwer zu entziffern war. Ich fragte deshalb den Abgesandten, wer hier unterschrieben habe. Er antwortete, daß es seine Unterschrift sei (also nicht die Unterschrift des Kardinals). Ich ersuchte ihn, das Haus zu verlassen, und bat Pater Clemente, ihm die Türe zu zeigen. Dieser ganze Vorgang spielte sich in weniger als fünf Minuten ab. Als Grund, die Weihen in Palmar zu verbieten, machte der Kardinal geltend, daß er den Ort als Kultstätte verboten habe. Diese Begründung ist nicht gültig. Die Verurteilung des Kardinals verstößt sowohl gegen das Naturrecht wie auch gegen das Kirchenrecht.

Gegen das Naturrecht: der Kardinal hatte sich geweigert, die Zeugen von Palmar anzuhören, u.a. die Seherin Rosaria A., den Pater Clemente y Domínguez, Seher. Eine Verurteilung auszusprechen, ohne zu wissen, ob die in Frage stehenden Personen überhaupt schuldig sind, ist ungerecht und verstößt gegen das Naturrecht

Was das Kirchenrecht betrifft, enthält es verschiedene Canones (Gesetzesartikel), welche genau festlegen, wie eine kanonische Untersuchung vor sich zu gehen hat. Vor allem wird dabei verlangt, daß die Angeklagten angehört werden müssen.

Der Kardinal hat es jedoch unterlassen, diese vorzuladen. Die Verurteilung von Palmar ist damit kanonisch null und nichtig. Zu den Drohungen des Kardinals bemerkte ich noch, daß ich mir weder nach dem Naturrecht noch nach dem Kirchenrecht eine tadelnswerte Handlung habe zuschulden kommen lassen.

Nach den in der Nacht zum 1. Januar 1976 erfolgten Priesterweihen veröffentlichte der Kardinal von Sevilla in den Zeitungen eine Erklärung, in welcher er diese Priesterweihen öffentlich verurteilte, und beifügte, daß alle Weihen innerhalb der Diözese vom Ortsordinarius gebilligt sein müßten. Nachdem ich bei ihm nicht um eine Genehmigung nachgesucht hätte, seien die Weihen unrechtmäßig erfolgt.

Um nun meine Handlungsweise allen klar zu machen, ist es nötig, einen Blick in die Vergangenheit, in die Zeit der Apostel, zu werfen. Damals und auch in den folgenden Jahrhunderten verkündigten die Apostel überall das Evangelium, weihten Priester, Diakone, Bischöfe ohne dabei irgend jemand dafür um Erlaubnis zu bitten, nicht einmal den hl. Petrus, den ersten der Apostel. So machte es der hl. Paulus, als er Priester und Bischöfe weihte, unter anderen z.B. Titus und Timotheus. Und diese hielten es später ebenso usw.

Später teilten die Päpste im Interesse einer wirksameren Verbreitung des Evangeliums die lateinische, abendländische Kirche in Diözesen ein. In diesen Diözesen stand und steht dem Ortsbischof das Recht zu, die Verkündigung des Evangeliums, die Zelebration der hl. Messe, die Spendung der Sakramente usw. zu überwachen. Darunter fiel und fällt natürlich auch das Sakrament der Priesterweihe.

Aber bei dieser Einteilung in Diözesen, bei dieser Jurisdiktion (Gerichtsbarkeit) der Bischöfe (oder Nicht-Bischöfe z.B. Apostolische Präfekten ohne Bischofsweihe in Missionsländern oder neuernannte Bischöfe, welche ihre Weihe noch nicht erhalten haben), handelt es sich um ein menschliches und nicht um ein göttliches Gesetz, wenngleich es auch als kirchliches Gesetz anzusehen ist.

Die Kirche hat ja auch andere Gesetze erlassen, wie z.B. das Tragen der Soutane, die Tonsur usw. Nun verliert aber jedes menschliche Gesetz jede bindende Kraft und Verpflichtung, sobald es unnütz oder, schlimmer noch, sobald es dem Zweck, für den es einst geschaffen wurde, schädlich wird. In unseren Zeiten entspricht die Einteilung in Diözesen, die Schaffung des Ortsordinarius (z.B. die Diözese Sevilla mit ihrem Ordinarius, dem Kardinal, an der Spitze) nicht mehr dem Zweck, für welchen sie einst von der Kirche ins Auge gefaßt worden sind, nämlich für die Verkündigung des Evangeliums, für die Heranbildung eines zahlreichen und pflichteifrigen Klerus. Um dies einzusehen, braucht man ja nur seine Augen zu öffnen und auf die Krise der Priesterberufungen zu blicken, auf die Krise in der Verkündigung des Evangeliums, auf die Krise des Abfalls der Priester, der Ordensleute, die ohne Dispens heiraten; eine Krise, welche der heutige Papst Paul VI. in aller Öffentlichkeit bitterlich beklagt.

Aus diesem Grunde darf das Gesetz, welches bislang die Genehmigung des Ortsbischofs vorschrieb, umgangen werden, wenn mit Sicherheit vo-

rauszusehen ist, daß eine Genehmigung nicht erteilt wird, und dies aus Gründen, die dem kanonischen Recht sogar zuwider sind. Aus dem Gesagten drängt sich als Schlußfolgerung die Feststellung auf: Ich habe keine kanonische Vorschrift übertreten, als ich in der Nacht zum ersten Tag des Jahres des Heiles 1976 in Palmar de Troya (El Lentisco) Priester geweiht habe.

Diese Erläuterungen dürften genügen, um allen aufsteigenden Bedenken betr. die Geschehnisse in Palmar – die Priesterweihen und später die Weihe von Bischöfen – zu begegnen. Diese Weihen hängen nicht mehr vorm Kardinal ab, sondern von der Autorität des Papstes. Die Bevollmächtigung wurde übrigens vom Papst seinerzeit nur für die Lateinische, abendländische Kirche gegeben.

Die schismatischen, orthodoxen Kirchen kümmern sich ja ohnehin keinen Deut um den Papst, obwohl der Papst die Weihen der Orthodoxen als gültig anerkennt. Was die orientalischen Kirchen, die mit Rom vereinigt sind, betrifft, billigt der Papst die Bischofsweihen, die durch den Gesamtepiskopat dieser Kirchen vorgenommen werden, z.B. der maronitischen, der griechisch-unierten, der ukrainisch-unierten Kirche usw.

Diese Anerkennung, die nicht eine Bevollmächtigung (mandatum) ist, sondern lediglich eine Billigung, ist ein rein menschliches Gesetz und mitnichten ein göttliches. Es kann also unter besonderen Umständen der Fall eintreten, in dem das Gesetz nicht befolgt werden kann und deswegen auch nicht verpflichtend ist, z.B. in Zeiten von Verfolgungen, oder wenn die Verbindungen mit Rom unterbrochen sind. In solchen Fällen ist und bleibt die Bischofsweihe gültig und erlaubt.

Zum Fall der Bischofsweihen in Palmar (El Lentisco) besitzen wir die Bevollmächtigung (das mandatum) von Seiten des Hl. Vaters Paul VI. Wir sind also völlig mit Gott und mit der Kirche in Ordnung. Der Kardinal hat dazu überhaupt nichts zu sagen. Der Kardinal hat schlußendlich noch erklärt, der Orden der Karmeliter vom hl. Antlitz sei von ihm nicht gutgeheißen worden, er sei demnach ungültig usw. Nun, in der Kirche gibt es gegenwärtig eine bunte Vielfalt von religiösen, geistigen, freien Vereinigungen, die keinerlei kirchliche Approbation besitzen, und doch läßt sie die Kirche in freundlicher Weise gewähren. Sie verpflichtet sie auch nicht zu einer Genehmigung durch den Bischof. Warum gibt sich der Kardinal von Sevilla päpstlicher als der Papst? Warum behauptet er, ein Recht zu haben auf eine private Vereinigung, die nichts anderes will, als für die Kirche und – für den Hl. Vater zu beten, und die Buße tut.

Erzbischof Msgr. Dr. Petrus Martin Ngô-dinh-Thuc

Es hat etwas Befreiendes an sich, mit welcher Klarheit er die Ungerechtigkeit des Kardinals und seines Gesandten aufdeckt, auf jeden Fall verlangt das Naturrecht, daß ein zu Verurteilender, hier also der neugeweihte Bischof Clemente y Domínguez und weiterhin die Seherin Frau Rosario zumindest hätten angehört werden müssen. Die vom liberalen Geist des Vaticanum II geprägten Bischöfe und unter ihnen auch „Kardinäle" konnten in ihrem Urteil sehr hart und gemein sein und ihr Urteil mit einer gegen das Kirchenrecht verstoßenden Brutalität zum Ausdruck bringen.

Bischof Thuc zeigt in seinem ganzen Wesen eine barmherzige Beurteilung, welche dem Täter ein gewisses naturgegebenes Recht zubilligt. Hierin ist er sicher unserem Herrn Jesus Christus wohlgefällig, auch ein Grund, warum wir sicher sein können, daß er in seiner Todesstunde einen gnädigen Richter fand.

Aus Bischof Thucs eigener Erkenntnis seiner späteren Jahre muß er zu dieser Zeit in einem Dilemma gelebt haben, was sein Verhältnis zu Paul VI. betraf. In dem Bericht über Palmar de Troya geht klar hervor, daß er 1976 Paul VI. noch als Papst anerkannt hat, weshalb er ihm aber auch Gehorsam hätte leisten müssen, wie es der katholische Glaube klar zum Ausdruck bringt.

In der Dogmatischen Konstitution „Pastor aeternus" über die Kirche Christi aus der 4. Sitzung des I. Vatikanischen Konzils lautet es: „Wer deshalb sagt, der Römische Bischof besitze lediglich das Amt der Aufsicht bzw. Leitung, nicht aber die volle und höchste Jurisdiktionsvollmacht über die gesamte Kirche, nicht nur in Angelegenheiten, die den Glauben und die Sitten, sondern auch in solchen, die die Disziplin und Leitung der auf dem ganzen Erdkreis verbreiteten Kirche betreffen, oder er habe nur einen größeren Anteil, nicht aber die ganze Fülle dieser ganzen Vollmacht; oder diese seine Vollmacht sei nicht ordentlich und unmittelbar sowohl über alle und die einzelnen Kirchen als auch über alle und die einzelnen Hirten und Gläubigen; der sei mit dem Anathema belegt."

Dieser unfehlbare Text ist eindeutig. Um seinem inneren Zwiespalt in dieser Sache zu entrinnen, versuchte Bischof Thuc, die Gegebenheiten in der frühen Zeit der Heiligen Kirche als Vorbild für seine Zeit heranzuziehen. Damals handelten tatsächlich die Bischöfe nicht äußerlich so strikt in ständiger Abhängigkeit vom Stuhl Petri in Rom. Sie nahmen Weihen oder jurisdiktionelle Akte vor, ohne jedesmal eine Erlaubnis aus Rom einzuholen. Wir wissen nicht, welche Gründe die Kirche bewogen haben, die Bischöfe enger an den Nachfolger Petri zu binden. Aber da die Heilige Katholische Kirche in ihrem Lehr- und Hirtenamt vom Heiligen Geist geleitet wird, muß es der Weisheit Gottes gefallen haben, die Vollmacht der Petri-Nachfolger wirklich auf alle Belange der Heiligen Kirche zu erstrecken.

Hätten wir heute einen echten Papst, würde er möglicherweise manche Gepflogenheiten rein kirchlichen Rechts aufheben, wenn sie, wie Bischof Thuc es sehr gut ausdrückt, nicht mehr ihren Zwecken dient oder gar das Gegenteil bewirken. Es ist leicht vorstellbar, daß ein künftiger echter Papst (es wird auf jeden Fall wieder einen geben) das gesamte kirchliche Rechtswesen wieder vereinfacht, damit es in der Zeit der letzten Verfolgung unter dem Antichristen auch der Kirche hilfreich zum Heile gereicht in Jesus Christus, dem göttlichen Heiland und Erlöser.

Erzbischof Thuc versuchte, in der Zeit, in der die Weihen zu Palmar stattfanden, Paul VI. anzuerkennen, ihn jedenfalls Papst zu nennen, ohne ihm [ausnahmslos] gehorsam zu sein, genau so, wie Erzbischof Lefebvre es tat.

Jedoch gibt es zwischen beiden Erzbischöfen einen gewaltigen Unterschied. Bischof Lefebvre verharrte in dieser unmöglichen Geisteshaltung, welche zum Ausschluß (Anathema) aus der Heiligen Kirche führte, bis zu seinem Tod, während Alterzbischof Thuc sich belehren ließ, auf das hörte, wie Kirchenväter und Kirchenlehrer einmütig zu einem häretischen Oberhaupt, wie Paul VI., sich äußerten. Bischof Thuc vollzog gnadenhaft eine Bekehrung, eben weil er in seiner Gesinnung ganz[9] katholisch sein wollte.

---

[9] „ganz" natürlich nur im uneigentlichen Sinne. Hüten wir uns, wie Pfarrer Milch es immer wieder betonte, vor der additistischen Denkweise. Katholisch ist man entweder ganz (zu 100%) oder gar nicht. Die additistische Denkweise begegnet einem heute auf Schritt und Tritt, u.a. bei den sog. Konservativen der „Konzilskirche" (siehe auch deren neues Sprachrohr „K[ephas]-TV", digitaler TV-Sender auf dem Astra-Satelliten). Dort wird auffallend oft immer wieder behauptet, ganz im Sinne des Vaticanum II, andere Religionen besäßen „Teilwahrheiten" und dadurch „teilweisen Heilswert". Jeden Abend gegen 19.00 Uhr findet dort eine Telephonsprechstunde namens „Tagesthema" statt. Vielleicht kann ja der eine

In einem weiteren Abschnitt dieser Schrift wird noch gezeigt, mit welchem Mut Bischof Thuc mit der wahren katholischen Lehre bezüglich dem Mißstand „häretisches Oberhaupt" an die Öffentlichkeit trat.

Nun wieder zurück zu Palmar de Troya. Natürlich entging dem nachkonziliaren Neuvatikan diese Affäre nicht. Es erfolgte, eigentlich folgerichtig von dieser Neureligion, eine Exkommunikation gegen den aufrichtigen, vietnamesischen Gottesmann. Zugleich erfolgte eine Erklärung, Bischof Thuc habe öffentlich kundgetan: Bei der Spendung der Heiligen Weihen habe er die nötige Intention zurückgehalten. Natürlich kam diese Erklärung nicht aus der Feder des Altbischofs von Hué, sondern war eine Erfindung des Neuvatikans. Ich erinnere mich, 1976 in irgendeiner Zeitung von den Weihen in Palmar de Troya, von der Exkommunikation des Weihevaters und von dessen angeblicher Erklärung gelesen zu haben.

Zu dieser Zeit, neubekehrt war ich, suchte ich nach christlich/katholischem Leben und hatte schon die vage Befürchtung (welche sich auch bestätigte), nichts zu finden bei all der Vielfalt von zweitvatikanischen Anhängern. So freute ich mich, daß es einen Bischof gab, der außerhalb des Zweitvaticanum-Gebildes Bischöfe weihte, eine Hoffnung für mich in einer Zeit, in welcher ich auf der Suche nach einer guten katholischen Gemeinschaft war. Den Namen des Bischofs vergaß ich wieder, aber daß er aus Vietnam kam, das merkte ich mir. Seitdem verbinde ich mit Vietnam so etwas wie eine Vorstellung vom gelobten Land.

In Bogotá, Kolumbien geschah etwas, was jedes katholisch empfindende Herz in Empörung versetzt. Ihr Gründer, Bischof Clemente Dominguez y Gomez, erklärte sich selbst (angeblich auf Wunsch des Himmels) zum Papst.

Wie muß es Bischof Thuc geschmerzt haben, als ein von ihm zum Diakon, Priester, ja zum Bischof Geweihter sich zu solch einem Frevel entschließen konnte. Es blieb Thuc nichts anderes übrig, als jeglichen Kontakt zu dieser Gemeinschaft, die sich durch diesen Frevel in eine Sekte wandelte, abzubrechen und eine kurze Erklärung bezüglich Palmar de Troya zu veröffentlichen.

---

oder andere theologisch versierte Leser dieses Buches dort einmal anrufen und die religiöse Scheinwelt, die den Zuschauern dort präsentiert wird (Stichwort: z.B. wir müssen alle nur dem Papst gehorchen, dann geht es mit der Kirche wieder aufwärts.), ein wenig entzaubern.

Bischof Pierre Martin Ngô-dinh-Thuc schrieb:

*„Ich bestätige hiermit, die Ordinationen von Palmar mit klarer Überle-
gung vorgenommen zu haben. Ich habe keine Beziehung mehr zu Palmar,
seit sich ihr Chef zum Papst ernannt hat. Ich mißbillige alles, was sie machen.“*

*„Die Erklärung Pauls VI. wurde ohne mich verfaßt; sie gelangte erst hin-
terher zu meiner Kenntnis.*

*Verfaßt am 19.12.81 in Toulon, im Vollbesitz meiner geistigen und physi-
schen Kräfte.“*

*Gez. Pierre Martin Ngô dinh Thuc
Archev. Titulaire de Bulla Regia*

Welch ein Mißerfolg und welch eine Blamage in den Augen der Welt. Der
von ihm Geweihte spielt sich zum Papst auf! Bischof Thuc war der Lächerlichkeit preisgegeben, trotz seiner eindeutigen Erklärung. „Wie kann man
nur jemanden weihen, der sich daraufhin selbst zum Papst ernennt?“ so hall-
te es durch die Welt. Diesbezüglich allen voran war man in der neuen Religion, genannt Konzilskirche. Ja, selbst konservative, traditionelle Mitmenschen vermochten es, selbstherrlich in den Spottgesang einzustimmen. Wie
kann man nur! Wie kann man nur!

In diesem Chor des Spottgesanges ließ aber eine Gruppe an Selbstherr-
lichkeit jegliche andere Gruppierung im Schatten zurück, nämlich jene, welcher es von den geschehenen Tatsachen her am wenigsten zusteht, über den
Außenseiterbischof zu urteilen, nämlich die Priesterbruderschaft St. Pius X.
Ihr Gründer war mittels zweier seiner priesterlichen Professoren der Mittler
zwischen dem Karmel des Heiligen Antlitzes und Bischof Thuc. Es ist nicht
auszuschließen, daß es von seiten Bischof Lefebvres ein bewußter Schachzug war, um einen ungeliebten Konkurrenten ins moralische Abseits zu be-
fördern.

Jedenfalls, spricht man mit Priestern, aber auch mit Gläubigen, die die hl.
Messe bei Priestern der Bruderschaft St. Pius X. besuchen, über Bischof

Thuc, oder erwähnt einfach nur seinen Namen, so kommt in der Regel ein gemeines, selbstherrliches Grinsen über das Gesicht des Gesprächspartners. Dieses verrät, daß er doch mit solch einem Spinner oder Verrückten wirklich als gutgesitteter Anhänger eines katholischen Elitevereins doch wohl nichts zu schaffen habe und daß es unter seiner Würde ist, diesen Namen auch nur zu erwähnen.

Bischof Lefebvre sagte über Bischof Thuc, daß er anscheinend allen Verstand verloren habe.

Doch wie urteilt vermutlich Jesus Christus, unser Herr, über die Spendungen des Heiligen Sakraments der Priesterweihe, Bischofsweihe inbegriffen, an mehrere Personen aus dem Karmel des Heiligen Antlitzes zu Palmar de Troya, vor allem über die Weihe ihres Gründers selbst, welcher, selbst ernannt zum „Papst", sich Gregor XVII. nennt?

Sicher weiß unser erhöhter Herr, daß Bischof Ngô-dinh-Thuc guten Glaubens gehandelt hat, daß er Priester/Bischöfe weihen wollte, welche wirklich der Heiligen Kirche dienen. Woher sollte der bischöfliche Weihevater wissen, welchen Weg seine Weihekinder einschlagen werden? Er konnte es nicht einmal erahnen. Jesus Christus nahm Judas Iskariot in den Kreis seiner Apostel auf, obwohl er wußte, daß der ihn verraten würde!

Was heute noch vom Karmel vom Heiligen Antlitz übrig ist, wo diese Gemeinschaft Niederlassungen besitzt, was ihre Mitglieder heute tun und glauben, könnte ich im Internet nachlesen und hier zu Papier bringen. Das Internet jedoch ist aus vielen Gründen nicht dafür tauglich, Informationen zu sammeln, um ein katholisches Buch zu erstellen. Von verschiedenen Seiten habe ich über diese Gemeinschaft vernommen, daß sie in der Erteilung der hl. Weihen sehr leichtfertig ist, daß sie also sehr vorschnell die Hände auflegt, ohne eine wahre Berufung zu prüfen. Weiterhin ist zu hören, daß sie den zu Weihenden eine äußerst knappe und kurze Ausbildung angedeihen lassen, weiterhin, daß sie Paul VI., obwohl er die von dieser Gemeinschaft abgelehnte „neue Messe" eingeführt hat, höchst verehren. Zu guter Letzt hörte ich, daß sie die Weheriten änderten, so daß es nicht mehr sicher ist, ob ihre vorgenommenen Weihen tatsächlich noch gültig sind.

Diese Aufzählung der negativen Entwicklungen in der Gemeinschaft von Palmar de Troya basiert auf Gehörtem und Gelesenem, deshalb mögen mir die Palmarer verzeihen, wenn das Geschriebene nicht der Wahrheit entsprechen sollte.

6. Die Declaratio

Zum besseren Verständnis überspringen wir sechs Jahre von Thucs Leben. Wir verlassen 1976, um einer großen Gnade für die Gesamtkirche, geschehen im Jahre 1982, teilhaftig zu werden.

Eine gewisse Trennung ist vollzogen. Auf der einen Seite sind die zahlreichen konzilskirchlichen Gemeinden, welche alle durch das seichte und verschmutzte Wasser des Pseudokonzils Vaticanum II marschieren, mit einem konservativen Anhängsel, halbwegs geduldet, aber nicht geliebt, nämlich der Priesterbruderschaft St. Pius X.

Auf der anderen Seite der aufzusparende Rest, ratlos, verworren. Fragen über Fragen beschäftigen die gläubigen Katholiken, welche den Heiligen Rest bilden. Müssen wir uns gänzlich von Neu-Rom trennen? Ist denn dieser Mann in Rom noch der Papst? Müssen wir uns radikal, das heißt von der Wurzel her, von jeglicher Teilnahme an einem reformierten Ritus der Sakramentenspendung trennen?

Für die Priesterbruderschaft St. Pius X. sind diese Fragen gelöst: Benedikt XVI. ist Papst, aber gehorchen tun wir ihm nur, wenn er katholisch spricht, wenn nicht, wird der Gehorsam verweigert. Was katholisch ist, ist natürlich in dieser Bruderschaft auch klar, das bestimmen ihre Oberen, je nachdem, wie es die Diplomatie verlangt. Wegen dieser Mentalität ist sie nicht in den heiligen Rest der katholischen Kirche eingeschlossen, wenngleich auch viele ihrer Gläubigen treue, gutgläubende Katholiken sind. Ihre Führung gibt keine brauchbare Wegweisung für die zerstreute, in der Verbannung lebende kleine Herde.

Helfen könnte in solch einer Situation nur ein Blick zurück in die grundlegenden Wahrheiten der Heiligen Schrift in ihrer Auslegung durch die Väter und Lehrer der Heiligen Kirche. Alle Fragen, die die Herzen bewegen, laufen auf die letztendliche Frage hinaus, wie konnte ein in aller Welt als Papst, also Petrusnachfolger, betrachteter Mann eine Reform der Riten, eine Reform des Glaubenslebens in Gang setzen, die so eine verderbliche Anbiederung an die Welt zur Folge hatte? Ist nicht dem Papst, dem Petrusnachfolger, der Beistand gegeben, unfehlbares Glaubensgut von Generation zu Generation weiterzugeben? Ist er nicht nach den Worten Jesu selbst der Fels, auf dem Seine Kirche gebaut ist? Auf Fels, nicht auf Sand! Ein Fels ist unverwüstlich, durch Menschenhand nicht zerstörbar. Letztlich ging es mit diesen Fragen, die die Herzen bewegten, um die tiefsten Existenzgrundlagen der Heiligen Kirche, der Arche des Neuen Bundes. In der Heiligen Schrift ist Petrus eindeutig der Fels, unverbrüchlich, unumwerfbar dastehend. Völlig unvereinbar mit Paul VI. oder Johannes Paul II., welche, von einigen moralischen Grundlagen abgesehen, nur zerstören und die Perlen vor die Säue werfen. Wie ist nun aber die Aussage Jesu über den Felsen, welcher der Baustein für die Kirche ist, mit der neuen Situation zu vereinigen? Von der Vernunft her ist eine Klärung unmöglich. Zum Glück stehen uns als Katholiken, im Gegensatz zur protestantischen Bibel-Auslegungspraxis, wahre Wegweiser im rechten Gebrauch des biblischen Wortes zur Seite: Die Schriften der Kirchenväter und Kirchenlehrer. Hier liegt auch geheimnisvoll der Schlüssel zur richtigen Beantwortung der an die Substanz gehenden Herzensfragen. Ich weiß nicht, ob Bischof Pierre Martin Ngô-dinh-Thuc alle Schriften der Väter studiert hatte oder ob er aufgrund einer göttlichen Eingebung zur einzigen wirklich aller Prüfung standhaltenden Beantwortung kam. Aus der ganzen Liebe zu den Gläubigen, aus der vollkommenen Einheit mit den Vätern, konnte er erklären: Johannes Paul II., welcher damals weltweit als Papst anerkannt wurde, ist gar kein Nachfolger Petri. Er hat und hatte dieses Amt niemals inne.

Hier der Wortlaut seiner Declaratio, welche am 25. Februar 1982 zu St. Michael in München in Anwesenheit von H.H. Pfarrer Michael Pniok und H.H. Pfarrer Joseph Leutenegger feierlich verkündet wurde:

Wie stellt sich die katholische Kirche der Gegenwart in unserer Sicht dar? In Rom regiert „Papst" Johannes Paul II., umgeben von der Versammlung der Kardinäle, vieler Bischöfe und Prälaten. Außerhalb Roms scheint die katholische Kirche zu blühen mit ihren Bischöfen und Priestern. Die Zahl der Katholiken ist ungeheuer groß. Täglich wird in so vielen Kirchen die Messe gefeiert, und sonntags fassen die Kirchen zahllose Gläubige, welche die Messe hören und die hl. Kommunion empfangen.

Aber wie sieht die heutige Kirche in den Augen Gottes aus? Die Messen, an denen die Leute werktags und sonntags teilnehmen, sind sie Gott wohlgefällig? Keineswegs; denn jene Messe gilt sowohl für Katholiken als auch für Protestanten. Deshalb kann sie Gott nicht wohlgefällig sein, und sie ist un-

gültig. Die einzige Messe, die Gott wohlgefällig ist, ist die Messe des hl. Pius V., die von einigen wenigen Priestern und Bischöfen, zu denen ich gehöre, gefeiert wird.

Ich wünsche daher, wenn es in meinen Kräften steht, ein Seminar zu eröffnen für Kandidaten für jenes Priestertum, das Gott wohlgefällig ist.

Außer dieser „Messe", die Gott nicht wohlgefällig ist, gibt es noch vieles, was von Gott verworfen wird, zum Beispiel in der (neuen) Priesterweihe, der Bischofsweihe, der Firmung und der letzten Ölung.

Außerdem pflegen jene „Priester"
1. den Modernismus,
2. den falschen Ökumenismus,
3. die Anbetung des Menschen,
4. die Religionsfreiheit;
5. lehnen sie es ab, die Urheber der Häresien zu verurteilen und die Häretiker auszuschließen.

Daher erkläre ich als Bischof der römisch-katholischen Kirche den Römischen Stuhl für vakant, und mir als Bischof obliegt es, alles zu tun, damit die katholische Kirche Roms zum ewigen Heil der Seelen fortbesteht.

München, den 25. Februar 1982

(sig.:) Petrus Martinus Ngô-dinh-Thuc
Archiepiscopus

Waren nicht bekanntermaßen einige Päpste sehr schwach, angefangen beim Hl. Petrus bis Pius XII., ja nicht sogar sehr große Sünder? War nicht auch ein Papst Pius XII. ein Schwächling, indem er duldete oder gar die Erlaubnis erteilte, auf dem Grund des Vatikanstaates eine Bank errichten zu lassen? Gewiß, aber mögen die Schwächen und Sünden noch so zahlreich sein, davon hängt nicht die Inhaberschaft des von Gott selbst eingerichteten obersten Hirtenamtes ab. Schließlich waren die größten Sünder und Schwächlinge unter den Päpsten, sobald sie ihres Amtes walteten, ebenso ein unumstößlicher Fels in der Brandung wie eben auch jene Päpste, die auch in ihrem persönlichen Leben wahre Nachfolger Jesu Christi waren.

Unvereinbar mit dem Felssein ist aber: den Christen einen unbiblischen, unchristlichen Glauben zu verkünden, was sie von den Wegen des Heils abirren läßt. Damit tritt auf jeden Fall augenblicklich der Verlust der Papstwürde ein.

Mehrere Väter und Lehrer der Kirche legen diesen Sachverhalt präzise dar, so z.B. der hl. Antonius von Padua: „Im Falle, daß der Papst Häretiker würde, würde er durch diese Tat ohne weitere Erklärung aus der Kirche ausgeschlossen. Ein vom Leib getrenntes Haupt kann, solange es getrennt bleibt, nicht Haupt eben dieses Leibes sein, von dem es abgetrennt wurde."

Der hl.. Franz von Sales lehrte: „Wenn jedoch der Papst explizit ein Häretiker ist, verliert er auf der Stelle seine Würde und steht außerhalb der Kirche."

Der hl. Kardinal Robert Bellarmin erklärt: „Ein Papst, der offenkundig Häretiker ist, hört von selbst auf, Papst und Haupt zu sein, eben durch die Tatsache, daß er aufhört, Christ und Glied der Kirche zu sein. Das ist die Lehre der alten Väter, daß ein offenkundiger Häretiker sofort jegliche Jurisdiktion verliert."

Der gottselige Erzbischof von Hué nennt die offensichtlichen Irrtümer, also Häresien, Johannes Pauls II. und seiner „Priester", oder besser gesagt Religionsdiener, beim Namen. Da ist vor allem der Irrtum der Religionsfreiheit zu nennen.

Ist es für uns gläubige katholische Christen nicht eine große Gnade, wenn wir in Ruhe und Frieden unseren Glauben praktizieren können, wenn ungestört die Verkündigung und die Spendung der hl. Sakramente gewährleistet ist? Gewiß, auf jeden Fall, und wir beten auch in mehreren liturgischen Gebeten in diesem Anliegen.

Die auf dem Vaticanum II formulierte Religionsfreiheit hat jedoch eine völlig andere religiöse Freiheit zum Inhalt. Das Dokument Dignitatis Humanae, veröffentlicht im Dezeber 1965, sagt:

„Die religiöse Freiheit ist in der juristischen Ordnung der Gesellschaft anzuerkennen und als ein Bürgerrecht zu verankern."

Der Untertitel dieses häretischen Dokumentes lautet: „Über das Recht der Person und der Gemeinschaften auf gesellschaftliche und bürgerliche Freiheit in religiösen Dingen."

Betont wird in diesem Dokument (welches eine Grundlage für das Sendungsbewußtsein von Johannes Paul II. ist) auch die Freiheit des Gewissens in religiösen Dingen.

Gibt es wirklich ein Recht der Einzelperson und der Gesellschaften (des Staates) auf Freiheit in allen religiösen Belangen? Vor Gott dem Dreifaltigen gibt es das nicht. Politiker, die getauft sind, können bei ihrem Tode nicht vor Gott bestehen, wenn sie etwa einer satanischen Religion das gleiche Recht im Staate einräumten wie der katholischen Kirche. Wie kann ein getaufter Christ eine gewissensmäßige Freiheit in religiösen Belangen besitzen, da er durch die Taufe Eigentum des gütigen und menschenfreundlichen Herrn Jesus Christus geworden ist.

Die Liebe ist es letztendlich, die eine solche Religionsfreiheit verwirft. Jesus Christus ist aus Liebe für uns ans Kreuz gegangen, hat alles für uns getan, mehr kann kein bloßer Mensch für uns tun. Wie kann ich da sagen, ich schlage diese Liebe aus und wähle religiös gesehen aus Gewissensgründen einen Weg der z.B. Christenglauben und Buddhismus miteinander verbindet oder der Yogaübungen mit ins Glaubensleben einschließt?

Die Liebe Christi zu uns möchte natürlich erwidert werden, und dies schließt jegliche religiösen Freiheiten, andere Wege zu gehen, ja irgendwelche sog. Götter (oder besser Götzen, Allah ist ein solcher) zu verehren, völlig aus.

Eine weitere, von Bischof Thuc genannte Irrlehre ist die Anbetung des Menschen. Diese hängt engstens mit der neuen Messe zusammen, welche in der Declaratio als ungültig und Gott nicht wohlgefällig dargestellt wird.

Manfred Erren schreibt dazu in dem wertvollen Büchlein „Die katholische Traditionalistenbewegung" folgendes:

Diese Vergottung des Gemeinen ist die Uridee des Kommunismus, und der Marxismus-Leninismus, den die kommunistischen Führer lehren und gewaltsam durchzusetzen suchen, ist nur ein politisch-geschichtlicher Ausfluß dieser Uridee; ein anderer, jedoch viel reinerer Ausfluß derselben kommunistischen Uridee ist aber die nach dem Zweiten Vatikanischen Konzil zu Macht gekommene katholische Häresie, die man landläufig und irreführend «Progressismus» nennt, die wir aber besser einfach Kommunismus nennen, auch wenn dessen Auswirkungen in der Kirche von denen in der (bisherigen) politischen Geschichte Europas und der Welt zunächst stark abzuweichen scheinen – die Konvergenz wird bald genug offensichtlich werden.

In der liturgischen „Erneuerung" besteht der Kommunismus darin, daß der Priester meint, im Kreise der von ihm dirigierten Gemeinde, durch unbedingte Einordnung in sie und durch Unterordnung jedes Einzelnen in die Gemeinschaft, mit dieser zusammen sich selbst erlösen zu können. Indem die Gemeinschaft, so meint er, zur Feier ihrer selbst zum Liebesmahl zusammentritt, in allseitig-gegenseitigem Priestertum sich den Menschensohn gegenseitig zum Opfer bringt und in Ihm sich selbst an sich selbst aufopfert, könne sie die in ihr gerade versammelten Menschen in diesem Augenblick und für diesen (je und je ewigen) Augenblick erlösen, und ihr opfernd-geopfertes Beisammensein sei schon bereits wirklich und wahrhaftig ihre Erlösung vom «Ewigen Tod" und ihr ewiges Leben. Dieser Glaube aber ist Kommunismus, ist die Erhebung der jeweils auf Grund der herrschenden Umstände gerade zusammengekommene Gemeinschaft (des «Kollektivs») zum absoluten Souverän über alle zeitlichen und überzeitlichen Güter. Der Novus Ordo Missae jedoch ist der exakte liturgische Ausdruck der kommunistischen Heilslehre, und man kann sagen, daß der Novus Ordo Missae den bisher bedeutendsten, den Endkampf der Weltrevolution einleitenden Sieg des Weltkommunismus darstellt. Dieser wird im Novus Ordo Missae gleichsam konsekriert und gewinnt dadurch psychologisch (und wohl auch dämonologisch) einen ungeheuren Machtzuwachs; der Novus Ordo Missae enthebt die kommunistischen Revolutionäre der Notwendigkeit des Klassenkampfes und des Bürgerkrieges, denn mit dieser «Gemeindefeier» gewinnt die Weltrevolution die Pharisäer aller Klassen und Rassen unblutig auf einen Schlag, wenigstens im weltlichen Machtbereich der katholischen Kirche.

Das Wichtigste aber, was der Kommunismus gewinnt ist, daß die Katholiken der ganzen Welt jetzt ihrer bisherigen Gnadenmittel entbehren und in dieser wie in vieler anderen Hinsicht wehrlos dastehen.

Hat man so hinter der Maske des Renovismus den Kommunismus als die treibende Kraft der nachkonziliaren Antikirche erkannt, so durchschaut man endlich auch, wie das Schlagwort vom „Progressismus" zu verstehen ist: plump im kommunistischen Sinn. Zum Lachen, wenn dabei jemand wirklich an den Fortschritt der Kirche auf dem Weg zum Reich Gottes denkt. Natürlich handelt es sich bei diesem angeblichen Fortschritt der angeblichen Progressisten um einen rein weltlichen Entwicklungsprozeß, und zwar um die vor etwa zweihundert Jahren begonnene und jetzt auf ihrem Höhepunkt angelangte Industrialisierung unserer Welt; d.i. derjenige Fortschritt, den der Kommunismus seit seinen ersten Anfängen auf seine Fahnen geschrieben hat. Es ist der Fortschritt der Profanierung alles Geistigen, der die Herrschaft der Werke des Menschen über die Werke Gottes, also der Maschinen und Organisationen und Staaten und Armeen über die Natur des Lebendigen und über die Menschen selbst, immer weiter und konsequenter ausbreitet und die Völker immer erbarmungsloser jeder Kultur und jedes heimatlichen und heimlichen Glücks beraubt, der sie zu heimatlosen und verwaisten Massen macht, der in rücksichtslosem Kampf gegen alles Sakrale jede Erinnerung an Gott und jede Hoffnung auf ein Leben nach dem Tod langsam aber sicher auszulöschen sucht. Dieser Fortschritt ist es, der ein Weiterleben der christlichen Tradition nicht dulden kann. Dieser Fortschritt ist es, der in der Unterwerfung der Sakramente unter die kollektive Voreingenommenheit einer gerade versammelten Pfarrgemeinde einen entscheidenden Sieg feiern darf, denn damit kommen die Menschen dazu, Gott zu beschwören statt zu verehren; das nächste angestrebte Ziel ist es, daß in der Liturgie Gott von der Gemeinde geschaffen wird, das nächste, daß die Gemeinde selbst sich als ihren eigenen Gott verehrt, und das Endziel, daß die Gemeinde sich selbst verehrt, ohne dabei das Wort „Gott" erklingen zu lassen.

(Aus dem mystischen Leib Christi hat man das Gottesvolk gemacht; dieses kann man, wenn die Zeit reif ist und die katholischen Versuchsmeerschweinchen freundlich reagieren, in das „Gottesvolk" verwandeln und dann – je nach Landes- oder Gemeindesitte – „Gott" oder „das Volk", oder „der Mensch", „die Menschheit" oder „wir". Die Worte Jesu beim letzten Abendmahl, daß Sein Blut vergossen werde „für Euch und für viele", hat man schon bei der ersten deutschen Version des Kanons geändert in „für Euch und die Vielen" [z. B. in „Berckers Katholischer Taschenkalender 1969", Kevelaer], als ob im Evangelium auf griechisch hoi polloi [οι πολλοί] stünde, was „die große Mehrheit" und somit für demokratisch Denkende so viel wie „eigentlich alle" bedeutet; in den „Drei neuen eucharistischen Hochgebeten" von 1968 heißt es schon „für euch und für alle", wie wir auch jetzt noch sonntags hören müssen. Aber das ist nicht das Ende. Ins Auge gefaßt sind, wenn die Zeit reif ist und die Versuchsmeerschweinchen freundlich reagieren, höchstwahrscheinlich die weiter fortschreitenden Versionen „für uns und für alle" und schließlich „für uns alle". Ist dieses Stadium der Entwicklung erreicht, dann wird man mit solcher Formulierung endlich gleichzeitig die Menschheit als Gott anbeten und gleichzeitig doch diejenigen, die aus irgendwelchem Grund nicht zu „uns" gehören, zur Hintertür wieder hinausjagen und, wo nicht ins ewige Feuer der Hölle, so doch für die Zeit ihres unterdrückten Lebens in Rechtlosigkeit, Sklaverei und Tod verstoßen können. Denn nur die Anwesenden sind gemeint, wer nicht da ist, sei es aus Trotz, sei es, weil er nicht eingeladen worden ist, sei es weil er krank oder von irgendwem gefangengehalten ist, für den wird das Blut nicht vergossen, mag auch die Menschheit im Ganzen genommen [und gemein genommen] Gott selber sein.)

Dieser Fortschritt ist gemeint, wenn man im heutigen Existenzkampf der Kirche von „Progressismus" redet, in teuflischem Mißbrauch eines an sich guten und Gutes bezeichnenden Wortes.

In dieser Situation wäre es nun ein unmündiges Verhalten, wenn wir zwar unsere kirchlichen Vorgesetzten unermüdlich in Wort und Schrift zur Rückkehr zur Tradition aufforderten, selbst aber inzwischen in törichtem Entgegenkommen gegen besseres Wissen und Gewissen täten, wozu sie uns verführen und unterließen, was sie uns abgewöhnen wollen und dabei vertrauensvoll warteten, bis sie uns die Tradition endlich wieder zurückgeben. Das können sie ja gar nicht, nachdem sie sie verraten und weggeworfen haben! Wir müssen die Konsequenzen ziehen! Wir müssen die Tradition haben und aus ihr leben, ihre Lehre befolgen und ihre Regeln anwenden. Wir kämpfen nicht um diese oder jene Tradition, sondern um die unteilbar eine und ganze, und was wir für diesen Kampf aufbieten müssen, ist das unteilbar eine und ganze Christentum, das heroische, zum Kreuz und zum Martyrium entschlossene Christentum, nicht weniger!

Über den Modernismus schreibt Frau Elisabeth Gerstner: „Sie wollen, daß das Christentum Fortschritte mache (oder daß es einen Beitrag zum Fortschritt leiste[10]) Hüten sollen sie sich, sie sollen sich hüten! .... Das Christentum ist nämlich keineswegs, es ist nämlich ganz und gar nicht eine Fortschrittsreligion, noch ist es eine Religion des Fortschritts. Es ist ja die Religion des Heiles."

---

[10] In Klammern hinzugefügtes ist vom Autor

Papst Pius X. sagte bereits bezüglich dieser Irrlehre am 27. Mai 1914 in einer Ansprache an neu ernannte Kardinäle:

„Wir leben in einer Zeit, wo man leicht gewisse Ideen der Aussöhnung des Glaubens mit dem modernen Denken annimmt und sich zu eigen macht. Ideen sind das, die viel weiter führen, als man so denkt. Nicht nur in Richtung auf Schwächung, sondern auf totalen Verlust des Glaubens. Jawohl, es gibt Leute, man trifft sie überall, die Zweifel ausdrücken und im Unsicheren sind über die Wahrheit, ja es gibt solche, die hartnäckig manifeste Irrtümer hegen, solche, die schon hundertmal verurteilt wurden und die sich trotzdem nicht von der Kirche getrennt glauben, weil sie manchmal christliche Praktiken geübt haben. O, wie viele Navigatoren, wie viele Piloten, und, Gott sei's geklagt, wie viele Kapitäne haben Schiffbruch erlitten, statt am Hafen anzukommen, indem sie den profanen Neuheiten vertrauten und der lügnerischen Wissenschaft dieser Zeit."

Bischof Thuc erklärt weiterhin, daß neben den genannten Irrlehren, welchen der Nichtpapst Johannes Paul II. anhängt, die neuen Weiheriten, die neue Firmung und Letzte Ölung kein Wohlgefallen Gottes in sich tragen.

Firmung und Ölung bedürfen des Olivenöls als Materie dieser Sakramente. Alle Sakramente nennen ja eine Materie und eine Form ihr eigen. Nun ist aber für beide Sakramente die Materie in der Konzilsreligion freigegeben worden. Es kann jegliches Öl sein, somit ist die notwendige Materie nur noch eventuell vorhanden. Was die neue Form der Firmung betrifft, ist sie zumindest in deutscher Sprache ein Unding: „Sei besiegelt durch die Gabe Gottes, den Heiligen Geist."

Der Heilige Geist wird in der Regel als Gabenspender bezeichnet und nicht umgekehrt. Unter den drei Riten der neuen Weheformulare fällt besonders die neue Form der Bischofsweihe auf.

In der ins Deutsche übersetzten lateinischen Form lautet die ursprüngliche Form: „Vollende in Deinem Priester die Fülle Deines Dienstes und mit dem Schmuck der gesamten Verherrlichung ausgestattet, heilige ihn mit dem Tau himmlischer Salbung." Mit wunderbarsten Worten ist hier der innere Bestand des Bischofsamtes ausgedrückt.

In der zweitvatikanischen Gemeinschaft lautet die Form offiziell (in deutscher Sprache):

„Sende herab auf diesen Auserwählten die Kraft, die von dir ausgeht, den Geist der Führung, welchen du deinem geliebten Sohn Jesus Christus gegeben hast. Er hat den Heiligen Geist den Aposteln verliehen, und sie haben Dein Heiligtum überall auf Erden gegründet, Deinem Namen zum Lobpreis und Ruhm ohne Ende."

Kein Wort enthält diese Form, welches erklärte, zu was der zu Weihende geweiht werden soll. Es wird vom Geist der Führung gesprochen. Jedoch die Führung einer Diözese wird nicht durch die Bischofweihe übertragen, sondern von einem Papst an den Bischof übergeben. So ist diese Weihe auf jeden Fall ungültig. So können diese „Bischöfe", welche in Wirklichkeit gar keine sind, natürlich niemanden zu gültigen Priestern weihen. Solche „Priester", auch wenn sie die alte, für alle Zeiten gültige Messe feiern (die unabschaffbar ist auch durch einen echten Papst), wie etwa bei der Priesterbruderschaft St. Petrus oder bei den Christkönigs-„Priestern", ja vereinzelt sogar bei der Priesterbruderschaft St. Pius X., können kein wahres Opfer feiern. Brot bleibt Brot, Wein bleibt Wein. Deshalb niemals sich an „Priester" wenden bezüglich Sakramentenspendung, deren Weihelinie auf nachkonziliare, konzilskirchliche „Bischöfe" zurückgeht, denn diese sind in Wahrheit keine Bischöfe.

Hier muß eine Bemerkung über einen Brief Erzbischof Thucs an Erzbischof Lefebvre erlaubt sein. Der vietnamesische Erzbischof bietet in diesem Brief dem Erzbischof Lefebvre und seinen Priestern an, sie bedingungsweise nachzuweihen, da seine Weihen durch den Satanisten, nämlich Bischof Achille Liénart wohl ungültig seien: Dazu ist zu sagen, der Weihevater von Bischof Lefebvre war wohl tatsächlich Hochgradfreimaurer und damit Satanist. Er verwendete aber in der Priester- und Bischofsweihe an Lefebvre die vorgeschriebene kirchliche Weiheform, also hatte er von seiner Intention (Absicht) her durch die Verwendung eben dieser Form trotz seiner verheerenden Geisteshaltung die Intention, das zu tun, was die Kirche tut.

Auch in der französischen Revolution haben Bischöfe, die sich ihr angeschlossen hatten und damit ihrem satanischen Geist verfallen waren, Priesterweihen vorgenommen nach dem Rituale Romanum, welche nach der Revolution von der Heiligen Kirche als gültig anerkannt wurden.

Diejenigen, welche die Auffassung haben, Bischof Lefebvre sei ungültig geweiht – und dazu gehört ein von mir sehr hochangesehener deutschsprachiger Priester, (wegen seines Mutes und der Verfolgungen, die er erleiden muß) – befinden sich im Irrtum, denn die Sakramente der katholischen Kirche wirken ex opere operato. Die rechte Materie und Form vorausgesetzt, werden sie vom ordentlichen wie vom außerordentlichen Spender immer gültig gespendet, und das völlig unabhängig von jeglicher wie auch immer gearteten inneren Gegenintention z.B. eines Spenders, der ein heimlicher Häretiker o.ä. ist.

Nun, die gesamte Declaratio war ein klärendes Wort darüber, wie es mit der reformierten Sakramentenspendung, vor allem aber, wie es um Johannes Paul II. steht. Dieses klärende Wort war ein wahrer Liebesdienst an uns Katholiken, da es für die Seele schlimm ist, wenn sie im Unklaren liegt, wenn sie zweifelt, wenn sie grübelt. Für die Seele des Katholiken ist diese Erklärung ein Licht. Zwar ist sie kein Dokument des kirchlichen Lehramtes, da ein einzelner Bischof nicht das Lehramt bildet, aber es ist geschrieben aus Liebe und aus der Sorge für die gesamte Heilige Kirche.

Das Dokument stellt heraus – und das im völligen theologischen Einklang mit den Kirchenlehrern, daß Johannes Paul II., und damit natürlich auch sein Nachfolger Benedikt XVI., keine Päpste, keine Nachfolger Petri sind. Für die gültig geweihten Priester und Bischöfe bedeutet dies, daß sie, um dem Heiligen Opfer keine Schmach zuzufügen, dieses nicht „una cum", also nicht „in Vereinigung mit" Benedikt XVI. feiern dürfen. Für die Gläubigen insgesamt ist ein Gebetssturm nötig, dafür, daß wir möglichst bald wieder einen wahren Nachfolger Petri erhalten.

Im übrigen gibt es einen eindeutigen Beweis dafür, daß Johannes Paul II. und sein ihm zu 100% deckungsgleicher Nachfolger Benedikt XVI. keine Inhaber des Stuhles Petri waren/sind, daß wir zur Zeit eine wirkliche Sedisvakanz haben: Der würdige Priester Pfarrer Molitor, einer der besten Kenner der Schriften der Maria von Agreda, hat in seinen Predigten immer wieder betont: Eine Heiligsprechung ist unfehlbar. Gleiches ist nachzulesen in Katechismen und Dogmatikbüchern[11]. Nun hat Johannes Paul II. einen Priester „heiliggesprochen", welcher der Gründer der sog. weißen Freimaurerei, Opus Dei genannt, war: José María Escrivá de Balaguer mit Namen. Diesen könnte man als einen mit allen Wassern gewaschenen Betrüger zum Schaden christlicher Seelen bezeichnen, dem die Hölle wahrscheinlicher ist als der Himmel, welchen wir ihm selbstverständlich trotzdem wünschen, denn kein Christ wünscht seinem Mitmenschen die Hölle. Von seinem Lebensstil her gibt es aber keine große Wahrscheinlichkeit, ihn im Himmel wieder zu

---

[11] Dogmatikbüchern der echten Römisch-Katholischen Kirche; nicht aber der nachkonziliaren Begriffsjongleure.

sehen, außer daß er sich noch im Angesicht des Todes bekehrte.

Wäre Johannes Paul II. Papst, Papst nicht nur dem Anschein nach, hätte er ihn niemals heiliggesprochen, ja nicht einmal selig!

7. Die Jahre der Bischofskonsekrationen

Thuc, niedergebeugt in der Seele, den Spott der ganzen Welt gegen sich gerichtet, aller äußeren Sicherheiten beraubt: man möchte fast meinen, daß dies bewußt vom Feinde des Menschengeschlechts eingefädelt wurde, diese Verschwörung von Palmar de Troya, an der auch sein ehemaliger Freund, Erzbischof Lefebvre, seinen bösen Anteil hatte. Niemand wollte Thuc mehr haben, er glich dem alttestamentlichen Hiob in vielerlei Hinsicht, denn alles wurde ihm genommen, sein guter Ruf, seine Diözese und damit seine ihm anvertraute Herde, auch seine Heimat, denn er durfte nicht einmal als Privatmann zu seinen Landsleuten zurück nach Vietnam. Paul VI. und die CIA hatten es so abgekartet.

Nach all dem fand er wenigstens eine kleine Behausung in Toulon/Frankreich, wo ihm ein Raum als Kapelle, Sakristei, Küche und Wohnraum diente. Hätte ihn nicht eine Vietnamesin, die nicht Christin war, mit Speisen versorgt, er wäre verhungert. Hiob betete in einer Zeit der Heimsuchung, ähnlich der Bischof Thucs, in welcher das gesamte leiblich-seelische Gefüge dieses Mannes in Erschütterung geraten ist: Was ist meine Kraft, daß ich aushalten könnte und was meine Endfrist, um Geduld zu bewahren? Sind etwa meine Kräfte Felsenkräfte, oder ist mein Fleisch aus Erz gemacht? Gibt es in mir denn keine Hilfe mehr für mich, und ist Erfolg mir ganz entzogen? Hiob 6, 11-13. Ach, daß mein Kummer gewogen würde und daß man zusammen mein Leid auf die Waage legte! Denn nun ist es schwerer als der Sand am Meer. Hiob 6,2-3. Ach, wäre ich wie in längst vergangenen Monden, wie in den Tagen, da Gott mich behütete, als über meinem Haupt seine Lampe er leuchten ließ, bei seinem Licht ich durchs Dunkel ging! So wie ich war in früheren Zeiten, als Gott mein Gezelt beschirmte, als noch der Allmächtige mit mir war, rings um mich meine Kinder; als meine Schritte sich netzten mit Sahne, der Fels mir Bäche [von Öl] ergoß!...Hiob 29, 2-6. Jetzt aber lachen über mich selbst jene, die jünger sind als ich. Hiob 30, 1.

Aber Hiob sprach auch: „So wahr Gott lebt, der mir mein Recht entzog, und der Allmächtige, der meine Seele kränkte! Wahrlich, so lange mein Atem in mir ist und Gottes Hauch in meiner Nase, sollen meine Lippen kein Unrecht reden, noch wird meine Zunge verkehrtes sprechen! Ferne sei es von mir, euch recht zu geben, ich gebe bis zum Tod meine Unschuld nicht auf!" Hiob 27, 2-5.

All diese Worte, gesprochen von Hiob in höchster Not, treffen genau auf Pierre Martin Ngô-dinh-Thuc zu, der diese Zeit die Zeit seines Kreuzwegs nannte. Für den neutestamentlichen Gläubigen gewinnt ein Kreuz, wie es Bischof Thuc tragen mußte, noch weit mehr an Gewicht, da es im Kreuze Jesu Christi eine Veredelung und Umwandlung erfährt. Die Leiden Hiobs waren nur ein prophetisches Vorerleiden des Leidens Jesu.

Mitten in dieser besserwisserischen, spöttischen Haltung, die sehr viele dem Altbischof entgegenbrachten, gab es doch verstreut einige Priester, vor allem in Mexiko, die aus Sorge um die damalige Situation der Kirche des Mannes gedachten, der doch den Mut aufbrachte, gegen alle scheinbaren Regeln der Vernunft Bischöfe zu weihen. Denn was jene Priester erkannten, war, daß ohne Bischofsweihen in der Tat die letzte Stunde der Kirche schlagen würde. Die [jüngeren] Diözesanbischöfe, daß wußten diese frommen Männer, waren nichts anderes als „ungültig geweihte Scheinbischöfe". Die älteren, noch gültig geweihten, waren nicht bereit, der heiligen Kirche ihre Weihevollmacht zur Verfügung zu stellen (Inzwischen sind diese ja auch fast alle verstorben). So entsann man sich des in Toulon dahindarbenden Gottesmannes aus Vietnam.

Hier muß ich einfügen, ganz hoffnungslos war die Situation der Heiligen Kirche indes nun auch nicht. Es gab einige, wenn auch sehr unbekannte Bischöfe, aus dem die Bischofswürde bewahrenden Umfeld der Utrechter Union, welche katholisch wurden oder aus diesem Umfeld ihre Diakon-, Priester- Bischofsweihe holten. Solch ein Bischof lebt heute noch im Schwarzwald/Deutschland. Einige katholische Priester verdanken ihre Priesterweihe solchen ohne Zweifel echten Bischöfen. Das Problem ist jedoch, daß diese meist nur lokal bekannt sind, zudem bei einem Großteil der Katholiken eine psychologisch bedingte innere Sperre vorliegt, welche sie hindert, diese Bischöfe und die von ihnen geweihten Priester ohne jeden Vorbehalt als ihre Hirten anzuerkennen. In ehemals rein katholischen Ländern dürfte es wahrscheinlich solche Bischöfe gar nicht mehr geben.

So gab es nur diesen einen Ausweg einer künftigen bischofslosen und damit verlorenen Kirche zu entgehen: Bischof Thuc mit der Weihe geeigneter Priester zu beauftragen.

Bischof Blasius Kurz war zu früh verstorben, bereits 1973. Bischof Lefebvre war zu kompromißbereit in bezug auf die Neureligion der Konzilskirche, und Bischof Castro Mayer aus Brasilien war wohl zu eng mit Bischof Lefebvre geistigerweise verbunden und wohl auch nicht bereit, Bischofskonsekrationen durchzuführen.

Verschiedene Priester, z.B. der verdiente Dr. Katzer nahmen daher mit dem in Armut lebenden vietnamesischen Oberhirten Kontakt auf, um ihr Anliegen vorzutragen und zu erörtern.

Bevor es zu den von Dr. Katzer und anderen Persönlichkeiten vorgeschlagenen Bischofskonsekrationen kam, weihte Bischof Thuc am 8. Februar 1977 den Priester Jean Laborie zum Bischof[12]. Von einer bestimmten Seite her wurde zwar nicht diese Bischofsweihe bezweifelt, da sie gut bezeugt ist, sondern deren Gültigkeit. Es wurde einfach behauptet, Bischof Laborie sei vorher nicht zum Priester geweiht worden. Eine Bischofsweihe ohne vorherige Priesterweihe ist aber in der Tat ein Unding. Jedoch gibt es Zeugen, die unter Eid aussagten, der Priesterweihe von Jean Laborie beigewohnt zu haben. (siehe Anhang) Von Bischof Jean Laborie wird gesagt, daß seine Rechtgläubigkeit nicht ausreichend sei, um als katholischer Bischof zu gelten. Solange keine Beweise vorliegen bezüglich der angeblichen Häresien dieses inzwischen verstorbenen Bischofs, sollten wir nichts Schlechtes über diesen Bischof sagen oder schreiben.

Gott der Dreifaltige, der alle Regungen unseres Herzens und aller Herzen kennt, weiß, wie es um ihn bestellt war. Möge er inzwischen in den himmlischen Lobgesang der Engel und Heiligen eingestimmt haben.

Am 19. Oktober 1978 weihte Bischof Thuc in Toulon/Frankreich die beiden Priester Roger Kozik und Michael Fernandez zu Bischöfen. Beide, aus der Palmar de Troya Glaubensgemeinschaft kommend, gründeten eine weitere Gemeinschaft mit sozialen Werken. Sie feiern das Heilige Meßopfer nach dem Ritus des heiligen Papstes Pius V., erkennen aber irrigerweise Johannes Paul II. als Papst an.

Es ist anzunehmen, daß Bischof Pierre Martin Ngô-dinh-Thuc diese und einige nachfolgende Konsekrationen in seinem kleinen Heim in Toulon vornahm.

---

[12] Der Priester Jean Laborie stand bei Kardinal Alfredo Ottaviani in gutem Ruf.

Pater Barbara, welcher Thuc zweimal besuchte, beschreibt sein Zuhause so: „Der Erzbischof lebt in einem sehr armen und schmutzigen Appartement im ersten Stock eines alten Mietshauses, ein längliches einfaches Zimmer mit einer kleinen Küchennische. Auf der rechten Seite war ein bescheidenes Bett. In der Ecke war ein Altar, auf welchem er jeden Morgen das hl. Meßopfer nach dem Ritus des hl. Papstes Pius V. zelebrierte. Viele fromme Bilder hingen an den Wänden. Einige Stapel Bücher und zwei Stühle füllten weiterhin den Raum. Von Zeit zu Zeit zeigten sich fünf Katzen."

Kaum zu glauben, daß dieses Zimmer möglicherweise der Ort einiger Bischofsweihen war, aber es muß davon ausgegangen werden, da ihm öffentliche Kirchen für die Sakramentenspendung nicht zugänglich waren.

Alle Weihen wurden in dem für den lateinischen Bereich der Heiligen Kirche vorgeschriebenen Wortlaut gespendet. Diese sind im Pontificale Romanum enthalten. Das Pontificale Romanum enthält alle für die dem Bischof vorbehaltenen liturgischen Handlungen: Firmung und weihespendende Formeln, Weihen und Segnungen an Personen, Orten und Materien z. B. Abt-, Äbtissinen-, Königs-, Königinnenweihen, Friedhofs- und Kirchweihen, Kelch-, Patenen-, Glocken-Altarweihen.

Die 16 Worte der Weiheform in lateinischer Sprache sind von so hoher Aussagekraft und Poesie, daß man versucht ist zu sagen, wer so einen formvollendeten Wortlaut, der eingebettet ist in eine Präfation, für eine Weiheform, hervorbringt, muß die schöpferische Kraft des allmächtigen, liebenden, allgütigen aber auch gerechten Gottes zum Beistand haben. So steht es um die Heilige Katholische Kirche. Ich meine, es war die hl. Theresia von Avila, die einmal sagte, sie würde für jeden Wortlaut der Riten der Kirche liebend sterben – also auch für die Form der Bischofskonsekration.

Die Bischofskonsekrationen, die der Altbischof von Vietnam vornahm, waren von besonderer Lebensnotwendigkeit für die katholische Kirche. Er war der einzige Bischof (mit Jurisdiktion eines lebenden Papstes -nämlich Pius XI. – ausgestattet, erweitert durch – Motu Proprien desselben Papstes – die Bevollmächtigung zu Bischofsweihen ohne jeweiliges Einzel-Mandat des Heiligen Stuhles), der bereit war, weitere Bischöfe zu weihen, damit die Sakramentenspendung für die vor uns liegende Zeit der Drangsal und Prüfung gewährleistet ist. Ohne Bischöfe keine Priester und Diakone, folglich auch kein Heiliges Meßopfer, keine sakramentale Beichte, keine Krankenölung, keine Firmung. So können wir Gott dem Schöpfer gar nicht genug danken für die Bewahrung und Erhaltung des Bischofsamts.

So vollzog Bischof Thuc am 7. Mai 1981 eine weitere Bischofskonsekration: Er spendete sie dem Dominikanerpater Guerard des Lauriers. Dieser, inzwischen auch heimgegangen, war guten Rufs und bekannt als der Hauptverfasser der Schrift „Kurze kritische Untersuchung des neuen Ordo Missae". Herausgegeben wurde diese Schrift durch Kardinal Alfredo Ottaviani und Kardinal Antonio Bacci.

Am 30. April 1984 weihte Bischof Guerard des Lauriers den Priester Günter Stork, geboren im westfälischen Münsterland, zum Bischof. Dieser hatte seine Priesterweihe vom Missionsbischof und Franziskaner Blasius Kurz. Leider verstarb dieser, vor allem in China wirkende Missionar, bereits am 12. Dezember 1973. Er war einer der Getreuen. Seine letzte Ruhestätte fand er in einem Franziskanergrab auf dem Nürnberger Südfriedhof.

Bezüglich Bischof Stork, inzwischen ebenfalls verstorben, muß gesagt werden, daß er leider in mancher Beziehung ein Verfechter der Philosophie Fichtes war, welche, nach Ansicht von in der Philosophie bewanderten Theologen, nicht geeignet ist, den katholischen Glauben verständlicher darzustellen, im Gegensatz zur dazu geeigneten Philosophie des hl. Thomas von Aquin. Bischof Günter Stork leitete in München das Priesterseminar Heilig Blut.

Msgr. Guerard des Lauriers konsekrierte weiterhin am 22. August 1986 den Dominikaner und Priester McKenna zum Bischof und am 25. November 1987 den Priester Franco Munari. Bezüglich Msgr. Guerard des Lauriers muß bemerkt werden, daß er eine merkwürdige Ansicht vertrat, was die nachkonziliaren „Päpste" betrifft, die sogenannte These von Cassiciacum[13]. Nach dieser These war der inzwischen verstorbene Karol Wojtyla, genannt Johannes Paul II., materiell Papst, formell aber nicht. Demnach waren seine Amtshandlungen, einschließlich Heilig- und Seligsprechungen, null und nichtig. Trotzdem bildete er, laut dieser These, die Materie für das aktuelle Petrusamt. Hätte er sich bekehrt, wäre er nach dieser etwas fragwürdigen These auch formell Papst geworden. Das problematische an dieser These ist, daß Bischöfe, die dieser These folgen, den Nachfolger Wojtylas Benedikt XVI. als bekehrungsbedürftigen Papstanwärter ansehen.

---

[13] benannt nach der Zeitschrift Cassiciacum, in welcher diese Theorie vorgestellt wurde.

Für die Anhänger der These von Cassiciacum muß lobend gesagt sein, daß sie das hl. Meßopfer nicht una cum Johannes Paul II. feierten und, in diesem Sinne folgerichtig – so ist zu erwarten – auch nicht in Vereinigung mit dem bekehrungsbedürftigen Nachfolger Benedikt XVI. feiern werden.

Ebenfalls in Toulon wurden von Msgr. Thuc die zwei mexikanischen Priester Adolfo Zamora und Moisés Carmona zu Bischöfen geweiht. Von beiden mexikanischen Bischöfen ist, da sehr interessant, der Lebenslauf in der beigefügten Dokumentensammlung nachzulesen. Beide Bischöfe sind inzwischen verstorben. Die Konsekrationen, welche am 17. Oktober 1981 vollzogen wurden, werden im allgemeinen in den verschiedenen treukatholischen Zeitschriften am positivsten bewertet, auch wegen dem guten Ruf, den beide Weihekandidaten unter den Katholiken Mexikos genossen.

Nicht folgern jedoch darf man aus der allgemein positiven Bewertung dieser Weihen durch die Wenigen, die der Person Bischof Thucs und seinem Wirken etwas Positives zugestehen wollen, daß die so Geweihten in ihrem Bischofsamt etwa mehr an Bischofsgnade, mehr an Vollmachten erlangten. Jesus Christus selbst spendet jedes Sakrament, ob der ihm zu Dienste stehende Priester oder Bischof würdig ist oder in schwerer Sünde lebt: Es mindert oder vergrößert nicht das Sakrament.

Ebenso steht es mit dem Empfänger eines jeden hl. Sakraments. Der Unwürdige empfängt nicht weniger, der Würdige nicht mehr von dem gespendeten Sakrament. Wichtige Besonderheit: Beim Empfang der hl. Kommunion ißt und trinkt sich der Unwürdige das Gericht, der Würdige empfängt Gnade.

Bischof Moisés Carmona Rivera war vor seiner Bischofsweihe 25 Jahre lang Pfarrer der Pfarrei „von der göttlichen Vorsehung" in Acapulco (Mexico). Auch war er Vorsitzender der Trento-Vereinigung, deren Name von der Stadt Trient abgeleitet ist, in der das große Konzil des 16. Jahrhunderts stattfand. Diese Vereinigung umschließt Gläubige, welche die Reformen nach Vaticanum II und dieses selbst ablehnen. In Mexico sind treue Katholiken nicht wie in vielen anderen Ländern Einzelgänger, sondern in Mexico ist ein beträchtlicher Teil des Volkes vorkonziliar fromm. Leider ist diese Trento-Vereinigung unter den Einfluß einer sich traditionell und mexikanisch-vaterländisch gebenden Sippschaft, der Tecos geraten. Die Tecos, ein Clan bestehend aus zwei Familienverbänden, sind jedoch trotz ihres christlichen Anscheins in Mexico eine Wirtschaftsmacht, die am Drogenhandel, an unsauberen Geschäften und an Fernsehgesellschaften beteiligt ist. Bischof Carmona erkannte die Gefahr, die von diesem Clan ausging und wollte sich weitestgehend davon trennen. Er starb jedoch 79-jährig viel zu frühzeitig an einem Autounfall. Ob dieser Autounfall gemacht war, etwa von den Tecos oder anderen Feinden Jesu Christi oder ob es wirklich ein schicksalhafter Unfall war, der dem weitgeachteten Bischof das Leben kostete, wir wissen es nicht. Vor seinem Tod konnte jedoch Bischof Carmona noch am 1. April 1982 dem US-amerikanischen Priester Georges Musey die hl. Bischofsweihe spenden, ebenso, am 18. Juni 1982 den beiden mexikanischen Priestern Benigno Bravo und Jose de Jesus Martinez. Am 17. Juni 1991 erhielt Peter Hillebrand und am 24. September 1991 der US-Amerikaner Mark Pivarunas die Vollendung ihrer priesterlichen Vollmachten, um der Congregation of Mary Immaculate Queen als Bischöfe dienen zu können. Msgr. Musey und der Mitkonsekrator Msgr. Thuc spendeten am 2. Juli 1982 dem US-amerikanischen Priester Lous Vezelis die Bischofsweihe.

Bischof Thuc mußte Anfang 1982 Toulon verlassen. Die Nachricht über die Nach-Palmar-de-Troya-Bischofsweihen erreichte auch Neu-Rom. So konnte er nicht sicher sein, ob er nicht einem Anschlag zum Opfer fallen könnte. Er floh nach München. Die Una-Voce-Vereinigung gab ihm ein neues Zuhause. München war auch der Ort, an dem die Declaratio verfaßt und verkündet wurde.

Diese Erklärung formulierte die geistlichen Grundsätze, aus denen heraus die Bischofskonsekrationen erfolgten, auch wenn sie in ihrer überwiegenden Zahl früher geschehen waren. Bischof Ngô-dinh-Thuc mußte diese Bischofsweihen aus fürsorglicher Caritas durchführen, weil sonst seine – erst später formulierten – geistlichen Grundsätze für die hl. Kirche fruchtlos geblieben wären.

Bischof Lefebvre weihte ebenfalls vier Bischöfe, am 30. Juni 1988. Er tat es gegen den Willen eines Mannes, den er für den rechtmäßigen Inhaber des Stuhles Petri hielt. Das ist schismatisches Handeln. Bei Bischof Thuc kam das Gesetz des Notstandes wegen erkannter langanhaltender Sedisvakanz zum Tragen und zwang ihn quasi dazu, die rettende Tat zu vollbringen. Am 18. April 1982 geschah – oder geschah nicht – etwas Merkwürdiges. Herr Dr. Heller von der Una Voce München behauptet, an jenem Tag sei Bischof Thuc bei ihm zu Gast gewesen. Frau Heidi Hagen, Genf/Schweiz behauptet jedoch, an diesem Tage sei Bischof Thuc in Loano/Italien gewesen und habe die Priester Luigi Boni und Gerard Roux zu Bischöfen geweiht. Wir wissen nicht, wer von beiden die Wahrheit sagt.

Soll Gerard Roux, die Allwissenheit Gottes ignorierend, ohne eigene Bischofswürde gewagt haben, die folgenden Bischofsweihen durchzuführen?

am 27. Oktober 1993 Jose Ramon Lopez-Gastón,

am 23. April 1994 Michael French,

am 22. Mai 1994 Alain Andre und Luc Cyriel Strijmeersch,

am 8. April 1995 Athanasius Maria Seiwert.

Wurde nun aber Gerard Roux nicht zum Bischof geweiht, so ist zumindest doch Msgr. Jose Ramon Lopez Gastón wahrer Bischof, was später erklärt wird. Von gewisser Seite wird also die Bischofsweihe von Gerard Roux bestritten, aber auch seine Berufung, er gilt quasi als moralisch nicht tragbar. Sollte aber Frau Heidi Hagen wahres Zeugnis gegeben haben, so müssen wir ihn, wie alle anderen rechtgläubigen Bischöfe ehren und alles Gerede über etwaige moralische Verwerflichkeit außer Acht lassen.

Bischof Thuc vollzog seine letzte Bischofsweihe am 25. September 1982 in Castel Sarrasin in Frankreich. Der Priester Christian Datessen wurde dort von ihm zum Bischof geweiht. Er gehört der Fraternität Notre Dame de Bethlehem an.

Msgr. Datessen weihte am 27. Juni 1983 den Priester Pierre Salle zum Bischof, dieser wiederum weihte folgende Priester zu Bischöfen:

am 5. April 1986 in Frankreich Phillipe Miguet,

am 27. Juli 1994 Peter Hillebrand, Australier, und

am 28. März 1987 Guy Olivares, genannt Jean de Mamistra.

Msgr. Phillipe Miguel und Msgr. Peter Hillebrand ließen sich noch sub conditione (bedingungsweise, falls die erste Bischofsweihe ungültig war) von anderen Bischöfen der Thuc-Sukzession weihen. Der Grund dafür lag in Msgr. Salles Geisteszustand. Er galt in seinen letzten Jahren als nicht mehr geistig zurechnungsfähig. Jedoch hat dies auf die Weihegültigkeit keinen Einfluß, soweit der Weihende noch weiß, was er tut. Bei einer Bischofsweihe ist es kaum möglich, sie ohne gewisse geistige Restfähigkeiten zu vollziehen, wegen der Komplexität des Weiheritus.

Ich kenne einen Priester, dessen geistige Rüstigkeit nach einem halbjährigen Koma in einer sehr schweren Krankheit nachgelassen hat, und man könnte ihn ohne boshafte Unterstellung etwas senil nennen. Er feiert ohne Probleme täglich das hl. Meßopfer. Einmal war ich dabei, als er die Karfreitagsliturgie vollzog. Alle Gebete und Handlungen mußten ihm zugeflüstert werden. Trotzdem war es mit Sicherheit vor Gott eine vollständige Liturgie, so mit Sicherheit auch die vollzogene Bischofsweihe durch einen Bischof, der vielleicht nicht mehr ganz Herr seiner Sinne war, aber imstande war, bewußt die Weihe zu vollziehen.

So war auch die dritte von Bischof Salle gespendete Weihe an Guy Olivares mit Sicherheit gültig. Guy Olivares soll nicht ganz rechtgläubig sein, was aber auf die Weihegültigkeit keinen Einfluß hat, solange in einem eindeutigen kirchlichen Weiheritus geweiht wurde. Orthodoxe Weihen wurden von der katholischen Kirche stets als gültig anerkannt, obwohl die Orthodoxen bezüglich einiger Glaubenswahrheiten irrig sind.

Dieser Bischof Guy Jean Tau Johannes de Mamistra Olivares weihte am 29. Juli 1992 Jose Ramon Lopez-Gaston zum Bischof, welcher sich nur aus dem Grund von Bischof Roux bedingungsweise nochmals weihen ließ, wegen dem unverständigen Gerede vieler Gläubigen. (In der Weihelinie liegt Bischof Pierre Salle, der wegen geistiger Mängel nach Ansicht mancher nicht mehr bewußt eine Bischofsweihe spenden konnte. Über solche Angelegenheiten hat die Kirche nie geurteilt, sondern immer positiv die Wirksamkeit der Sakramentenspendung bei geistig beeinträchtigten Priestern oder Bischöfen beurteilt).

Bischof Jose Ramon Lopez-Gaston ist Weihevater einiger, vom Verfasser als sehr bedeutend eingeschätzter, Bischöfe wie Guido Alarcon und Gary Alarcon, leibliche Brüder aus Bolivien, die am 1. August 1993 die Würde des hl. Bischofsamts erhielten, oder auch wie Jose Urbina Aznar und Emmanuel Korab mit Bischofsweihetag 26. Juni 1994.

Bischof Jose Urbina erhöhte am 4. September 1999 den Priester Merrill W. B. Adamson aus San Francisco ins Bischofsamt.

Bischof Guido J. Alarcón lebt in Cochabamba/Bolivien in einer kleinen Mietwohnung, welche zugleich seine Kapelle war oder noch ist. Zu hoffen ist, daß er einen größeren Raum fand oder finden wird, um ihn zur Kapelle oder Kirche umzubauen.

Bischof Jose Urbina Aznar ist Verfasser der kleinen, aber äußerst wertvollen Schrift: „Grundsatzerklärung zur Wahl eines Papstes", übersetzt von Johannes Rothkranz, erhältlich im Verlag Pro Fide Catholica. Diese Schrift ist eindeutig und klar in ihrer Aussage. Die knappe und bündige Form erinnert stark an die Art und Weise, wie die hl. Kirche in ihren Konzilien dem gesamten christlichen Volk Glaubensgeheimnisse verbindlich darstellte. Eine klare Aussage (nicht doppelsinnig deutbar) ist notwendig, um der menschlichen Seele zur Einsicht zu verhelfen. Jesus Christus unser Herr, und um ihn geht es letztlich nur (jede Zeile dieses Buches soll zu seiner Ehre gedruckt werden) sprach immer klar und niemals zweideutig. Häufig sprach er in Gleichnissen, aber es war jedesmal offensichtlich, daß er in geheiligten Gleichnissen sprach.

Msgr. Urbina Aznars Anliegen ist die Wahl eines legitimen Papstes, welches vordringlichstes Anliegen der ganzen Kirche ist. Beim Hinscheiden eines Papstes – und der letzte echte Papst schloß seine Augen schon vor vielen Jahren – brennt die Sehnsucht nach einem folgenden Papst in den Herzen der Gläubigen. Deshalb sollten wir Bischof Urbina Aznar dankbar sein, daß er neben vielen anderen dieses Sehnen ausspricht. Dieses Sehnen soll in unseren Gebeten Worte finden, die das Herz Gottes bestürmen, auf die Fürsprache der allerseligsten Jungfrau Maria und der hl. Päpste samt der übrigen Heiligen, die wegen dem Festhalten am Petrusamt ihr Leben lassen mußten, wie der hl. Josaphat aus der Ukraine.

Doch nun zurück zu Bischof Thuc. Die von ihm gespendeten Bischofsweihen brachten ihm (sofern sie überhaupt zur Kenntnis genommen wurden) eine erneute Exkommunikation durch Neu-Rom ein, weiterhin eine Reihe kritischer Stimmen, die seine Weihen in Zweifel zogen. In Zweifel, ob sie überhaupt wirklich stattfanden, wenn ja, Zweifel an den Weihen, weil je ein oder zwei Mitkonsekrierende fehlten und zu guter Letzt, weil man ihm Demenz und geistige Verwirrtheit zuschrieb. Über alle drei Punkte wurden sehr gute, die Weihen positiv beurteilende Ausarbeitungen geschrieben. In deutscher Sprache ist zu diesem Thema ein Buch in Bearbeitung. Deshalb möchte ich nur zu seiner angeblichen Verwirrtheit etwas aussagen.

Leider nahm Bischof Pierre Martin Ngô-dinh-Thuc an einer Konzelebration im neuen Ritus in der Bischofskirche von Toulon teil – am Gründonnerstag des Jahres 1980 oder 1981: Die Angaben sind unterschiedlich. Beobachter sagten, er habe einen verwirrten Eindruck gemacht. Klar: Bischof Thuc hatte sonst keine Berührung mit der neuen zweitvatikanischen Messe, kannte also den Ritus nicht und wußte deshalb auch nicht recht, wie er sich bei dieser Konzelebration verhalten sollte. Der tiefste Grund für diese beobachtete Verwirrtheit während dieses Gottesdienstes dürfte sein schlechtes Gewissen gewesen sein. Kaum vorstellbar, daß nicht doch die Frage in ihm sich rührte: Hätte ich mich nicht besser von diesem Gottesdienst ferngehalten? Diese oder ähnliche Fragen bewegten ihn währenddessen sicherlich. Von daher ist es verständlich, daß er nach außen hin verwirrt wirkte.

Bischof Moisés Carmona fragte Bischof Thuc in einem Brief: „Wenn Du glaubst, die neue Messe ist ungültig, wie konntest Du konzelebrieren mit einem Bischof der modernen Kirche?" Bischof Pierre Martin Ngô-dinh-Thuc antwortete auf einem kleinen Stück Papier brieflich: „Spero quod Deus non me judicavit ita crudeliter, quia erravi in bona fide." „Ich hoffe, daß mich Gott nicht zu streng beurteilt, weil ich guten Glaubens geirrt habe."

Pater Malachi Martin S.J., Verfasser einiger Vatikanromane und bester Kenner des Neu-Vatikan wurde vom Verfasser des Buches „Die Verfinsterung der Kirche" in einem Interview gefragt: „Halten Sie die von Msgr. Ngô dinh Thuc vorgenommenen Bischofsweihen für gültig?" Antwort: „Die von Msgr. Ngô dinh Thuc vorgenommenen Weihen sind gültig."

Im gleichen Interview wies er nach, daß höchstwahrscheinlich bei den Konklaven 1963 und 1978 anstatt Paul VI. und Johannes Paul II. jeweils Kardinal Siri von Genua gewählt wurde und unter Bedrohung seitens anderer Kardinäle gezwungen, ein Nein zur jeweils erfolgten Wahl zu sprechen. Begründung durch Siri: „propter metum" d.h."aus Furcht"[14].

Die in meinen Augen unverständlichste Kritik an den von Bischof Thuc vorgenommenen Weihen kommt von dem Regensburger Liturgiewissenschaftler und Priester Klaus Gamber. Die Bücher von Klaus Gamber sind wertvoll für die Verteidigung der alten Liturgie. Wenn anderwärts häufig behauptet wird, daß die neue Messe der urkirchlichen hl. Messe in der Gestaltung wieder ähnlicher sei als die Messe nach dem Ritus des hl. Papstes Pius V., so konnte Klaus Gamber den Gegenbeweis erbringen, ja daß die neue Messe keinerlei Ähnlichkeit mit der urkirchlichen Gottesdienstform hat. Weiterhin ist Klaus Gamber Kenner der ostkirchlichen Liturgien. Er hat großes Verständnis für orthodoxe Glaubensgemeinschaften, auch für solche, die in der Orthodoxie Sonderwege gehen, und sei es nur ein einzelner Bi-

---

[14] „Verfinsterung der Kirche" Seite 14

schof.

Unverständlich erscheint, warum seine Verständnisbereitschaft gegenüber dem vietnamesischen Bischof und seinem Handeln versagt. Er schreibt in einem Artikel 'Bewirkt die Weihe allein schon das Bischofsamt?' aus 'Liturgie nach dem Vaticanum II': „Der exkommunizierte Altbischof von Hué und die von diesem geweihten Bischöfe behaupten, die Hierarchie der römischen Kirche sei derzeit in ihrer Mehrzahl vom Glauben der Väter abgefallen und damit automatisch exkommuniziert und deshalb in Wirklichkeit keine kirchliche Obrigkeit mehr. Sie leiten davon das Recht für sich ab, zur Rettung des Glaubens in ihrem Sinne zu handeln, d.h. trotz Exkommunikation durch den Papst illegale Bischofsweihen vorzunehmen. Dazu ist zu sagen, daß auch eine (zeitweise) glaubensschwache (Teil-)Kirche immer noch die ordnungsgemäße Hierarchie darstellt.“

Weitere Aussagen von Klaus Gamber: „Es genügt meines Erachtens nicht – die meisten katholischen Theologen sind hier anderer Ansicht –, wie Erzbischof Thuc und die von ihm geweihten Bischöfe meinen und praktizieren, einem Priester nach dem alten Pontificale Romanum die Weihe zu erteilen. Der Konsekrator muß dazu von der zuständigen kirchlichen Obrigkeit autorisiert sein.“

Gamber weiterhin: „Dazu sollte schon der Gedanke an den naheliegenden Mißbrauch der Weihegewalt führen, den wir bei den von Thuc geweihten Bischöfen bzw. beiden von diesen wiederum Ordinierten tatsächlich feststellen können, indem diese leichtfertig die Hände auflegen.“

Es erscheint schon fast als böswillige Unterstellung durch Gamber, der für jede orthodoxe Gruppierung und ihre Sondergemeinschaften, aber auch für die Priesterbruderschaft St. Pius X. vollstes Verständnis hatte, nicht jedoch für Bischof Thuc. War das kein vernichtender Schlag gegen Thuc? Liegt es daran, daß Gott durch all die Schwachheiten Bischof Thucs, durch all die ihn begleitenden mißlichen Umstände seiner letzten Lebensjahre einen unmißverständlichen Ton gegen allen Modernismus und alle modernen Lebensgewohnheiten hat erklingen lassen, so eindeutig, daß dies für Priester wie Klaus Gamber schon unerhört, zu mächtig, einfach zu wahrheitshaltig ist, um es annehmen zu können? Gott ließ einfach durch Bischof Thuc, aber nicht nur durch ihn, seiner verstreuten kleinen Herde Hilfe zukommen, so daß es sich machtvoll zeigt: Gott verläßt seine kleine Herde nicht.

Mag auch erst noch der Antichrist in den nächsten Jahren kommen: Der Modernismus ist durch Gottes mächtigen Arm zum Untergang verurteilt, denn der Modernismus kann die heilige Kirche nicht mehr besiegen. Für die kommenden, noch gefahrvolleren Zeiten wird unser Herr Jesus Christus uns Henoch und Elias senden, denn Gottesmänner vom Format Bischof Thucs wird es vielleicht gar keine mehr auf diesem Erdenrund geben. Es gibt aber eine tiefbegründete Hoffnung, daß es spätestens durch die Mithilfe von Henoch und Elias zur Wahl eines echten Papstes kommen wird, welcher dann die hl. Kirche durch die Trübsal leiten wird. Dann wird die Siebenhügelstadt zerstört werden, die letzte Posaune erschallen. Jesus Christus wird wiederkommen in aller Macht und Herrlichkeit, zu richten die Lebendigen und die Toten, und seines Reiches wird kein Ende sein.

8. Die Zeit vor Thucs Heimgang

Über Bischof Thucs letzte Lebensjahre 1983 und 1984 zu berichten, bringt einige Schwierigkeiten mit sich, zu unterschiedlich, zu widersprüchlich wird über diese zwei Jahre geschrieben und gesprochen.

Als sicher gilt, daß Bischof Vezelis, ein Bischof aus der Weihesukzession des gottseligen vietnamesischen Bischofs, ihn etwa Ende 1982 oder Anfang 1983 in sein Seminar zu Rochester, New York, USA holte. Dies war sein vorletzter Wohnort. Es führten ihn jedoch rätselhafte Wege von Rochester nach Carthage, Missouri, ebenfalls in den USA -vermutlich mit einem Zwischenaufenthalt in New York City- in das dortige Seminar für Exilvietnamesen, welches von der zweitvatikanischen Religion geleitet wird. Was bewog ihn, dort seinen Lebensabend zu verbringen? Wurde er von Vertretern dieser Einrichtung entführt, oder ging er gar freiwillig mit diesen, vielleicht in der Hoffnung, unter seinen Volksgenossen Gutes bewirken zu können? War es die bessere klinische Versorgung wegen einer Krankheit in dem dort angegliederten Krankenhaus, welche ihn bewog Bischof, Vezelis in Rochester zu verlassen? Eine Entführung ist unter Katholiken die verbreitetste Ansicht als Grund für diesen Ortswechsel. Als sicher kann angenommen werden, daß er dort künstlich in einen „senilen" Zustand versetzt wurde, vielleicht durch Medikamente wie etwa Haloperidol oder dergleichen, denn eine Nichte, die ihn besuchte, wurde von ihm nicht mehr erkannt. Kurz nach dem Ortswechsel weg von Rochester, ob entführt oder freiwillig, gab er telefonisch nochmals ein kleines Lebenszeichen von sich. Gegenüber Bischof Vezelis erklärte er, er würde nichts unterschreiben. Aus dieser Bemerkung läßt sich erahnen, welch boshafte Absichten mit ihm in Planung waren.

Ergebnis boshafter Planung war bestimmt eine Unterschrift auf einem Blatt Papier, auf welchem erklärt wird, er bereue allen seinen Ungehorsam gegenüber dem Oberhirten der Neureligion, weiterhin seine von ihm vollzogenen Bischofsweihen, seine Declaratio, überhaupt seine Treue zu Jesus Christus und seiner hl. Kirche.

Tatsächlich wurde beispielsweise in der Deutschen Tagespost vom 19.12.1984, anläßlich seines Hinscheidens, berichtet, er hätte am 11.7.1984 Johannes Paul II. um Vergebung und um Wiedereingliederung(!) in dessen(!) Religionsgemeinschaft gebeten. Dieser soll ihm dann angeblich tatsächlich vergeben haben. Weiterhin soll er alle Bischöfe aus seiner Weihelinie gebeten haben, um das Gleiche im Neuvatikan zu bitten.

Fest davon überzeugt bin ich, dies war ein weiterer Schachzug des Neuvatikan, um die Ehre des Erzbischofs zu beflecken und die Gläubigen an der Nase herumzuführen: Der zweite Betrug in Bezug auf Bischof Thuc.

Der erste Betrug war ja die Vermeldung des Vatikans, Bischof Thuc hätte bei den Weihen in Palmar de Troya die Intention[15] dafür zurückgehalten und diese Tat bereut. Der angebliche Thuc-Brief vom 11.7.1984 war ein weiteres abscheuliches Neuvatikan-Machwerk, um Bischof Thuc etwas in die Schuhe zu schieben. Möglicherweise haben sie von dem mittels Drogen gefügig gemachten Gottesmann seine Unterschrift erzwungen.

Nicht nur mit Erzbischof Thuc verstand es der Neuvatikan, sein Schindluder zu treiben. Denken wir nur an das dritte Geheimnis von Fatima. Sie veröffentlichten ein selbst zusammengebasteltes Schriftstück, das sie als das dritte Geheimnis von Fatima ausgaben. Kenner von Fatima wissen, daß das veröffentlichte Schriftstück aus verschiedenen Gründen nicht das echte sein kann.

Am 13. Dezember 1984 kam das irdische Leben unseres geliebten vietnamesischen Oberhirten an sein Ziel. Seine Augen schlossen sich für immer in dieser Weltzeit, die Pforte der Ewigkeit öffnete sich für ihn. Beerdigt wurde er durch einen Religionsdiener der Neukirche am 22.12.1984.

Es ist anzunehmen, daß er aufgenommen wurde in die hier auf Erden nicht beschreibbare Herrlichkeit des Himmels, vielleicht verzögert durch eine Läuterung im Reinigungsort, dem Fegfeuer. Sollte er dort noch weilen, so wird er bald oder weniger bald, aber mit Sicherheit in die ewige Glückseligkeit eingehen.

Gönnen wir sie ihm aus Liebe zu unserem erhöhten Herrn Jesus Christus und zu dessen heiligster Mutter Maria, weiterhin aus Liebe zur einen, heiligen, katholischen und apostolischen Kirche, welche die Arche des neuen Bundes ist.

---

[15] Im Gegensatz zum neuen Weiheritus für Priester war die Wirksamkeit des fast 2000 Jahre lang üblichen Bischofsweiheritus nicht von Intentionen abhängig: Er war Idioten- und Bösewicht-sicher wirksam. Üble List hat sich selbst enttarnt.

Anhang

ERKLÄRUNG

Wie stellt sich die katholische Kirche der Gegenwart in unserer Sicht dar? In Rom regiert „Papst" Johannes Paul II., umgeben von der Versammlung der Kardinale, vieler Bischöfe und Prälaten. Außerhalb Roms scheint die katholische Kirche zu blühen mit ihren Bischöfen und Priestern. Die Zahl der Katholiken ist ungeheuer groß. Täglich wird in so vielen Kirchen die Messe gefeiert, und sonntags fassen die Kirchen zahllose Gläubige, welche die Messe hören und die hl. Kommunion empfangen.

Aber wie sieht die heutige Kirche in den Augen Gottes aus? Die Messen, an denen die Leute werktags und sonntags teilnehmen, sind sie Gott wohlgefällig? Keineswegs; denn jene Messe gilt sowohl für Katholiken als auch für Protestanten. Deshalb kann sie Gott nicht wohlgefällig sein, und sie ist ungültig. Die einzige Messe, die Gott wohlgefällig ist, ist die Messe des hl. Pius V., die von einigen wenigen Priestern und Bischöfen, zu denen ich gehöre, gefeiert wird.

Ich wünsche daher, wenn es in meinen Kräften steht, ein Seminar zu eröffnen für Kandidaten für jenes Priestertum, das Gott wohlgefällig ist.

Außer dieser „Messe", die Gott nicht wohlgefällig ist, gibt es noch vieles, was von Gott verworfen wird, zum Beispiel in der (neuen) Priesterweihe, der Bischofsweihe, der Firmung und der letzten Ölung.

Außerdem pflegen jene „Priester"
1. den Modernismus,
2. den falschen Ökumenismus,
3. die Anbetung des Menschen,
4. die Religionsfreiheit;
5. lehnen sie es ab, die Urheber der Häresien
   zu verurteilen und die Häretiker auszuschließen.

Daher erkläre ich als Bischof der römisch-katholischen Kirche den Römischen Stuhl für vakant, und mir als Bischof obliegt es, alles zu tun, damit die katholische Kirche Roms zum ewigen Heil der Seelen fortbesteht.

München, den 25. Februar 1982
(sig.:) Petrus Martinus Ngô-dinh-Thuc
Archiepiscopus

Es folgt das ungekürzte lateinische Original:

DECLARATIO

Petri Martini Ngô-dinh-Thuc,
quondam Archiepiscopi Huensis in Vietnam,
nunc Archiepiscopi titularis Bullae Regiae

Qualis est aspectus Ecclesiae Catholicae in conspectu nostro, his diebus? Romae, regnat „Papa" Joannes Paulus secundus, circumdatus coetu Cardinalium et multorum Episcoporum et praelatorum. Extra Romam, Ecclesia Catholica apparet florida, cum suis Episcopis et Sacerdotibus. Numerus catholicorum immensus est. Quotidie Missa celebratur in tantis ecclesiis, et die Dominica, ecclesiae recipiunt permultos fideles ad Missam audiendam et ad Sacram communionem accipiendam.
Sed in conspectu Dei, qualis est aspectus hodiernae Ecclesiae? Missae – quotidiana et dominicalis in quibus assistunt – placentne Deo? Nequaquam: quia ista Missa, eadem est pro catholicis et pro protestantibus – ideo non placet Deo et invalida est. Unica Missa quae placet Deo est Missa Sancti Pii quinti, quae celebratur a paucis sacerdotibus et episcopis, in quibus sum Ego.
Ideo, in quantum possum, aperiam seminarium pro candidatis ad sacerdotium quod placeat Deo.
Praeter illam „Missam" non placentem Deo, multae sunt res quas rejicit Deus, exempli gratia: in ordinatione sacerdotum, in consecratione episcoporum, in sacramento confirmationis et extremae unctionis.
Insuper illi „sacerdotes" colunt:
    1. modernismum,
    2. falsum oecumenismum,
    3. adorationem hominum,
    4. libertatem amplectandi qualemcumque religionem;
    5. nolunt condemnare hereseos, et expellere hereticos.

Ideo, quatenus episcopus Ecclesiae Catholicae Romanae, judico sedem Ecclesiae Catholicae Romae vacantem esse, et oportet me, uti episcopus, omnia facere ut Ecclesia Catholica Romae perduret ad salutem aeternam animarum.

Monachii die 25 Februarii 1982
(sig.:) Petrus Martinus Ngô-dinh-Thuc
Archiepiscopus

Hic adiungo titulum quorumquam documentorum praeclarorum:
1. Bulla „Quo primum" Pii V.
2. Concilium Tridentinum, sess. XXII.
3. Breve „Adorabile eucharistiae" Pii VII., et Florentinum:
   Decretum pro Armenis (Dz. 698); Decretum pro Jacobitis (Dz. 715).
4. Missale Romanum Pii V.: De defectibus in celebratione Missarum:
   „De defectibus formae".
5. Constitutio „Auctorem fidei" Pii VI.; Decretum „Lamentabili"
   Pii X.; Encyclica „Pascendi dominici gregis" Pii X.
6. Florentinum: Decretum pro Jacobitis; Encyclica „Quanta Cura"
   Pii IX.; Bulla „Unam sanctam" Bonifatii VIII.
7. Codex Juris Canonici, can. 1322.
8. Bulla „Cum ex apostolatus officio" Pauli IV.; Codex Juris Canonici,
   can. 188, n. 4.
9. Pontificale Romanum: De consecratione electi in episcopum:
   „For ma juramenti" et „Examen".

Monachii die 25 Februari 1982
(sig.:) Petrus Martinus Ngô-dinh-Thuc
Archiepiscopus

Qualis est aspectus Ecclesiæ Catholicæ in conspectu nostro, his diebus? Romæ, regnat Papa Joannes Paulus secundus, circun datus cœtu Cardinalium et m aliorum Epis coporum et prœlatorum. Extra Romam, Ecclesia Catholica apparet florida, cum suis Episcopis et sacerdotibus. Numerus catholicorum immensus est — quotidie Missa celebratur in tantis ecclesiis; et die dominica, ecclesias recipiunt permultos fideles ad Missam audiendam et ad sacram communionem accipiendam. Sed in conspectu Dei, qualis est aspectus hodiernæ Ecclesiæ? Missæ quotidiana et dominicalis in quibus assistunt, placent-ne Deo? Nequaquam: quia ista Missa, eadem est pro catholicis et pro protestantibus — ideo non placet Deo. et invalida est. Unica Missa-quæ placet Deo est Missa Sancti Pii quinti, quæ celebratur a paucis sacerdotibus et episcopis, in quibus sum Ego. Ideo, in quantum possum, aperiam seminarium pro candidatis ad sacer- dotium quod placeat Deo.

Præter illam "Missam" non placentem Deo, multæ sunt res, quas rejicit Deus, exempli gratia in ordinatione sacerdotum, in consecratione episco- porum, in Sacramento confirmationis et extre- mæ unctionis.

Insuper, illi "sacerdotes colunt" modernismum 2) falsum œcumenismum 3) adorationem hominis 4) libertatem amplectandi qualemcumque religionem 5) nolunt condemnare hereses, et expellere hereticos

Ideo, quatenus episcopus Ecclesiæ catholicæ roma- næ, judico sedem Ecclesiæ catholicæ Romæ vacantem esse, et oportet me, uti episcopus, omnia

facere ut. Ecclesia Catholica Romae perduret
ad Salutem aeternam animarum.

Hic adjungo titulum
quorundam documentorum.
praeclarorum:

1º Bulla "quo primum" Pii V.

2. Concilium Tridentinum. sess. XXII

3. Breve "adorabile eucharistiae" Pii VII
et Florentinum, decretum pro Armeniis.
decretum Jacobiti. (Dz 7/50)

4: Missale Romanum Pii V.
De defectibus in celebratione Missarum
De defectibus formae.

5º. "auctorem fidei" Pius VI. Denetum "Lamen-
tablli" Pius X; Encyclica "Pascendi Dominici
gregis".

6. Florentinum decretum pro jacobitis.
"quanta cura" Pius IX. Bulla: "Unam
Sanctam" Bonifacii VIII.

7: Codex juris Canonici can. 1322

8: Bulla "Cum ex apostolatus officio" Pauli IV
(Cic: c.188 n.4

9: Pontificale Romanum: De consecratione electi
in episcopum "forma juramenti:"
et "examen.

Monachii die 25 Februarii 1982 h. Thuc.
† Petrus Martinus Ngôdình-Thục.
arch. Titit. Bulla Regiae.

148

Einige Beobachtungen über Paul VI. während des II. Vatikanischen Konzils

Von S.E, Msgr. Pierre Martin Ngô-dinh-Thuc
(übersetzt von Dr. Kurt Hiller)

Vorweg, wer war Paul VI.? Er war die rechte Hand von Papst Pius XII.; z.B. ließ er wissen, welche Bischöfe und Priester er heimlich nach Rußland gesandt hatte. Sämtliche dieser unglücklichen, die von Pius XII. dorthin gesandt worden waren, wurden von den russischen Bolschewisten gefangengenommen und umgebracht. Die Russen waren verständigt worden durch die rechte Hand Pius XII., und dies war (der nachmalige) Paul VI. Dieser Paul VI. (Montini) war also ein Ungeheuer, ein phänomenaler Heuchler, dem es gelang, das II. Vatikanische Konzil zu bewerkstelligen, ein für die Hl. Kirche unheilvolles Konzil. Als verbrecherischer Heuchler wohnte er persönlich keiner einzigen Sitzung des Konzils bei – verborgen jedoch vor den Augen der Konzilsväter, hörte er alles mit – und, auf teuflische Weise veränderte er alle Entscheidungen des Konzils nach seinen sakrilegischen Vorstellungen: z.B. was die Freiheit des religiösen Glaubens angeht. Jedoch, es gibt nur einen einzigen Glauben: den katholischen Glauben.

Um offiziell zu werden, mußte jede Entscheidung des Konzils die Mehrheit der Stimmen der Bischöfe haben. Jedoch, die Diskussionen wurden auf Latein geführt, aber ein großer Teil der Konzilsväter verstand kein Latein und verbrachte die Zeit in den Cafés, wo man rauchte und gratis Kaffee trank. Wenn dann die Stunde der Abstimmung kam, stürzte man in die Basilika und man fragte die Konzilsväter, die dort anwesend waren, wie man stimmen solle, und man stimmte ab, ohne den Grund der Diskussionen zu kennen. Deshalb war es praktisch die Entscheidung des Papstes, die zur Entscheidung des Konzils wurde. Man sieht nun, wie es der Kirche unter der Regierung der Nachfolger Pauls VI. geht, wie unter dem jetzigen, dem sogenannten 'Papst' Johannes Paul II., der sich zum treuen „Fortsetzer" der Prinzipien Pauls VI. proklamierte.

Paul VI. besaß einen Haß gegen mich und meine Familie (die Ngô), und deshalb verlangte er von mir, sobald er eine Gelegenheit sah, meine Demission als Erzbischof von Hué. Als er von der Ermordung meiner beiden Brüder hörte, dem Präsidenten Ngô-dinh-Diêm und seinem Bruder Ngo-dinh-Nhu, verhielt sich Paul VI taub und stumm, im Gegensatz zu einem Protestanten, dem früheren amerikanischen Botschafter in Vietnam, der seinen Abschied nahm, um sein Entsetzen und seinen Schmerz anläßlich der Ermordung meiner Brüder zu bekunden.

Dieser schändliche Haß gegen unsere Familie war logisch für den, der die diabolische Mentalität Pauls VI. kannte. Derjenige, der den Sowjets die Kleriker verraten hatte, die Papst Pius XII. nach Rußland gesandt hatte, freute sich über die Ermordung von überzeugten Katholiken, wie meine Brüder Diêm und Nhu es waren.

Die auf dem Blut Christi gegründete Kirche wird niemals wanken, trotz der Anschläge, die Paul VI. und seine Nachfolger auf den Sitz Petri unternahmen. „Non praevalebunt ...“ („nicht überwältigen...“).

Beten wir also für die Kirche mit Vertrauen, denn die Kirche wurde auf den Felsen gegründet und dieser Felsen ist Christus selbst. – Amen.

Eine Seite über die Kirche Vietnams

Von S.E. Msgr. Pierre Martin Ngô-dinh-Thuc
übers. von Dr. Kurt Hiller

DIE BISCHOFSWEIHEN

Damals war ich Metropolitan-Erzbischof von Hué und hatte mehrere Weih-Bischöfe. Deshalb bat mich der Hl. Stuhl, mehrere vietnamesische Priester zu Bischöfen zu weihen: Es waren fünf Weihekandidaten; zwei von ihnen waren Priester, die ich nach Frankreich geschickt hatte, um Französisch zu lernen (Vietnam stand damals noch unter französischer Besetzung). Es waren dies Abbé Nguyen-ngoc-Quang Jacques und Abbé Trân-van-Thiên, die später Bischöfe von Cantho und von My-tho wurden. Der dritte, Abbé Philippe Nguyen-Kim-Dien wurde später mein Nachfolger (Anm. von Dr. Hiller: illegitim eingesetzt von J.B. Montini) des Erzbistums Hué. Der vierte war aus Tonkin und wurde Bischof von Ban-mê-thuot auf dem Hochland von Südvietnam; sein Name: Msgr. Pierre Nguyen-hay-Mai. Der letzte ist Msgr. Nguyen-Khac-Ngu Michel, Bischof von Long-xuyen (Südvietnam) und kommt auch von Tonkin.

Weshalb wurde ich dazu bestimmt, diese Priester zu Bischöfen zu weihen? Denn normalerweise nahm diese Weihen der Nuntius vor. Der Grund ist folgender: wenn der Nuntius Bischof war und ins Pensionsalter kam, mußte der Papst für seinen Unterhalt aufkommen; war er jedoch kein Bischof, so mußte seine Heimatdiözese für ihn sorgen.

Als nun der Nachfolger von Pius XII. seinen Nuntien erlaubte, die Bischofsweihe zu erlangen, kehrten diese schleunigst in ihre Heimatländer zurück, um sich zu Bischöfen weihen zu lassen.

Deshalb bat mich nun der Hl. Stuhl, die in Frage kommenden fünf Kandidaten zu weihen. Gewöhnlich schenkte der Kandidat, nachdem er zum Bischof geweiht war, seinem Konsekrator zwei dicke Kerzen. Die von mir geweihten fünf Bischöfe jedoch behielten die Kerzen für sich, und ich hatte die Ehre gehabt, fünf Bischöfe für Gott gratis zu weihen!

DIE MÄRTYRER

Das katholische Vietnam hat der Kirche ebenso viele Märtyrer geschenkt wie die Christen Roms unter der Verfolgung Neros. Wir haben jedoch nur wenig heiliggesprochene Märtyrer, denn wir sind zu arm, um die Kosten einer Kanonisation tragen zu können.

In meiner Familie sind alle meine Angehörigen als Märtyrer gestorben, verbrannt im Feuer der Kirche unserer Pfarrei, mit dem Pfarrer an der Spitze. Eine einzige Person entkam dem Feuer. Dies war ein kleines Mädchen im Alter von sieben Jahren. Als die Kirche brannte, sprang sie unter dem Leib eines halbtoten Mannes heraus, der zu ihr sagte: „Verbirg Dich unter mir, und wenn die Heiden fort sind, wirst Du fliehen können." Nachdem sie es so gemacht hatte, wurde sie später Ordensfrau. Ihr ganzes Leben hindurch bedauerte sie, nicht in der Kirche geblieben zu sein, um mit den anderen zu verbrennen.

Sie werden jedoch fragen: Wie entkam Ihr Vater diesem Martyrium? Mein Vater befand sich damals im Seminar von Poulo-Pinang, das durch die Auslandsmission von Paris gegründet worden war. Nachdem diese Seminaristen ihre Studien in Latein, Philosophie und Theologie beendet hatten, kehrten sie in ihre Heimatländer zurück, um durch den Apostolischen Vikar zu Priestern geweiht zu werden.

Mein Vater machte es wie seine Mitbrüder, wartete jedoch mehrere Jahre, ohne die Weihen zu erlangen. Sein Bischof vertraute ihm den Unterricht für Philosophie und Theologie im Seminar an, beließ ihn jedoch weiterhin im Laienstand. Am Ende rief ihn schließlich der Direktor des Seminars zu sich und sagte ihm: „Sie werden nie zum Priester geweiht werden, denn unser Bischof wünscht nur eine bestimmte Anzahl zu weihen, und leider befinden Sie sich nicht darunter. Gehen Sie also in die Welt zurück; Ihre Mutter ist sehr alt und weiß nicht, wovon sie leben soll. Sie haben die Pflicht, sie zu unterstützen." Mein Vater verließ also das Seminar und seine Schüler, um dem Rat des Seminarleiters Folge zu leisten. Dieser Pater gab ihm eine kleine Summe, damit er die Fähre benutzen konnte, die ihn vom Seminar über den „Fluß der Wohlgerüche" brachte, damit er seine Mutter zu sich nehmen konnte. Er begab sich anschließend in die nahegelegene Pfarrei, deren Pfarrer der Pater Allys, ein Bretone war, um ihm seine Situation zu schildern.

Der Pater Allys (auf vietnamesisch: Cô Lý) brachte ihn zu den französischen Offizieren, um für dieselben zu dolmetschen. Diese Offiziere sprachen mit meinem Vater Latein, und er übersetzte ins Vietnamesische. (Die Vietnamesen nannte man damals Annamiten, nach dem Namen des Landes: Annam, das aus dem Chinesischen kommt und „befriedeter Süden" heißt. Der Name „Vietnam" wird erst seit kurzem verwandt und bedeutet „der Viêt des Südens" Die Vietnamesen nehmen nämlich an, daß es auch noch ein Vietnam des Nordens gibt, in den Bergen und Wäldern des heutigen Chinas. Sie glauben nämlich, daß in früheren Zeiten ihre Vorfahren ganz China bevölkert hätten bis in das Gebiet des heutigen Peking, und daß sie durch die früheren Chinesen, die aus den Steppen des Nordens kamen, in den Süden abgedrängt wurden.)

Mein Vater also arbeitete als Dolmetscher bei den französischen Offizieren und lernte sehr schnell die französische Sprache. Später beschloß er, jungen Vietnamesen Französischunterricht zu erteilen. Er eröffnete deshalb die erste französisch-vietnamesische Höhere Schule namens „quôc hoc", was man mit „Nationale Höhere Schule" übersetzen könnte (College National). In dieser Höheren Schule gab es eine Klasse für besonders begabte vietnamesische Schüler chinesischer Abstammung. Mein Vater unterrichtete sie in Französisch. Dank dieser Kenntnisse wurden seine Schüler große Mandarine des Reiches. Einige von ihnen wurden Minister des Kaisers, und, indem sie sich meinem Vater gegenüber erkenntlich zeigten, halfen sie meinen Brüdern, als sie das Mandarinat zu erreichen suchten. Die „Annamiten" nämlich betrachteten die Tugend der „Erkenntlichkeit" als eine der größten Tugenden.

Unter den meinem Vater anvertrauten Personen befand sich eine sehr intelligente und weise namens Nguyen-huu-Bai. Mein Vater kannte den Herrn schon vom Seminar her, als er dort Lehrer und Herr Bai Seminarist war. Später dann, als Herr Bai das Seminar verließ, vertraute ihm mein Vater die Funktion eines Mandarins an. Dank dieser Hilfe wurde Herr Bai nach und nach der erste Minister am Hofe von Annam und Herzog von Phouc-môn. Schließlich war ich selbst es, der ihm auf seinem Sterbebett beistand und ihn auf seinem Herrschaftsgut, das den Namen „Tor zum Glück" trägt, zu Grabe geleitete.

Mein ältester Bruder, Ngo-dinh-Khôi hatte die älteste Tochter von Herrn Bai geheiratet. Sie schenkte ihm einen Knaben. Als dieser Knabe ein junger Mann geworden war, wünschte er, zusammen mit seinem Vater zu sterben, als dieser es ablehnte, mit den Kommunisten zusammenzuarbeiten, die ihm den Vorschlag gemacht hatten, mit ihnen gemeinsame Sache zu machen. Er jedoch gab ihnen zur Antwort: „Ich bin katholisch und meine Religion verbietet es mir, mit euch zusammenzuarbeiten." Die rasenden Kommunisten verurteilten ihn dazu, lebend in einer tiefen Grube begraben zu werden. Sein Sohn warf sich in diese Grube, und so starben diese beiden Märtyrer für den Glauben, indem sie am Ende von den Kommunisten erschossen und in dieser Grube verscharrt wurden. Als dann später die Kommunisten durch meinen Bruder Ngô-dinh-Diêm (den Präsidenten, Anm. Dr. Hiller) aus Südvietnam vertrieben worden waren, ließ er die sterblichen Überreste in die große Grabstätte, die unsere Familie nahe der Kathedrale von Phûcam, die die Kathedrale des Erzbistums von Hué ist, hat, überführen.

Auf diese Weise opferte unsere Familie unserem HERRN ihren ältesten Sohn.

München, den 1 . März 1982
(gez.:) Petrus Martinus Ngo-dinh-Thuc
Alt-Erzbischof von Hué

ERKLÄRUNG ZU PALMAR

Ich bestätige hiermit, die Ordinationen von Palmar mit klarer Überlegung vorgenommen zu haben.

Ich habe keine Beziehungen mehr zu Palmar, seit sich ihr Chef zum Papst ernannt hat.

Ich mißbillige alles, was sie machen.

Die Erklärung Paul VI. wurde ohne mich verfaßt; sie gelangte erst hinterher zu meiner Kenntnis.

Verfaßt am 19.12.1981 in Toulon, im vollen Besitz meiner geistigen und physischen Kräfte.

(gez.:) Pierre Martin Ngô-dinh-Thuc
Archev. Titulaire de Bulla Regia

Einladungsbrief an Dozenten, im Seminar zu unterrichten

Über die Notwendigkeit, ein Priesterseminar zu eröffnen, damit die Messe nach dem hl. Papst Pius V. gelesen werde: Heute ist es so, daß es nur noch sehr wenige Priester auf der ganzen Welt gibt, die diese Messe feiern; denn überall wird die neue „Messe" gelesen, die gleicherweise für katholische Priester und lutherische „Pastoren" gilt.

Ich glaube, daß es nach fünfzig Jahren auf dem ganzen Erdball kein Meßopfer mehr geben wird.

Deshalb bitte ich Sie, das Amt eines Lehrers der Philosophie oder der Theologie in dem Seminar zu übernehmen, welches im nächsten Monat in München (Deutschland) eröffnet wird.

Mit größter Erwartung sehe ich Ihrer Antwort entgegen.

München, den 9. März 1982
(gez.:) Archiepiscopus Petrus Martinus Ngô-dinh-Thuc

Besondere Vollmachten
S.E. Msgr. Pierre Martin Ngô-dinh-Thucs

Für seine kirchliche Mission in Vietnam erhielt Msgr. Ngô-dinh-Thuc von Papst Pius XI. kurz nach seiner Ernennung zum Titularbischof von Saesina am 8. Januar 1938, aber noch vor seiner Konsekration zum Bischof am 4. Mai desselben Jahres besondere Vollmachten **ad personam,** die – wie der Erzbischof uns mündlich mitgeteilt hatte – darin bestanden, ohne Rückfrage beim Hl. Stuhl und ohne päpstliches Mandat Bischöfe zu weihen, wenn es für das Wohl der Kirche erforderlich sei. Hier der Wortlaut des Dokumentes in deutscher Übersetzung:

Pius XI pp. – Mit der Fülle der Gewalt des hl. Apostolischen Stuhles ernennen Wir zu uns bekannten Zwecken Petrus Martinus Ngô-dinh-Thuc, Titularbischof von Saesina zu Unserem Legaten mit allen nötigen Vollmachten.

Gegeben zu Rom bei St. Peter,
am 15. März 1938, im 17. Jahr Unseres Pontifikates.
(gez.:) Pius pp. XI

Pius PP. XI

Plenitudine potestatis
Sanctae Sedis Apostolicae deputamus
in Nostrum Legatum Petrum Martinum
Ngô-Dinh-Thuc Episcopum titularem
Sassinensem ad fines Nobis notos, cùm
omnibus necessariis facultatibus.

Datum Romae apud S. Petrum,
die XV mensis Martii MCMXXXVIII
Pontificatus Nostri anno septimo decimo.

Pius PP. XI

Lebensläufe

S.E. MSGR. PIERRE MARTIN NGÔ-DINH-THUC

Toulon, den 13.2.1978

„Doce me, Domine, vias tuas" – „Lehre mich, Herr, Deine Wege"

Mit dem Jahre des Herrn 1978 trete ich in mein 80. Lebensjahr ein. Deshalb scheint es mir an der Zeit, einen Blick auf mein vergangenes Leben zu werfen: Kindheit, Jugendzeit, Mannesalter; Seminarist, Priester, Bischof und Erzbischof.

Ein einziges Wort, um diese Epoche zu beschreiben: Erfolg! – Geboren in einer praktizierenden katholischen Familie wurden mir alle Beispiele zum Glauben vorgelebt, wie dem kleinen Jesus, in Weisheit vor Gott und den Menschen. Doch meinerseits ergibt sich ein Defizit: meine Schuld. Hinsichtlich des Intellekts begann ich mich in den fähigen Händen von Brüdern christlicher Schulen anzustrengen. Man müßte sagen: es hat für mich ausdrücklich angefangen in Hué, denn ich war die Nr. 12 in ihrem Schülerregister. Unser Direktor, der T.C.F. Aglibert Marie, war ein heiligmäßiger Erzieher; ein anderer war Bruder Neople, der ehemalige Erzieher des Königs Ham-nghi. Er war von Frankreich nach Tunesien verbannt worden; ein anderer Bruder, ein Bretone war auch noch da, er war die lebendige Heiligkeit, immer das Ave auf seinem Rosenkranz betend. Es gab dort auch vietnamesische Brüder, vor allem den sehr frommen Bruder

Auch da, wenn ich vom Weg der Tugend abwich: das ist meine übergroße Schuld. Der Erfolg in meinen Studien ist recht einfach zu erklären: ich war der erste in allem. Alles war für mich sehr leicht. Ich beendete in kürzester Zeit meine schriftlichen Aufgaben und lernte jeweils in einigen Minuten meine Lektionen, den Rest der Zeit langweilte ich mich. Deshalb fielen die Strafen betreffs der Regel stets auf meine Schultern. Die schlimmste Strafe war, vor den Latrinen knien zu müssen – bei offener Tür. Nur waren die damaligen Latrinen zum Himmel offene Gruben, die von Würmern wimmelten ... Die Knie befanden sich einige Male auf Jacquier-Rinde, welche mit Stacheln bespickt waren.

Die Strafen waren, wenn man sie mit den heutigen vergleicht, hart. Aber sie waren wirksam, und als Bengel von sechs Jahren war ich gegenüber meinen Lehrern immer dankbar. Sie haben mir die Augen über meinen zu trägen Charakter, unterstützt durch eine allzu große Leichtigkeit im Lernen, geöffnet. Der einzige Vorwurf, den ich meinen Lehrern mache, ist der, daß sie nicht wußten, wie sie die mir zur Verfügung stehende Zeit ausfüllen sollten, außer sie so zu verbringen: kniend vor den Latrinen in Betrachtung der Würmer ...

Im Alter von sechs Jahren habe ich meinen französischen Unterricht bei den guten Brüdern begonnen. Mit zehn bereitete ich mich auf meine erste hl. Kommunion vor. Auch hierbei haben mich die lieben Brüder gut vorbereitet, indem sie den Katechismus erklärten, daß sich alle, sowohl Katholiken als auch Heiden, sich die Fragen und Antworten merken mußten.

Diese Methode erscheint heute auf den ersten Blick aus der Mode gekommen; aber sie ist für das Leben wirksam. Denn es ist eine Gnade fürs Leben, daß meine heidnischen Mitschüler getauft worden sind, wenigstens in articulo mortis, in diesem entscheidenden Augenblick für das ewige Leben. Der Katechismus, gründlich in das Gedächtnis des Sterbenden eingeschrieben, legte ihm nahe, den Priester zu rufen und die Taufe zu verlangen. – Das Gedächtnis ist wie eine Bibliothek, in der man in Muße das entsprechende Werk finden kann.

Meine erste hl. Kommunion habe ich inbrünstig in der schönen Kapelle der lieben Brüder erhalten. Am hl. Tisch war ich von meiner Familie umgeben. Dann, ein Jahr später, erhielt ich die hl. Firmung.

Hierher gehört eine Begebenheit, welche in meinem geistigen Leben eine wichtige Rolle spielen sollte. Ich befand mich in Begleitung meines Vaters in der Kapelle der Brüder. Dort sah ich einen Missionar, dessen Gesicht mich an Christus erinnerte, und ich bat meinen Vater, den Missionar zu fragen, ob er mein Firmpate sein wolle. Der sehr freundliche Pater willigte ein. Nun, er war Professor am großen Seminar von Hué, und als ich in dieses Seminar eintrat, war er einer meiner Professoren. Er war ein Priester mit einer engelgleichen Einfachheit und Unschuld. (Er endete niedergeschmettert von Hunger und Mißhandlungen in den Wäldern, in die ihn die Kommunisten trieben.) Er war später Prior der Zisterzienser von der strengen Observanz in Phuôc-Son (Gebirge der Seligkeiten). Dorthin wurde er vom Bischof von Hué, Msgr. Joseph Allys, einem Bretonen, gesandt, um dem Gründerpater, dem R.P. Denis, einem Heiligen, einem Intellektuellen – aber leider nicht mit dem Sinn fürs Praktische versehen – und vor allem seine Religiösen, von denen obendrein noch eine große Anzahl tuberkulös wurden und schlecht ernährt waren, zu helfen.

Pater Mendibourne, meinem Paten, einem praktischen Mann, gelang es, seine Wenigen genügsam, aber ausreichend zu versorgen. Nach dem Tode des Gründerpaters wurde mein Pate zum Prior ernannt. Sein Leib ruht jetzt seit etwa zehn Jahren in dem mit-begründeten Zisterzienserkloster in Thu-Due nahe Saigon. Diesem Märtyrer, dem ich meine Berufung zum Priestertum zu verdanken habe, schulde ich ganz bestimmt Dank.

Berufung zum Priestertum: Menschenfischer zu sein. „Ich bin es, der dich gerufen hat." „Alles das hat sich zu eurer Knechtschaft verwirklicht." In der Tat, ich wußte nichts von der Aufgabe eines Priesters. Meine Sendung in das kleine Seminar von Anninh in der Provinz von Quang-tri wurde zwischen zwei Personen entschieden: meinem Vater, er war selbst ehemaliger Seminarist, und einem sehr vergeistigten Priester der Mission von Hué. Mein Vater sagte zum Priester: „Von meinen zahlreichen Kindern wünsche ich dem Herrn jenen zu opfern, von dem ich glaube, daß er der Beste sei, intelligent und über dem Durchschnitt liegend. Er muß vor allen Dingen sein Zertifikat 'primaire frangais' machen. Meiner Meinung nach muß er nach der Erwerbung dieses Zertifikats an das kleine Seminar geschickt werden." Pater Dong – so war sein Name – entgegnete ihm: „Nein, nein, das wird ihm weltliche Ideen eingeben."

Pater Dong hatte seine Gründe, denn zu dieser Zeit konnte man sich mit dem Zertifikat 'primaire' einen guten Posten in der französischen Verwaltung und ein gutes Gehalt verschaffen. Mein Vater fand, daß Pater Dong recht hatte, und entschied, mit unserem Pfarrer in der Pfarrei von Phû-cam, dem Pater Allys, zu sprechen. (Dieser wurde später apostolischer Vikar von Hué.) In unseren Missionen trat man nicht in ein Seminar ein, ohne daß man durch einen Priester, seinen geistigen Vater, vorgestellt worden war. Mein Vater schickte mich also zum Pater Allys, um ihm bei der Messe zu dienen, den Tischdienst zu versehen, ihn, wenn er zu den Kranken ging, zu begleiten, oder ihm behilflich zu sein, wenn er andere Sakramente spendete. Mein Vater bemühte sich selbst, um mich in die Anfangsgründe des Kirchenlateins einzuweihen, begonnen bei „rosa, rosae..." Er war ein perfekter Lateiner. Einst, während der Verfolgung, war er im Generalseminar der Auslandsmission gewesen, und zwar in Malaysia auf der Insel Poulo Pinang, das ein Zufluchtsort von Seminaristen der Auslandsmission von Paris war, wo sich Japaner, Chinesen, Siamesen und Vietnamesen mit dem Ellbogen

stießen. Dort sprach man nur Latein. Man kehrte erst dann in sein Heimatland zurück, wenn man die Kurse des kleinen oder großen Seminars beendet
hatte. Der Kandidat machte dann dort seine Probezeit als Katechet in einer
Pfarrei oder als Lehrer am großen oder kleinen Seminar. Wenn er seine Probezeit bestand, wurde er geweiht. Mein Vater machte seine Probezeit am
großen Seminar von Hué. Er kam nie zum Priestertum und mußte mit ansehen, wie seine Schüler geweiht wurden. Er mußte Laie bleiben, weil Msgr.
Caspar, der Bischof – ein Elsässer –, eine bestimmte Anzahl von Auserwählten festgesetzt hatte und mein Vater nicht mitaufgeführt war. Er war
ohne Grund in der Zahl der Auserwählten nicht enthalten. So versteifte er
sich darauf, bis zu seinem 30. Lebensjahr als Professor für Philosophie im
Seminar zu bleiben. Endlich rief ihn der Direktor des Seminars zu sich und
sagte zu ihm: „Mein armes Kind, wenn Sie hier auch bis zu Ihrem 100. Ge-
burtstag bleiben, Sie werden niemals geweiht, denn ohne daß es Ihr Verschulden ist, sind Sie in der Liste der Auserwählten von Msgr. Caspar nicht
enthalten. Nun haben Sie aber eine alte Mutter, die keine Hilfe mehr hat. Sie
müssen dorthin zurückkehren, um für sie in ihren letzten Tagen zu sorgen.
Hier ist ein wenig Geld für das Schiff, das die Leute vom Seminar an das
gegenüberliegende Ufer des Flusses 'des Parfüms' bringt.“

Mein Vater gehorchte, schnürte sein Bündel und kehrte zu meiner Großmutter zurück. Dann ging er zum Pfarrer der Pfarrei von Phû-cam, dem Pater Allys, um Hilfe zu erbeten. Dieser verschaffte ihm einen Dolmetscherposten für Latein bei den Marineoffizieren, ein Umstand, der Vietnam für die
französische Dominierung öffnete. Dank diesem Umstand hatte mein Vater
etwas zum Leben, konnte seine Mutter ernähren, sich verheiraten und sein
Französisch vervollkommnen, das er gleichermaßen sprach wie schrieb.
Mein Vater behielt eine tiefe Dankbarkeit gegenüber dem Seminar von Hué,
und er zog uns all die Jahre dazu heran, es zu besuchen und dem Pater Öko-
nom eine bestimmte Geldsumme zu geben, um den eintretenden Seminaristen zu helfen. Oftmals sagte er zu uns: „Ich verdanke alles dem Seminar:
Erziehung, Lebensregeln; meine Schuld wird niemals ganz bezahlt sein.“
Daher ist es an mir, den Rest der Schuld zu zahlen. Ich trat im Alter von
zwölf Jahren in Anninh ein. Ich war mit einem kleinen Wäschepaket und
einigen Süßigkeiten, die mir meine heiligmäßige Mutter zugesteckt hatte,
versehen. Ihren Gebeten und ihrer heroischen Liebe gegen die Armen verdanke ich meine Treue gegenüber meiner Berufung. Folglich bin nicht ich

es, der gewünscht hat, Priester zu werden: Jesus hat mich erwählt und berufen. An mir lag es, ein Menschenfischer zu werden und kein Dieb, wie Er Judas genannt hat.

Das Seminar von Anninh hat seine Geschichte, eine tragische Geschichte, denn es wurde während Monaten durch die 'Gebildeten' belagert und durch die Seminaristen und die Christen der Nachbarpfarrei verteidigt. Der Regimentsstab der Verteidigung wurde aus den Katecheten gebildet, welche die Schlacht dirigierten. Sie flüchteten sich in die Mitte der Gebäude und machten in die Hosen, so groß war ihre Angst. Das Seminar konnte sich bis zur Ankunft einer französischen Truppe halten, die ein Missionar herbeigerufen hatte.

In diesem Seminar verbrachte ich acht Jahre, obwohl ich die Studien in vier Jahren beendet hatte. Aber die Professoren glaubten, um mein hochmütiges Gehabe zu ersticken, daß ich mich der Geschwindigkeit des Hauses anzupassen habe. Sicherlich, meine Lehrer waren im guten Glauben und hatten bestimmt recht, übernatürliches Recht, ohne Zweifel, aber die erzwungene, aufgebürdete Muße, ohne mir einen Rat zu geben, wie ich die vier Jahre des Nichtstun nützlich hätte zubringen können, brachte mir so viele Bestrafungen ein, daß wenig daran gefehlt hat, mich aus dem Seminar zu werfen. Jener, den die Vorsehung bestimmt hatte, mich zu überwachen und mich zu bestrafen, war ein Missionar von großer Tugendhaftigkeit, aber allem Anschein nach von mittelmäßiger Urteilskraft. Dieses Fehlen an Urteilskraft hatte ihn als unfähig erwiesen, eine Pfarrei zu verwalten. Seine Pfarrangehörigen hatten gegen seine seltsamen religiösen Einfälle revoltiert. Der Bischof sandte ihn daraufhin als Professor der jüngsten Klasse ins Seminar, denn er war in Latein nicht besonders gut. Er hatte seine Studien mehrmals wiederholt, eine Spätberufung. Sein Mangel an Urteilskraft hatte ihn von der Ehe ausgeschlossen, die jungen Mädchen waren vor ihm geflüchtet. Selbst die Armee hatte ihn abgeschoben, denn er hatte bei Schießübungen wiederholt ohne Überlegung abgedrückt und dabei Kameraden getötet. Daher blieb nur ein einziger Ausweg für diesen frommen Marseiller: das Seminar, und hier das Seminar der Auslandsmission, welches seine Angehörigen aus den jungen, frommen, aber ein wenig abenteuerlichen Leuten rekrutierte. Diese waren dazu ausersehen, die rückständigen Völker zu bekehren; denn hier konnte man die Lorbeeren des Martyriums ernten oder den Abenteuern nachlaufen, die es in einer zivilisierten Welt nicht mehr gab.

In unserer Mission von Hué habe ich eine gute Zahl von diesen Abenteurern des lieben Gottes kennengelernt, unter denen mein Professor dieser acht Jahre besonders hervorschillerte. Der tapfere Pater befand sich einem Jungen gegenüber, der in einigen Minuten seine Aufgaben gemacht und seine Lektionen gelernt hatte, aber danach seine freie Zeit mit unschuldigen Späßen auszufüllen suchte: z.B. einen kleinen Spatz in seinem Pult zu halten, der lärmte, wenn der Pater vor seinen Schülern „rosa, rosae..." deklinierte. Daher war mein Platz in der Klasse regelmäßig beim Pult, auf den Knien vor dem Pater oder außerhalb der Klasse. Außerhalb des Unterrichts, wenn die Seminaristen im Studiersaal zusammen waren und der Pater einen Blick auf meinen Platz warf, war ich natürlich überrascht, daß gerade ich lärmen sollte, was zur Folge hatte: Thuc, auf die Knie.

Die Vorsehung hat genügend oft, eher unangemeldet, ein Wiedersehen zwischen uns beiden vorbereitet. Solcherart war das Treffen zwischen meinem Professor, der acht Jahre im großen Seminar von Hué war, und mir selbst, frisch von den römischen Universitäten und der Sorbonne gekommen. Damals war ich gerade zum Professor der hl. Schrift ernannt worden. Mein Ex-Scharfrichter wohnte im Seminar, wo er sein Zimmer und seine Kost hatte. Er ging jeden Tag als Anstaltsgeistlicher in das Waisenhaus, welches von den Schwestern von Chartres geleitet wurde, zu den kleinen Waisenkindern. Im Hinblick auf die Schalkereien im kleinen Seminar von Anninh, dessen Abtrennung er mehrere Male vorgeschlagen hatte, war der Pater nun die Güte selbst. So weit so gut, doch der Pater beklagte sich, daß sich sein ehemaliger Schüler ganz verändert hatte, und noch Schlimmeres.

Dieser Pater war, wie ich es schon sagte, ein heiligmäßiger Mann und hatte mehrere großartige Seminaristen als Beichtkinder, welche er zu den hohen Gipfeln der Heiligkeit führte und ihnen dabei eine komische Buße auferlegte. In der Tat, der arme Pater litt an Hämorrhoiden und mußte daher oft seine Hosen wechseln. Seine ungebührlichen 'Geschichten' trocknete er, weniger elegant, auf den beiden wilden Teehecken, die die majestätische Allee schmückten, welche die Besucher von der monumentalen Pforte des großen Seminars zu dem Gebäude, in dem die Patres wohnten, führte. Diese sonderbare Hosenausstellung, ausgebreitet auf den beiden Hecken – sie waren gleich zugeschnitten –, wurde von Pater Roux, dem Pater Superior, beanstandet. Er sagte dies auch ohne Umschweife seinem Mit-Patrioten. Jener nahm die Bemerkung in Demut auf. Und von nun an trocknete er die beschuldigten Hosen auf seinem breiten Betstuhl, dort, wo sich seine Beichtkinder hinknieten, um zu beichten und um sich seine langen und frommen Ausführungen anzuhören, gewürzt mit dem weniger katholischen Geruch der Kleidung des Paters. Eine zusätzliche Buße, welche selbst die berühmtesten Bekenner unserer Kirche nicht erdacht hatten. Man möge diese lange Abschweifung entschuldigen, welche aber nur die Heiligkeit meines Ex-Professors und die Geduld der büßenden Vietnamesen unterstreicht...

Im großen Seminar von Hué studierte ich unter der Leitung des Pater Roux thomistische Philosophie, einem Priester, dessen Charakteristikum „mit klarer Überlegung zu suchen" war. Er war ein guter Lehrer. Für mich wurde er ein von der Vorsehung gesandter geistiger Lehrer. Diesem Mann meinen herzlichen Dank! Er, der nur eine mittelmäßige Intelligenz besaß, der aber durch seinen Skrupel, es besser machen zu wollen, groß war. Zum ersten Male verstehe ich, daß Gott das von uns allen wünscht: ihm ähnlich zu werden. Also, Beichten ist nicht mehr nur ein Auspacken seiner Fehler, um sich durch die Absolution zu erleichtern, sondern die Suche des besseren Weges, um zu Gott zu gelangen, um die Hindernisse zu erraten, welche diesen Weg versperren, die verschiedensten Hindernisse, je nach Temperament der Person: Hochmut, Sinnlichkeit, Faulheit, mit einem Wort: die Hauptsünde, welche besiegt, unseren Aufstieg zu Gott freimacht: eine Arbeit, die das ganze Leben lang dauern kann. Diese Beförderung kann durch den Überfluß der göttlichen Gnade beschleunigt werden; Antworten auf einen viel größeren Edelmut der Seele.

Pater Roux zeichnete sich dadurch aus, daß er uns seine Direktiven mit auf den Weg gab. Er half uns, indem er uns Opfer auflud, um uns das nötige 'Kleingeschriebene' zu verschaffen. Deshalb Dank diesem wirklichen Priester des lieben Gottes! Ich habe verstanden, was ich tun muß, um Priester zu sein: ein anderer Christus werden. Daß Gott diesen Priester hundertfach belohne, der mir das gelobte Land gezeigt hat, den Aufstieg zu Gott, dem Gott-Retter der Welt. Es kann sein, daß Rückschläge diesen schroffen Aufstieg markieren, aber da ist der „goal", um uns erkennen zu lassen: dies ist die Hoffnung des Triumphes.

Hier habe ich mich entschlossen, nach Rom zu gehen und meine Studien zum Priestertum zu absolvieren. Welcher Vorzug vom lieben Gott! Aber welche Opfer für meinen Vater, der, seine Tränen zurückdrängend, mich an den Bahnhof von Hué begleitete, genau wissend, daß es das letzte Mal sein würde, daß er mich auf dieser Welt sähe. Aber sein Opfer wurde angenommen. Es blieb ihm noch Zeit zu erfahren, daß ich zum Akolythen und beim gleichen Mal, daß ich zum Subdiakon geweiht worden war. Aber als Priester sah er mich erst vom Paradiese aus.

Meine Studien in Rom waren, vom menschlichen Gesichtspunkt aus gesehen, eine einzige Reihe von Erfolgen: ich raffte alle Preise; Doktor in der Philosophie, in der Theologie, im kanonischen Recht, mit der Note „sehr gut" oder „gut"; dann Genehmigung, an der Sorbonne zu dozieren.

Ich kehrte 1927 nach Hué zurück. Damals wurde ich zum Professor der vietnamesischen Brüder ernannt, welche von Msgr. Allys gegründet worden waren; dann Professor am großen Seminar, dann Studiendirektor des Kollegs von der göttlichen Vorsehung, von wo ich, durch den Heiligen Stuhl gerufen, fortging, um den Stuhl des apostolischen Vikariates von Vinh-long zu besetzen.

Ich war der dritte Vietnamese, der zum Episkopat berufen wurde. Der erste war Msgr. J. B. Nguyên-ba-Tong, ein Cochin-Chinese, für Phat-Diêm in Tonkin ernannt. Der zweite, Msgr. Cân, mein geistiger Bruder, dann geistiger Sohn von Msgr. Allys, besetzte in Vinh-long ein apostolisches Vikariat, welches vom großen Vikariat Saigon abgetrennt worden war, von dem der heiligmäßige Msgr. Dumortier Bischof war.

Es war im Jahre 1938. Ich war 41 Jahre alt. Nachdem ich am 8. Januar 1938 zum Titularbischof von Sesina erwählt worden war, wurde ich am 4. Mai 1938 konsekriert.

Der liebe Gott war mir bei der Verwaltung dieser Diözese behilflich: ein Seminar zu errichten und den Pfarreien ihre 'Selbst-Genügsamkeit' zu verleihen. Es entstand eine Musterdiözese. Vinh-long hat der vietnamesischen Kirche schon zwei Bischöfe geschenkt, ein anderer Bischof wurde letztens als Coadjutor geweiht. Diese drei Bischöfe wurden von mir nach Europa gesandt, um die höheren Studien zu machen. Neben der Verwaltung meiner Diözese haben der Heilige Stuhl und der Episkopat mir die Gründung und die Organisation der Universität von Dalat anvertraut. Der liebe Gott half. Ich konnte mit dem Geld, das im Schweiße des Angesichts verdient wurde – durch die Nutzung eines Waldes, ungefähr 30 Kilometer von Saigon entfernt –, diese Universität erbauen, und zwar in amerikanischem Tempo. Ich fand Professoren, die genauso dotiert wurden wie die mich ersetzenden Rektoren. Dies alles waren die notwendigen Voraussetzungen für die Existenz dieser Einrichtung, alles so, wie es sich für die Rektoren der verschiedensten Universitäten gehört.

Die Anfangsgelder beliefen sich auf ungefähr zwei Millionen Dollar. Es sind seither schon mehr als 15 Jahre vergangen. Diese Universität gilt als die beste von Vietnam.

Endlich, am 25. November 1960, wurde ich in die Haupt-Erzdiözese von Hué versetzt, dahin, wo ich am 6. Oktober 1897 das Licht der Welt erblickte. Diese Fahrt, in den Augen der Welt glänzend, wurde durch den Willen des 'Papstes' Pauls VI. gestoppt, der mir mit 73 Jahren die Demission aufbürdete, um seinem Sohn den Platz zu überlassen: Msgr. Philippe Nguyên-Kim-Dien. Ich sage 'sein Sohn', denn Msgr. Dien teilt die Ostpolitik des jetzigen 'Papstes'.

Hier begann mein Kreuzweg, durch den mich der liebe Gott den Wendepunkt meines Lebens erkennen ließ.

Deo gratias!

H.H. P. MOISÉS CARMONA RIVERA

Pater Moisés Carmona Rivera wurde am 31.10.1912 in Quechultenango, Bundesstaat Guerrero, in Mexiko geboren. Seine Eltern sind Don Nicolas Carmona Sanchez und Dona Maria Rivera Campos. Er wurde in derselben Ortschaft am 24.4.1913 getauft.

Sein Vater verstarb frühzeitig. Sein Tod war die direkte Folge der Miß-handlungen, die ihm während der mexikanischen Revolution von 1914 zu-gefügt worden waren. Um der Familie zu helfen, übernahm eine Tante na-mens Dona Natividad Carmona Sanchez die Erziehung des kleinen Moisés.

Im Jahre 1925 besuchte er zum ersten Mal die Schule. Es war dies die Lehranstalt des „Heiligsten Herzens Jesu". In dieser Schule wurden die ka-tholischen Glaubenswahrheiten gelehrt, und die Schüler wohnten gemein-sam mit ihren Lehrern täglich der hl. Messe bei. Alle Tage wurde auch der Rosenkranz gebetet, und die Monate zur Ehre der hl. Herzen Jesu und Mari-ens wurden feierlich begangen.

Während der Verfolgung und Unterdrückung der Katholiken durch die Freimaurer-Regierung des Präsidenten Calles waren die Kirchen geschlos-sen, die Priester mußten sich versteckt halten. Der kleine Moisés wurde da-mals um vier Uhr morgens täglich geweckt, um heimlich einer hl. Messe beizuwohnen, die im Hause einer Privatperson zelebriert wurde. Diese Ereig-nisse haben seinen Charakter entscheidend geprägt

Nach der Volksschule trat er auf den Rat seines Beichtvaters – gegen den Willen seiner Adoptivmutter – ins Seminar ein. Er war ein Durchschnitts-student, aber im Fach Rhetorik immer ausgezeichnet.

Nach Beendigung seines Studiums durchlebte er eine Krise: Er verließ das Priesterseminar, um seine Berufung zu überprüfen. Er arbeitete bei den Laien der Katholischen Aktion und merkte sehr schnell, daß seine Berufung zum Priestertum echt war, worauf hin er ins Seminar zurückging.

Im Jahre 1936 empfing er die Tonsur, 1937 die niederen Weihen; ein Jahr darauf wurde er zum Subdiakon geweiht, und 1939 zum Diakon und Prie-ster. Im gleichen Jahr wurde er Kaplan in der Pfarrei von La Soledad in Acapulco. 1941 wurde er als Dozent für Latein und Spanisch an das dortige Seminar berufen. Vier Jahre später wurde er Pfarrer von Coyuca de Benito. Sein Vorgänger hatte aufgegeben, weil er sich den Auseinandersetzungen mit den Protestanten nicht gewachsen fühlte. Vor der Ernennung zum Pfarrer sagte der Bischof zu Pater Carmona: „Ich werde Sie jetzt im Kampf gegen die Häretiker einsetzen."

Pater Carmona bot den Protestanten die Stirn und bewies durch öffentliches Einstehen für seinen katholischen Glauben, daß die Behauptung der Protestanten, „es gäbe in ganz Mexiko nur noch ein paar unheilbare Katholiken", falsch war. Als sehr wichtig betrachtete der junge Pfarrer die Katechese. Er wirkte sehr erfolgreich in allen Dörfern seiner Pfarrei. Dreimal ließ er Missionsprediger kommen, deren Vorträge von den Gläubigen mit reger Anteilnahme aufgenommen wurden.

1952 wurde er zum Pfarrer und Vikar von Ometepec ernannt. Das Pfarrhaus und die Kirche glichen Ruinen. Teilweise gelang es ihm, das Pfarrhaus wieder zu errichten, aber mangels Unterstützung von Seiten des Volkes gelang es ihm nicht, die Pfarrkirche wieder aufzubauen. Als Bischof Don Jose del Pilar Quezada den „Templo de la Divina Providencia" (Kirche von der göttlichen Vorsehung) in Acapulco neu errichtete, wurde Pater Carmona dort Pfarrer. Der erste Baustein wurde am 17.10.1962 gelegt – am gleichen Tag wurde das unselige II. Vaticanum eröffnet. Bischof Quezada weihte die Krypta ein und erklärte die Kirche zur Sühnekirche von Acapulco. Ab da gäbe es Reibereien mit dem Bischof, insbesondere deshalb, weil Pater Carmona nicht „wie alle anderen" die neue Messe feierte. Als Pater Saenz y Arriaga rechtswidrig exkommuniziert wurde, sagte ihm Pater Carmona seine Unterstützung zu, weshalb er zum Apostolischen Legaten geladen wurde. Das Gespräch verlief unbefriedigend, das Thema des sog. „Ungehorsams" wurde von Pater Carmona nicht angeschnitten. Als der Bau der Kirche beendet war, bat P. Carmona Msgr. Lefebvre, diese einzuweihen. Da damals Msgr. Lefebvre nicht nach Mexiko einreisen durfte, nahm er die Benedizierung selbst vor. Der Nachfolger von Msgr. Quezada im Bischofsamt, Don Rafael Bello, besuchte P. Carmona, wobei es zu einer verbalen Auseinandersetzung kam. Der Kanoniker Don Gabriel Ocampo nannte daraufhin Pater Carmona einen Apostaten. Für den 8.12.1976 wurde eine hl. Messe zu Ehren der Unbefleckten Empfängnis Mariens angekündigt; sie sollte von einem Vertreter von Msgr. Lefebvre zelebriert werden. Daraufhin erteilt Bischof (oder 'Bischof') Bello Pater Carmona einen Verweis und verbot ihm, diese hl. Messe lesen zu lassen. Die Messe fand dennoch statt. Trotz aller Drohungen, exkommuniziert zu werden, kam eine große Schar von Gläubigen: die Kirche war überfüllt. Monate später erfolgte die sog. „Exkommunikation" von Pater Carmona. Pater Carmona übernahm (nach dem Tod von Pater Saenz y Arriaga) die Leitung der 1976 gegründeten UNION CATOLICA TRENTO. Sowohl als Pfarrer als auch als Vorsitzender der Union führte und führt Pater Carmona einen ständigen harten Kampf gegen die Modernisten. Nach seiner sog. „Exkommunikation" wird seine Haltung mehr denn je respektiert.

Deo gratias!

H.H. PATER ADOLFO ZAMORA HERNÁNDEZ

Pater Zamora wurde an 28.7.1910 in Orizaba bei Veracruz, Mexiko, geboren. Die Taufe fand im selben Jahr in der Ortspfarrei statt. Seine Eltern waren Don Adolfo Zamora und Dona Josefa Hernández. Er besuchte die katholischen Schulen. Mit 15 wurde er Mitglied frommer Vereinigungen, u.a. der „Discipulos de San Juan de los Sagrarios" (Jünger des hl. Johannes von Sagrarios). Durch den Bischof von Veracruz und durch seinen Beichtvater zeigte Gott dem Jungen seine Berufung. Er studierte von 1928 bis 1934 im Diözesanseminar. Wegen seines Studieneifers erhielt er ein Stipendium. Seine Studien beendete er im Kloster der Mercedarier in Puebla, in welchen Orden er 1939 eintrat. Im gleichen Jahr wurde er zum Priester geweiht. An der dortigen Lehranstalt dozierte er 30 Jahre lang; er unterrichtete in den Fächern Latein, Moraltheologie, Pastoraltheologie, Kirchenrecht, Kirchengeschichte, Apologetik und spanische Literatur. Gleichzeitig bekleidete er etliche kirchliche als auch kulturell-weltliche Ämter.

Die Hauptniederlassung der Institution „Jünger des hl. Johannes von Sagrarios" in Spanien ernannte ihn zum Leiter dieser Organisation für die Erzdiözese Mexiko.

1977 wurde er zum Vorsitzenden des Instituts für historische Forschung des Mercedarier-Ordens in der Provinz Mexiko ernannt. Er war auch das „Factotum" der beiden Zeitschriften „Vida Terciaria" (Leben der Tertiaren) und „Ecos Mercedarios" (Stimmen des Mercedarier-Ordens), die er selbst 1947 gegründet hatte. Er verfaßte verschiedene Gedichte und schrieb andere Werke u.a. „Belem de Mexico" (d.i. eine historische Abhandlung über die Kirche in Belem).

Im Jahre 1978 kam er zu der Überzeugung, daß die Konzilskirche längst nicht mehr die wahre Kirche ist. Er verließ seinen Orden, gab alle seine Ämter auf, die ihn noch an die neue „Kirche" banden und trat im gleichen Jahr noch der UNION CATOLICA DE TRENTO bei.

Jetzt betreut er etliche Dörfer und Gemeinden in der Nähe von Cuernavaca wie auch im Bundesstaat Morelos mit insgesamt 25.000 Gläubigen. Aus zeitlichen Gründen muß sich seine Seelsorge auf das Feiern der hl. Messe und das Spenden der Sakramente beschränken (z.B.: sonntags **sechs!** hl. Messen!). – Deo gratias!

MSGR. LOUIS VEZELIS O.F.N.

29. Januar 1930: geboren in Rochester, New York, als drittes von vier Kindern der Eheleute Alexander Vezelis und Maria Zemaitis. Getauft in seiner Pfarrkirche, der litauischen Pfarrei St. Georg. Er besuchte die Pfarrschule bei St. Georg und bestand die Prüfung mit Auszeichnung, wobei er besonders in der litauischen Sprache hervorragte.

Am Ort besuchte er die katholische Mittelschule ein Jahr lang. Dannach trat er in das Missions-Colleg der Väter vom Heiligen Geist ein und verbrachte dort zwei Jahre, bis er aus wirtschaftlichen Gründen nach Hause gerufen wurde, um zu helfen. Er arbeitete ein Jahr lang, bis das Drängen seiner religiösen, priesterlichen Berufung nicht mehr länger zurückgedrängt werden konnte.

1948: Er begibt sich in das Franziskaner-Kloster in Kennebunkport/Maine. Am St. Francis Colige, Biddefort, Maine schließt er den Besuch der Oberschule mit Auszeichnung ab.

1949: Wird ins Noviziat der Provinz vom Heiligen Herzen in Teutopolis, Illinois, gesandt, wo die Gnade Gottes unter der sorgfältigen Leitung von Fr. Alban Schwärtz, O.F.M., dem Novizenmeister, nicht ohne Früchte bleibt.

1950: Er legt den einfachen Profeß im Franziskanerorden ab und begibt sich darauf nach Catskill, New York, um dort seine philosophischen Studien in der Provinz der Unbefleckten Empfängnis zu beginnen. Den drei Jahre dauernden Kurs beendet er bereits in zwei Jahren.

1952: Auf sein Bitten und Drängen hin wird ihm erlaubt, sein theologisches Studium in der Provinz des hl. Joseph, Montreal, Kanada, zu absolvieren, wo es ihm möglich ist, nach der strengsten Regel des Franziskanerordens zu leben...

1956: Am 16. Juni wurde er in der Kapelle des Franziskanerklosters in Montreal durch Msgr. Paul-Emile Kardinal Leger, Erzbischof von Montreal zum Priester geweiht. Nach seiner Weihe begibt er sich in die Vereinigten Staaten, um in seiner Stamm-Kustodie von St. Kasimir zu arbeiten.

1956-1957: Von seinem obersten Superior und Leiter für die Berufungen zum Priesteramt für ganz Kanada wird er zum Prediger von Pfarrmissionen berufen. Der Provinzial der kanadischen Provinz des Ordens nimmt Kontakt mit ihm auf, damit er bei der Einrichtung des Franziskanerordens in Korea mithelfen soll. Dort gibt es zwar viele Berufungen zum religiösen Leben, aber bisher niemanden, der sie aufnehmen und ausbilden würde. Für diese Arbeit wird er ausdrücklich dem Ordensgeneral der Franziskaner empfohlen.

Im selben Jahr, 1957, erhält er unter Umgehung seines eigenen Generalsuperiors einen Auftrag direkt von Rom mit der Weisung, sich in die koreanische Mission zu begeben, die unter der Jurisdiktion der französisch-kanadischen Provinz steht. Am 13.11.1957 kommt er in Kimpo, Korea, an. Während 18 Jahren arbeitete er in verschiedenen Apostolaten, einschließlich des Diensts als Kaplan in der U.S.-Armee. Er organisierte die erste Pfadfindergruppe in der Provinz; er begann mit einem Bildungsprogramm für die Jugend, z. B. Arbeitsgemeinschaften zum Verständnis der Musik. Auch leitete er Veranstaltungen der Legion Mariens.

1963: Zu seinen anderen Pflichten kommt seine Ernennung zum Rektor des kleinen Seminars von St. Antonius hinzu, welches er zu organisieren, aufzubauen und in Gang zu bringen hatte. Es war ihm nicht gestattet, dieses Projekt zu vollenden, weil seine konservativ-traditionalistischen „Neigungen" die dem Modernismus anhängende Mehrheit (seiner Con-Fratres) verärgerten.

Daraufhin wurde er zum Pfarrer der Klosterkirche bestimmt. Sofort begann er, seinen Plan einer pfarrei-orientierten Gemeinschaft zu verwirklichen, indem er einen Kindergarten errichtete, Land für eine Apotheke rodete, um so die Armen und Bedürftigen medizinisch zu betreuen; ferner richtete er eine Musterfarm ein und plante ein Altersheim. Um diese verschiedenen Einrichtungen der leiblichen Barmherzigkeit mit Personal zu besetzen, begann er mit der Stiftung einer religiösen Gemeinschaft von Schwestern, den Schwestern „Töchter der Demut".

1967: Er verzichtet auf seine Pfarrei wegen der unvermeidbaren Konfrontation mit den Modernisten und zieht sich in das kleine Städtchen Yousong zurück, wo er mit eigenen Händen den Bau einer Missionsstation beginnt.

1972: Er wird zum Definitor der koreanischen Provinz ernannt und in diesem Amt vom General-Visitator bestätigt. Seine Wahl stellt einen Schock für die Führer der Modernisten dar. Fr. Apollinaris van Leeuwen, Chef der Modernisten und Superior, versucht ihn zu zwingen, auf diese wichtige Stellung zu verzichten. Man sagt ihm, daß seine Wahl zu diesem hohen Posten auf „einem Irrtum" beruhe! Nichtsdestoweniger besteht er darauf, dieses Amt anzutreten – als Auftrag von Gottes Willen. Dieser Schritt provoziert den Superior dazu, ihn zur „persona non grata" zu erklären.

1975: Durch Intrigen wird er aus seiner Mission vertrieben, weil er sich weigerte, die liturgischen Änderungen durchzuführen. Er wird öffentlich angeklagt wegen „Ungehorsam gegen seinen Bischof". Er verläßt die Mission, körperlich gebrochen wegen Erschöpfung, und mit gebrochenen Herzen.

In die Vereinigten Staaten kehrt er zurück mit dem Auftrag, der koreanischen Mission als Prokurator zu dienen. Während dieser Zeit versucht er, ein nationales katechetisches Programm für koreanische katholische Emigranten und Konvertiten aufzubauen. Auf seine Bemühungen, die Rechtgläubigkeit aufrecht zu erhalten, wird mit wütenden Angriffen reagiert, in einer Art, die allen rechtgläubigen Katholiken wohl bekannt ist.

1976: Erkenntnis, daß eine Zusammenarbeit mit den bestehenden Autoritäten unmöglich ist. Er zieht fort, um eine Niederlassung der Franziskaner der strengen Observanz und der traditionsgemäßen Rechtgläubigkeit hinsichtlich der Lehre und der Liturgie zu errichten. Seit dieser Zeit Bemühung, die traditionalistischen Bewegungen näher kennen zu lernen, in all ihren Verzweigungen.

1979: Am 4. Oktober bezieht er (mit einer Statue des hl. Franziskus und) mit einem koreanischen Laienmissionar, Herrn Francis No, die erste Niederlassung der strengen Observanz. Seither gründete er zwei weitere Missionen und gibt die Monatszeitschrift THE SERAPH heraus. Die Franziskanermönche der strengen Observanz haben jetzt ein Noviziat, sowie ein kleines als auch ein großes Seminar.

1982: Am 6. Juli entspricht er der Bitte von Msgr. George Musey, auch Kandidaten für den Weltklerus auszubilden.

Deo gratias!

(aus dem Englischen übers. von Eugen Golia)

H.H. BENIGNO BRAVO VALADES

Geboren Tlacotepec, Bundesstaat Guerrero/Mexiko am 7. Febr. 1907 als Sohn des Claudio Bravo und der Conrada Valadés, beide gebürtig aus Tlacotepec. Getauft Ende 1907 und gefirmt 1908 am gleichen Ort. Elementarschule in Chilpancingo, der Hauptstadt des Bundesstaates. 1928 Beginn der Vorbereitung aufs Priestertum in der Diözese Chilapa, Bundes-Staat Guerrero. Tonsur 1935, 1936 die Niederen Weihen, 1937 Subdiakonat und Diakonat. Priesterweihe am 28. Okt. 1938. Erste Anstellung als Kaplan erfolgte in Teloloapan und dauerte 10 Monate. Es gelang dort, 270 Gläubige zur Kommunionbank zu führen, zur Freude des Bischofs. Meine Primizmesse in meinem Heimatdorf war am 12. November 1938. Hiernach Anstellung an der Unionspfarre zwischen Puerto Zihuatanejo und dem Bundesstaat Micboacán. Anschließend übertrug man mir die Eingeborenenpfarre des Hl. Augustinus Oapan am Ufer des Rio Balsas, eine Anstellung, die mir Furcht einflößte. Ich erfuhr nämlich, daß die Eingeborenen dieser Pfarre gerade den achten Pfarrer davon gejagt hatten.

Im Vertrauen auf Gott und die Gottesmutter überlegte ich die Art und Weise, diese Seelen, die meinige eingeschlossen, zu retten. Das Motto lautete: Liebe zur Arbeit am Heil dieser Kinder Gottes. Die Eingeborenen hatten den üblen Brauch, ihre Pfarrer nach sieben Jahren Dienst fortzujagen. Nach meinen sieben Jahren hatte ich im Seminar und in der Sekundarschule eine Anzahl Jugendlicher, deren Eltern auf meiner Seite standen, da sie die schulischen Fortschritte dieser Schüler zu schätzen wußten. Ungeachtet des Verdrusses der Regionallehrer – es waren 35 an der Zahl – brachte ich sieben Schulzentren auf die Beine, wie insgesamt 700 Eingeborene lesen und schreiben lernten. In diesem Bezirk gibt es nur 15% der Eingeborenen mit schulischer Ausbildung. Das ist eine nachweisbare Zahl. Während wenigstens zwölf Jahren übten die Eingeborenen die Novene zu Ehren des hl. Herzens Jesu. Hernach war ich Pfarrer in Copalillo. Von dort wechselte ich nach Huitziltepec über, wo ich sieben Jahre blieb. Hier konnte ich die Verehrung der Wunderbaren Medaille und des Unbefleckten Herzens Mariens fördern, später die Andacht zum hl. Herzen Jesu, die bis heute andauert.

Von hier siedelte ich nach Acapulco über, wo ich im Jahre 1967 vor dem Pfarrer Moisés Carmona den ANTIMODERNISTENEID ablegte. Zur Zeit betreue ich die Pfarre del Señor del Perdon (Unseres Herrn vom Verzeihen) in Ygualapa, Bundesstaat Guerrero.

(übers. von Heinrich Beckmann)

MSGR. GEORGE MUSEY

Geboren am 14. September 1928 in Galveston – Texas/U.S.A., als Sohn des George **Musey** und der Mary Cecilia Abraham. Taufe und Firmung in der dortigen Kirche vom Hl. Herzen Jesu. Elementarunterricht in der Pfarrschule, die von Dominikanerinnen betreut wurde. Höhere Schulbildung in der Kirwin High School von Galveston, geleitet vom Orden der christlichen Schulbrüder. Im September 1945 Eintritt in das Diözesan-Seminar „Saint Mary's Seminary" von Texas. Tonsur und Niedere Weihen daselbst durch den Diözesanbischof Msgr. Wendelin F. Nold. Priesterweihe am 22. Mai 1952 durch ebendenselben.

Erste Anstellung als Pfarrvikar an St. Joseph in Houston/Texas. Dort zugleich Leiter der katholischen Jugend, Gefängnisgeistlicher und Seelsorger der Krankenanstalt (Hospital General del Condada de Harris) 1955 Versetzung nach Greves/Texas an die Kirche der Unbefleckten Empfängnis, zugleich mit Krankenhausseelsorge am Hospital de Port Arthur beauftragt. 1958 Versetzung nach Liberty/Texas als Vikar der Kirche zur Unbefleckten Empfängnis und zugleich als Kaplan der Missionskirche Unserer Lieben Frau vom Licht (Ntra. Sra. de la Luz) in Anahuac/Texas; gleichzeitig beauftragt als Krankenhausgeistlicher und Spiritual der Franziskaner Spitalschwestern.

Im Jahre 1961 an die Auferstehungskirche nach Houston/Texas versetzt; daselbst auch zur Betreuung der Mission von San Felipe de Jesús am Stadtrand von Houston verpflichtet. Zusätzlich Kaplan der ansässigen Kolumbusritter und Spiritual der Schwestern von Loreto.

Msgr. Musey: <u>Wie die göttliche Vorsehung mich vor der postkonziliaren Neu-Kirche bewahrte:</u>

Im Juni 1963 erlitt ich einen Herzanfall, den ersten einer Reihe von Herzbeschwerden, die mich häufig zwangen, meine Tätigkeit in der Pfarre zu unterbrechen und zeitweise das Krankenhaus aufzusuchen, um anschließend in meinem Elternhaus meine Wiederherstellung abzuwarten.

Angesichts dieser, mir durch die göttliche Vorsehung in ihrer Barmherzigkeit gewährten Krankheiten nahm ich niemals an den Indoktrinierungskursen der neuen postkonziliaren Religion teil. In den nachfolgenden Jahren der unaufhörlichen Änderungen in der Liturgie zelebrierte ich nicht öffentlich – und die Male, wo es öffentlich geschah, benutzte ich wie bei den privaten Messen das Meßbuch, das mir zu meiner Priesterweihe geschenkt worden war, d.h. ich feierte immer nur die wahre hl. Messe.

Schließlich konfrontierte man mich mit der 'Neuen Messe' (Novus Ordo), die ich noch nicht kannte und nie zelebriert hatte. Das veranlaßte mich, meinen Rücktritt anzubieten, und von da ab ließ ich mich an keiner Pfarre mehr anstellen. Eine Zeit lang lebte ich in völliger Zurückgezogenheit, las nicht einmal mehr die Zeitung, noch interessierte mich das Geschehen in der Welt. Ich widmete mich nur dem Gebet und der Betrachtung und versuchte zu verstehen, was in der Kirche vorgefallen war.

Zu dieser Zeit wußte ich nicht, daß die wahre Kirche in Form von Gruppierungen weiterlebte, in Kreisen von Menschen, die in verschiedenen Teilen der Welt, auch in meiner Nähe, ein gesichertes Rückzugsgebiet der wahren Kirche und des katholischen Glaubens bildeten. Als ich Näheres erfuhr, nahm ich Verbindung mit treu gebliebenen katholischen Kreisen auf, die priesterliche Hilfe benötigten, und habe von da an in solchen Kreisen, so weit sie mir erreichbar waren, gearbeitet, die hl. Messe gelesen und die Sakramente gespendet.

Zur Zeit lese ich an Sonntagen in Dallas/Texas und in Louisiana/Florida, Kansas City und Oklahoma City umschichtig, jeweils morgens oder abends die hl. Messe. Täglich, an Wochentagen, lese ich an verschiedenen Orten die hl. Messe mit anschließender religiöser Unterweisung.

Msgr. Musey wurde am 10. April dieses Jahres in Acapulco – Gro./Mexiko in der Kirche zur Göttlichen Vorsehung von Exz. Msgr. Moisés Carmona und Exz. Msgr. Adolfo Zamora zum Bischof geweiht. Später, am 24. August dieses Jahres, weihte er als Mitkonsekrator der vorgenannten Bischöfe den Rev. Pater Louis Vezelis, O.F.M., Gründer und Direktor des kürzlich eröffneten katholischen Priesterseminars in Buffalo, N.J., zum Bischof.

Laus D e o !

(übers. von Heinrich Beckmann)

<u>**Mexiko**</u>

Ein erfreulich fruchtbares Apostolat:
Bischof José Franklin Urbina Aznar

Wie Msgr. Alarcón hat auch Msgr. Urbina seine Priester- und Bischofsweihe innerhalb der Thuc-Linie empfangen. Der vietnamesische Erzbischof Thuc war seinerzeit, mit Datum vom 15. März 1938, von Papst Pius XI. zum päpstlichen «Legaten» mit «allen erforderlichen Vollmachten» ernannt und am 4. Mai desselben Jahres zum Bischof geweiht worden.

Die ihm angesichts der prekären Lage in Vietnam erteilten besonderen Vollmachten, welche auch diejenige zur <u>Weihe weiterer Bischöfe ohne besonderes Mandat des Papstes</u> einschlossen, sind von keinem Papst mehr widerrufen worden!

Bischof Urbina Aznar (rechts) mit Pater Merril Adamson unmittelbar vor dessen Weihe zum Bischof Ende August 1999

Bischof Urbina Aznar arbeitet mit aller Entschiedenheit auf das hin, was absolut vordringlich ist: die Einigung der versprengten treugläubigen Katholiken zum Zweck der möglichst baldigen Wahl eines neuen, gültigen Papstes. Er schrieb uns im vergangenen September: *„Am 28. August war ich in San Francisco in Kalifornien in den USA und weihte Pater Merril W.B. Adamson zum Bischof. Ich werde Ihnen davon Photos schicken. Ich erteilte ihm die Weihe, nachdem ich die Gewißheit erlangt hatte, daß er*

1) mit uns verbunden bleiben wird,
2) die Einheit der Kirche und die Wahl des Papstes will und dafür arbeiten wird und
3) niemals einen Bischof weihen wird, der die Einheit der Kirche und die Wahl des Papstes nicht will und nicht dafür arbeiten wird."

Zur juristischen Verfolgung seitens der Augsburger Neukirchen«diözese» bemerkte der Bischof im selben Brief:

„Ich nehme Kenntnis von der Situation unseres Freundes Anton A. Schmid, Pro Fide Catholica. Ich werde dies ganz besonders in meine Gebete einschließen."

Msgr. Urbina Aznar (mit dem neugeweihten Bischof Merril Adamson)
inmitten einiger seiner treuen Gläubigen

Im November konnte Msgr. Urbina vermelden, er habe die große Freude gehabt, „*daß der Sohn eines alten Freundes von mir, der jetzt Priester ist, sich mit mir in Verbindung gesetzt hat, weil er an der Einheit der Kirche interessiert ist. Er befindet sich gegenwärtig in Mexiko, in einer Gemeinschaft traditionstreuer Karmelitern. Sie haben etwa 15 Nonnen, fünf oder sechs Mönche und drei Priester. Sie unterhalten eine öffentliche Kapelle mit vielleicht 200 oder 300 Gläubigen. Das ist großartig. Mit dem Pater Superior habe ich erst einmal am Telephon gesprochen, und ich habe große Hoffnung, daß sie sich unserem Kampf anschließen.*"

Msgr. Urbina hat mehrere Projekte im Auge, die sämtlich dem großen Ziel, der schnellstmöglichen gültigen Wahl eines legitimen Papstes dienen und darum unsere intensive Unterstützung verdienen. Er schrieb uns im Dezember: „*Es ist notwendig, mit dem größtmöglichen Eifer darauf zu beharren und daran zu arbeiten, daß wir bald unter uns den Papst haben können. Es gibt kein größeres Unglück für die Kirche, als der Anwesenheit Petri zu entbehren, und kein größeres für die Welt und die Kirche, als die Auslöschung des hl. Meßopfers, zwei Dinge, die am Ursprung all dessen stehen, was wir derzeit mit betrübten Augen sehen. Mein Freund, Prof. Tello Corraliza aus Spanien, schrieb mir, es wäre gut, eine ausschließlich sedisvakantistische Zeitschrift [in spanischer Sprache] zu haben. Ich habe ihm erwidert, ich könnte mich darum kümmern, eine solche zu veröffentlichen, freilich nur unter der Voraussetzung, daß es irgendwo Personen gibt, die sie finanzieren können. Es wird sich zeigen, ob das möglich ist.*"

Tatsächlich ist Bischof Urbina, wie übrigens auch Bischof Alarcón, theologisch hochgebildet und Autor zahlreicher gediegener theologischer Abhandlungen zu aktuellen Fragen der Kirchenkrise und ihrer Behebung durch eine Papstwahl. Inzwischen ist der engagierte Bischof, ermutigt durch die finanzielle Hilfe, die ihm das St.-Josef-Hilfswerk dank hochherziger Spender bereits vermitteln konnte, zur Tat geschritten, worüber er uns Ende Januar informierte:

„*Ich habe in Merida die „Bruderschaft des hl. Bernhard von Clairvaux" gegründet, unter dem Patronat der Unbefleckten Empfängnis. Mit harter Linie. Hauptsächlich Jugendliche. Im Moment sind wir acht bis zehn. Vielleicht kommen wir demnächst auf 20. Ziel ist es, unser geistliches Leben zu intensivieren, aber auch Bischöfe, Priester und Gruppen auf der ganzen Welt ausfindig zu machen und deutlich zu ihnen zu sprechen, indem wir sie auffordern, ihren Verpflichtungen [im Hinblick auf die Einheit der Kirche, also auf die Wahl des Papstes] nachzukommen. Die gläubigen Laien haben das Recht, die Glaubenslehre [vom lebendigen Lehramt] zu empfangen, vom Apostelkollegium [d.h. von wahren Diözesanbischöfen] geleitet zu werden und einen Papst zu haben. Das wird vielen nicht gefallen und sie werden uns angreifen. Doch das kümmert uns wenig. Alle sind bereit zu kämpfen. Dank der Hilfe, die Sie mir so liebenswürdigerweise zukommen lassen, glaube ich, daß es möglich sein wird, eine kleine Zeitschrift „Der Letzte Kreuzzug" herauszugeben. Wir müssen sehen, ob sich das bewährt, oder ob wir unsere Arbeit über das Internet tun können. Vielleicht beides."*

Dringend benötigen würde Bischof Urbina Aznar für seine wachsende, aber arme Gemeinde eine neue Kapelle, die jedoch ohne finanzielle Hilfe von außen unerschwinglich bleiben wird:

„Unsere Kapelle in Merida [im mexikanischen Bundesstaat Yucatan] befindet sich im Erdgeschoß des Hauses eines Angehörigen meiner Gruppe, der ihr schon 32 Jahre lang verbunden ist. Doch er ist bereits alt und gesundheitlich stark angegriffen. Wir müssen befürchten, daß er bald, in zwei oder drei Jahren, sterben kann, weshalb es an der Zeit ist, sich darauf vorzubereiten, denn wenn er nicht mehr da sein wird, werden seine Söhne uns mit Sicherheit den Raum wegnehmen. – Andererseits ist unsere Gemeinde gewachsen und schon jetzt müssen sonntags Leute draußen in der glühenden Sonne und Hitze dieses Landes bleiben (bisweilen 38 bis 42 Grad im Schatten). Aus diesen beiden Gründen ist es nötig, einen Platz zu suchen, um eine Kapelle zu errichten.

Gegenwärtig haben wir ein Grundstück ins Auge gefaßt, das zum Verkauf steht und zehn Meter in der Breite mal 70 Meter in der Länge mißt. Es ist klein, aber wenn sich nichts anderes anbietet, wird es brauchbar sein. Auf den ersten 30 Metern in der Länge könnten wir eine Kapelle von sieben Metern Breite bauen, und auf der ganzen hinteren Hälfte des Grundstücks, etwa 37 Meter Länge mal zehn Meter Breite, das Seminar zu errichten beginnen, so daß, wenn derjenige [im Brief schon vorher erwähnte junge Priesterkandidat], der bei Msgr. Adamson studieren wird, in vielleicht drei oder vier Jahren zurückkehren wird, der Bau schon soweit fortgeschritten ist, daß er dort wohnen und Berufungen aufzunehmen beginnen kann. Es gibt zwei weitere Hoffnungen, die, so Gott will, zum Priestertum gelangen können. (...) Ich bitte Sie um Ihre Gebete in dieser Sache, denn wenn es sich auch bloß um den Bau unserer örtlichen Kirche handelt, so wird damit doch zugleich an der Kirche für die Zukunft gebaut."

Beten wir für Msgr. Urbina Aznar und alle, die mit ihm verbunden sind, ganz besonders zur erhabenen Schutzpatronin Mexikos, Unserer Lieben Frau von Guadalupe!

Leserbriefe des Autors in „Kyrie eleison" 2+3, 2001

Priesterbruderschaft Johannes XXIII. ?

Alle meine und die vieler anderer Erfahrungen mit der Priesterbruderschaft St. Pius X. lassen eigentlich nur einen Schluß zu. Diese Priesterbruderschaft trägt den Namen des heiligen Papstes zu Unrecht. Eigentlich müßte sich diese Bruderschaft Priesterbruderschaft Johannes XXIII. nennen.

Durch Gebet und viel Nachdenken ist mir immer klarer geworden, daß das Wiedererblühen und Erstarken der heiligen Kirche durch ein oder mehrere Bischöfe aus der Weihelinie des so verachteten vietnamesischen Bischofs Martin Ngô-dinh-Thuc kommen wird. Bischof Martin Ngô-dinh-Thuc machte Fehler. Wer suchet, der findet. Sei's drum. Aber in der unbeschreiblich schwierigen Lage, in der er war, wirken seine Fehler wie ein Nichts im Vergleich zu dem, was Gott der heiligen Kirche durch diesen Bischof schenkte.

Uns selbst bleibt, daß wir uns von Jesus Christus durch die Fürsprache Mariens heiligen lassen, heiligen durch seine Empfängnis, seine Geburt, sein Leiden und seinen Tod am Kreuz und durch seine Auferstehung.

Oskar Schmitt

Grab eines Bekennerbischofs in Deutschland

Wenige katholische Christen wissen, daß es neben Mgr. Bischof Antonio de Castro Mayer, neben dem Erzbischof von Hué (Vietnam) Mgr. Peter Martin Ngô-dinh-Thuc usw. im Anschluß an „Vaticanum II" einen weiteren leidgeprüften, mutigen Bekennerbischof gab, Missionsbischof Mgr. Blasius Kurz OFM.

Im Münchner Priesterseminar Heiligblut gibt es Bilder von diesem Bekennerbischof. Ich habe dort hingeschrieben mit der Bitte um Bildkopien und detaillierteren Informationen zu diesem Bischof. Leider ohne Erfolg, denn die Betreiber des Seminars dort wollen keinen Kontakt mehr zu mir, weil ich deren neue Linie nicht vertrete. Ich finde es sehr traurig, daß dann nicht einmal mehr Auskünfte über Dinge wie diese eingeholt werden können. (Ist das Seminar eigentlich überhaupt noch imstande, Priester auszubilden, wenn nicht einmal kurze Anfragen beantwortet werden können? Oder tritt dann bereits eine Überforderung der Seminarleitung ein?)

Bemerkenswert ist, daß Bischof Blasius Kurz seine letzte Ruhestätte hier in Deutschland fand, und zwar auf dem Südfriedhof der Stadt Nürnberg innerhalb einer Franziskaner-Grabstätte.

Mgr. Blasius Kurz wurde am 3.2.1894 zu Sontheim geboren und erhielt 1919 seine Priesterweihe. Er gehörte dem Franziskanerorden an, weilte als Missionar in China und Südafrika, später als Missionsbischof wiederum in China. Die Reformen des Pseudo-Vaticanums lehnte er ab. Der vor ungefähr zehn Jahren verstorbene Bischof Dr. Günther Storck erhielt seine Priesterweihe von Mgr. Blasius Kurz. Ebenso wurde Kaplan H.H. Dr. Felix Jeker von ihm zum Priester geweiht.

Damit das Andenken an Mgr. Blasius Kurz nicht in der Versenkung und Anonymität verschwinde, hielte ich es für segensreich, wenn seine Grabstätte von uns Gläubigen besucht würde, wir seine Fürsprache erflehen und damit einen Grundstein für eine Seligsprechung legen würden für den Zeitpunkt, daß Gott der Herr für die Kirche eine erneute Papstwahl und damit einen weiteren Nachfolger im Petrusamt gewährte.

Für diejenigen Katholiken, die einen gelegentlichen Besuch ins Auge fassen, füge ich eine Skizze des Nürnberger Südfriedhofes bei mit einem Ausschnitt, wie das Grab von Bischof Blasius Kurz gefunden werden kann. *Oskar Schmitt, 97222 Rimpar-Maidbronn*

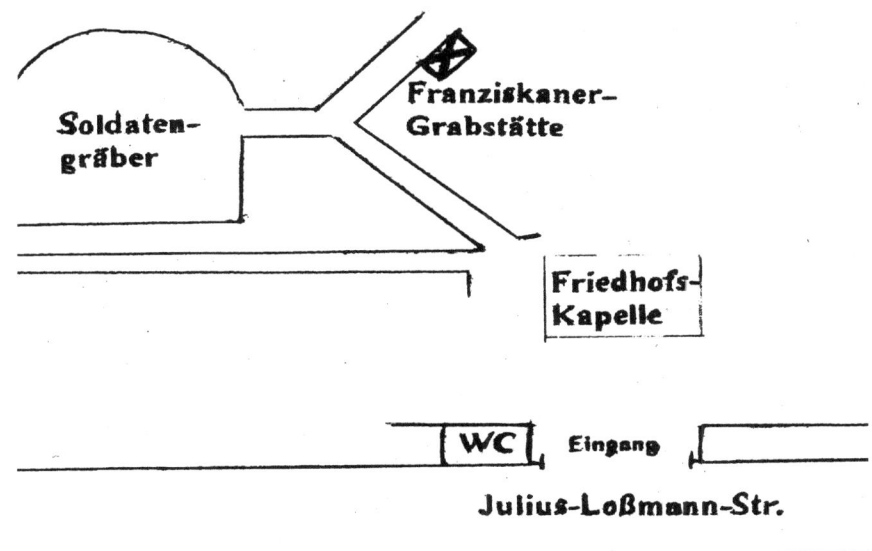

Soldaten-
gräber

Franziskaner-
Grabstätte

Friedhofs-
Kapelle

WC   Eingang

Julius-Loßmann-Str.

„Exkommunikation" von S.E. Erzbischof Ngô-dinh-Thuc durch „Kardinal" Ratzinger

Sacra Congregatio
Pro Doctrina Fidei

Prot. Nr. 7/76
(In responsione fiat
mentio huius numeri)

00193 Rom, 1. Februar 1983
Piazza del S. Uffizio, 11

Exzellenz,

nach der erforderlichen Frist für eine fundierte Untersuchung hat sich die Heilige Kongregation für die Glaubenslehre davon überzeugen können, daß Sie zumindest seit 1981, entgegen den Vorschriften des Kanon 955, von neuem presbyterianische Weihen vorgenommen haben. Und in dem gleichen Jahr haben Sie auch, ohne Berücksichtigung des Kanon 953, d.h. weder mit Apostolischem Mandat noch nach kanonischem Recht die Bischofsweihe dem französischen Geistlichen M.L. Guérard des Lauriers O.P., wie auch den mexikanischen Priestern Moisés Carmona und Adolfo Zamora, erteilt.
Eine am 25. Februar 1982 in München von Ihnen selbst unterschriebene öffentliche Erklärung bestätigt, daß nach Ihrer Ansicht „der Heilige Stuhl der Römisch-Katholischen Kirche zur Zeit vakant" ist, und daß Sie „als Bischof alles unternehmen müssen, damit die Römisch-Katholische Kirche fortfährt, die Seelen zur ewigen Seligkeit" zu führen. (Zeitschrift EINSICHT, März 1982, S. 8)
Unser Dikasterium kann diese Äußerungen nur nachdrücklich verurteilen. Außerdem hält es für notwendig, Sie öffentlich davon in Kenntnis zu setzen, daß Sie durch die oben erwähnten Vorkommnisse sich „ipso facto" von neuem die Exkommunikation zugezogen haben, die in ganz besonderer Weise dem Heiligen Stuhl für die Gründe, die im Dekret vom 17. Sep-

188

tember 1976 (A.A.S.LVIII, 1976, S.623) dargelegt sind, welches diesem Brief in der Anlage beigelegt, vorbehalten ist. Es (das Dekret, Anm.d.Red.) ermahnt Sie eindringlich, nicht mehr auf diesem Weg fortzufahren, den souveränen Oberhirten um die Aufhebung der kanonischen Strafen, die Sie treffen, zu bitten und sich dafür einzusetzen, daß diejenigen, die Sie illegitim geweiht haben, zur Erkenntnis ihrer Schuld kommen.

Ich bete zum Herrn, Er möge Sie erleuchten, und entbiete Ihnen, Exzellenz, den Ausdruck meiner hochachtungsvollen Ergebenheit.

(gez.: Joseph Card. Ratzinger)

1 Anlage
Seine Exz. Mgr. Pierre-Martin NGÔ-DINH-THUC Tit.-Erzbischof von Bulla Regia

Aus: **THE SERAPH,** Box 7194, Rochester, N.Y. 14616, U.S.A.,
hrsg. von Rev. Fr. Vezelis, übersetzt von Elisabeth Weiler

Erzbischof Peter Martin NGÔ-DINH-THUC

Dies ist der Mann der Stunde! Es erforderte mehr als menschlichen Mut
für den vietnamesischen Erzbischof, die Ruhe der Zurückgezogenheit gegen
die angstvolle Besorgnis des Kampfes für die katholische Kirche einzutau-
schen. Die gefühllose und kalte Faust der Fanatiker wurde schon spürbar –
nicht anders als die Feinde in seinem Heimatland, die bereits den Mut dieses
Mannes gehärtet haben. Es dauert nicht lange, daß Tugend und Laster sich
trennen. Und wie die Schrift uns wiederholt ermahnt: An ihren Früchten
werdet ihr sie erkennen.

Im Winter seines langen und fruchtbaren Lebens überläßt sich Erzbischof
Thuc der göttlichen Vorsehung und ihren Forderungen. Bequemlichkeit und
Frieden, wozu menschliche Klugheit ihm rät, stößt er beiseite und nimmt
den Kampf auf. Diejenigen, die Glauben haben, werden ihm folgen und sei-
ne heroische Tat begrüßen; diejenigen, die den Glauben zu ihrem eigenen
Ruhm benützen, werden ihm sicherlich bitter fluchen.

Erzbischof Thuc ist nicht der senile Reisbauern-Prälat, wie manche gerne
annehmen möchten. Er ist ein Mann von profunder Bildung und vielseitiger
Erfahrung. Er führt den dreifachen Doktortitel in Philosophie, Theologie
und Kirchenrecht. Offensichtlich ist hier ein Mann, der keine Hilfe von einem unauthorisierten Praktiker auf diesen Gebieten braucht. Auch ist er kein
Mann, der Apologisten braucht, die ihm feiern. Er ist keine Kultfigur. Seine
Exzellenz hat im heimatlichen Vietnam große apostolische Leistungen voll-
bracht. Als Bischof mit 41 Jahren – was sehr selten war in der damaligen
Zeit – organisierte er seine Diözese und errichtete ein Seminar. Später gründete und baute er die Universität von Dalat, welche die beste in ganz Vietnam wurde.

Als Opfer der unduldsamen Politik Pauls VI., jegliche Opposition gegen
seine Annäherung an den Kommunismus auszuschalten, wurde Erzbischof
Thuc im Alter von 73 Jahren zum Rücktritt gezwungen. An seiner Stelle
wurde der Ostpolitiker Mgr. Philip Nguyen Kim-Dien, ein geistiger Sohn
Pauls Vl. ernannt. In voller Kenntnis des Ärgers und der Angriffe, die er

sich für seine Haltung in der Verteidigung der katholischen Kirche zuziehen wird, hat Erzbischof Thuc in praktischer und realistischer Weise gehandelt. Wir bitten alle unsere Leser, für diesen mutigen Prälaten und diejenigen, die er zum Dienst der Kirche geweiht hat, zu beten.

Bulle „Cum ex Apostolatus officio"

Von Papst Paul IV. unterzeichnet am 15. Februar 1559

**Paul, Bischof,
Diener der Diener Gottes.
Zu ewigem Angedenken**

(Inhaltsangabe: Einleitung)

Aufgrund des Apostolischen Amtes, das Uns von Gott anvertraut ist, wenn auch ohne eigene hinreichende Verdienste, lastet die allgemeine Sorge um die Herde des Herrn auf Uns. Deswegen sind Wir gehalten, zu ihrer treuen Bewahrung und zur heilvollen Lenkung nach Art eines aufmerksamen Hirten ständig wachsam zu sein und sehr sorgfältig Vorsorge zu treffen, daß jene in dieser Zeit, die sich infolge der Sündenauswirkung ungebundener auf ihre eigene Weisheit stützen und sich verhängnisvoller als gewöhnlich gegen die Beobachtung des rechten Glaubens erheben und überdies mittels abergläubischer und frei erfundener Ausflüchte das Verständnis der Heiligen Schrift verdrehen sowie die Einheit der katholischen Kirche wie den nahtlosen Rock des Herrn zu zerreißen suchen, daß diese von der Herde Christi verjagt werden und die Lehre des Irrtums nicht weiter verbreiten können, da sie es verschmähen, Jünger der Wahrheit zu sein.

§ 1
(Inhaltsangabe: Der Anlaß zu dieser Konstitution)

In Anbetracht dieser so schwierigen und gefahrvollen Angelegenheit hat der Römische Pontifex, der Gottes und unseres Herrn Jesus Christus Stellvertreter auf Erden ist, über die Völker und Reiche unbeschränkte Vollmacht und entscheidet richterlich über alle, ohne selber in dieser Welt richterlichem Urteil zu unterliegen; jedoch darf ihm widersprochen werden, wenn er als vom Glauben abgewichen erfunden wird. Je größer jedoch die Gefahr ist, die die Aufmerksamkeit auf sich zieht, desto vollständiger und sorgfältiger muß man darauf bedacht sein, daß keine falschen Propheten oder andere, die weltliche Gewalt innehaben, die Seelen einfacher Menschen beklagenswert umgarnen und Unzählige, die in geistlichen und zeitlichen Angelegenheiten ihrer Sorge und Leitung anvertraut sind, mit sich ins Verderben und in den Untergang der Verdammnis ziehen. Es darf niemals dazu kommen, daß wir den Greuel der Verwüstung, wie er vom Propheten Daniel vorhergesagt ist, an heiliger Stätte sehen. Deswegen verlangen wir danach, soweit wir es in Anbetracht unseres Hirtenamtes mit Gottes Hilfe vermögen, die Füchse, die den Weinberg des Herrn zu verwüsten trachten, zu fangen und die Wölfe von den Schafställen fernzuhalten, um nicht als stumme Hunde zu erscheinen, die nicht zu bellen vermögen, damit wir nicht mit den bösen Landpächtern zugrunde gehen und mit dem Mietling verglichen werden.

§ 2
(Inhaltsangabe: Der Papst bestätigt hier alle Strafen, die über die Häretiker und Schismatiker verhängt sind.)

Nach reiflicher Beratung mit unseren ehrwürdigen Brüdern, nämlich den Kardinälen der Heiligen Römischen Kirche, billigen und erneuern wir mit ihrem Rat und ihrer einmütigen Zustimmung alle und jede Androhung der Exkommunikation, der Suspension, des Interdikts, der Amtsenthebung und aller anderen Urteilssätze, Zensuren und Strafen, die von all unseren Vorgängern für solche erlassen wurden, ferner diejenigen, die durch ihre außergesetzlichen Schreiben festgelegt oder durch die heiligen Konzilien von der Kirche Gottes angenommen wurden oder durch die Erlasse und Bestimmungen der heiligen Väter oder durch die heiligen Richtlinien, Verfügungen und Apostolischen Verordnungen gegen Häretiker oder Schismatiker, jemals erlassen oder veröffentlicht wurden, – diese, so bestimmen Wir auf Dauer, müssen beachtet werden und wieder in tatkräftige Beachtung, wenn sie vielleicht nicht darin sind, kommen und darin bleiben. Alle, die bis jetzt vom katholischen Glauben abgewichen, in Häresie gefallen oder ins Schisma geraten sind oder derlei hervorgerufen oder verschuldet haben, wenn sie als solche erkannt sind, sich bekannt haben oder überführt wurden oder (was Gott in seiner Huld und Güte von ihnen abwenden wolle) fernerhin abweichen, in Häresie fallen, in ein Schisma geraten, derlei hervorrufen, verschulden oder die erfunden werden, daß sie abgewichen, in Häresie gefallen, in ein Schisma geraten sind, solches hervorgerufen oder verschuldet haben, oder die dies bekennen oder dessen überführt werden, – diese, so wollen und bestimmen Wir, daß diese jeglichen Standes, Grades, Ranges, Berufes und vortrefflicher Würde, auch wenn sie in bischöflicher oder erzbischöflicher Würde stehen oder Patriarchen, Primaten oder eine andere größere kirchliche Würde besitzen, mit der Kardinalswürde versehen sind oder das Amt eines Legaten des Apostolischen Stuhles, wo immer auf Erden, ständig oder zeitlich begrenzt innehaben, daß sie alle die vorgenannten Urteilssätze, Zensuren und Strafen auf sich ziehen. Das Gleiche gilt für die weltlichen Autoritäten eines Grafen, Barons, Markgrafen, Herzogs, Königs oder Kaisers oder die sonst durch höhere Würde hervorragen.

§ 3
(Inhaltsangabe: Prälaten und Fürsten, die vom Glauben abweichen, werden weitere Strafen auferlegt.)

Nichtsdestoweniger halten wir es für angebracht, daß jene, die sich nicht aus Liebe zur Tugend vom Schlechten fernhalten, aus Furcht vor Strafe davon abgeschreckt werden. Kardinäle, Legaten, Grafen, Barone, Markgrafen, Herzöge, Könige und Kaiser, die andere belehren und ihnen ein gutes Beispiel zum Verbleib in der katholischen Kirche sein müssen, fehlen schwerer als die übrigen, da sie nicht nur sich selber zugrunde richten, sondern auch unzählige andere Menschen, die ihrer Obsorge und Leitung anvertraut sind oder ihnen anderweitig untergeben sind, mit sich ins Verderben und in den Pfuhl des Untergangs ziehen. In Übereinstimmung und mit Zustimmung der Kardinäle bestimmen Wir in dieser Konstitution, die für immer gelten soll, aus Abscheu gegen ein so großes Verbrechen, in Bezug auf das es in der Kirche Gottes kein größeres oder verhängnisvolleres gibt, und legen aufgrund der Fülle Apostolischer Vollmacht fest, verordnen und definieren, daß Urteilssätze, Zensuren und vorgenannte Strafen in Kraft und Wirksamkeit bleiben und in Zukunft Wirksamkeit behalten. Alle und jeder einzelne der Bischöfe, Erzbischöfe, Patriarchen, Primaten, Kardinäle, Legaten, Grafen, Barone, Markgrafen, Herzöge, Könige und Kaiser, die bis jetzt offenkundig vom Glauben abgewichen, in Häresie gefallen oder ins Schisma geraten sind oder derlei hervorgerufen oder verschuldet haben, so sie als solche befunden wurden oder sich bekannt haben oder überführt wurden oder auch in Zukunft abweichen, in Häresie fallen oder ins Schisma geraten oder derlei veranlaßt oder verschuldet haben: wenn sie als solche befunden werden oder sich bekennen oder überführt werden, da sie darin unentschuldbarer sind als die übrigen, so gehen sie – über die vorgenannten Urteilssätze, Zensuren und Strafen hinaus – eo ipso (= von selbst, automatisch), ohne irgendeine rechtliche oder faktische Amtshandlung, ihrer Ämter und Bischofsitze, auch ihrer Erzbischöflichen, sowie Patriarchal- und Primatialkirchen sowie ihrer Kardinalswürde und jedwedes Legatenamtes verlustig. Sie verlieren ebenfalls das aktive und passive Wahlrecht und jedwede Autorität in ihren Klöstern, Benefizien und kirchlichen Ämtern mit und ohne Seelsorge, seien sie Weltgeistliche oder Angehörige irgendeines Ordens, die aufgrund von Vergünstigungen oder apostolischer Anweisung (Dispens) auf einen Rechtstitel, auf eine Kommende oder für die Verwaltung oder sonstwie etwas erlangt haben, worin oder wozu sie irgendein Recht haben. Sie sollen aller Erträgnisse und Einkünfte und aller Jahreserträge aus ähnlichen Erträgnissen und Einkünften und Erträgen, die ihnen vorbehalten und zugewiesen sind, beraubt werden. Auch Grafschaften, Baronien, Markgrafschaften, Herzogtümer, Königtümer und Kaisertum verlieren sie völlig, ganz und auf immer, und sind dafür weiterhin ungeeignet und unfähig. Sie haben als Abgefallene und Abtrünnige in allem und in jeder Hinsicht zu gelten, selbst wenn sie vorher einer derartigen Häresie vor Gericht öffentlich abgeschworen hätten. Zu keiner Zeit können sie in ihre früheren Ämter wieder eingesetzt werden; in Bischofs-, Erzbischofs-, Patriarchen- oder Primatialkirchensitz oder in die Kardinalswürde oder in einen anderen Ehrengrad oder in irgendeine größere oder auch geringere Würde, auch nicht in aktives oder passives Wahlrecht, auch nicht in Klöster, Benefizien oder Grafschaften, Baronien, Markgrafschaften, Herzogtümer, Königtümer und Kaisertum; sie können nicht wieder eingesetzt, reintegriert oder rehabilitiert werden; im Gegenteil, sie werden dem Urteil weltlicher Macht überantwortet zu gebührender Bestrafung. Bei offenkundigen Zeichen wahrer Reue und Anzeichen gebührender Buße sollen sie aufgrund der Nachsicht und Güte des Heiligen Stuhles in ein Kloster oder an einen anderen Ort mit klösterlicher Ordnung gebracht werden, um für immer beim Brot des Leides und beim Wasser der Trauer Buße zu tun. Als solche Abgefallene sollen sie von allen betrachtet, behandelt und angesehen werden, welchen Standes, Grades, Ranges, Berufes sie auch sein mögen oder von welcher hervorragenden Würde, auch jedweder Würde eines Bischofs, Erzbischofs, Patriarchen und Primaten oder auch anderer höherer kirchlicher Amtswürde und auch Kardinalswürde oder weltlich: von der Autorität und Vorzüglichkeit eines Grafen, Barons, Markgrafen, Herzogs, und allen menschlichen Trostes bar sein.

§ 4

(Inhaltsangabe: Wer Patronats- oder Ernennungs-rechte für Benefizien hat, die infolge Häresie unbesetzt sind, soll gehalten sein, innerhalb der gesetzlichen Frist andere Personen zu präsentieren.)

Die das Patronats- oder Ernennungsrecht geeigneter Personen für Kathedral-, auch Metropolitan- und Patriarchal- sowie Primatialkirchen oder auch für Klostergüter zu haben beanspruchen, sind gehalten, wenn diese infolge derartiger Vorgänge vakant sind, dafür zu sorgen, daß diese Ämter nicht längere Zeit den Unbilden des Nicht-besetzt-Seins ausgeliefert werden, sondern daß sie der Häretikerknechtschaft entrissen, geeigneten Personen anvertraut werden, die deren Untergebene getreulich auf den Pfad der Gerechtigkeit geleiten. Für Kirchen, Klöster und Benefizien sollen sie derartige andere geeignete Personen innerhalb der vom Recht oder aufgrund ihrer Konkordate oder Abmachungen mit dem Heiligen Stuhl festgelegten Frist Uns oder dem jeweiligen Römischen Pontifex (Papst) präsentieren. Andernfalls geht nach Ablauf dieser Frist die volle und freie Verfügung über Kirchen, Klöster und vorgenannte Benefizien auf Uns und den jeweiligen Pontifex Romanus eo ipso von Rechts wegen über.

§ 5

(Inhaltsangabe: Begünstiger der Häretiker ziehen sich die hier beschriebenen Strafen zu.)

Überdies sollen jene, die solche, welche als derartige ertappt wurden oder sich bekannt haben oder überführt wurden, wissentlich irgendwie aufnehmen oder verteidigen oder begünstigen oder ihnen Glauben schenken oder ihre Lehren als Dogmen auszugeben wagen, diese sollen eo ipso der Exkommunikation verfallen, sie sollen ehrlos sein und kein Wahlrecht haben, sei es persönlich oder schriftlich mittels eines Boten oder, eines Bevollmächtigten für öffentliche oder private Aufgaben oder für beratende Ausschüsse, für eine Synode oder ein allgemeines oder provinzielles Konzil, ein Kardinalskonklave oder irgendeine Versammlung von Gläubigen. Für die Wahl irgend jemands oder zur Zeugnisabgabe sollen und können sie nicht zugelassen werden. Sie sollen zeugnisunfähig sein und können keine Erbnachfolge antreten; überdies braucht ihnen niemand über irgendwelche Angelegenheit Rechenschaft zu geben. Wenn sie vielleicht Richter sind, erhalten ihre Urteile keine Gültigkeit, es dürfen ihnen keinerlei Rechtssachen zu

Gehör gebracht werden. Wenn sie Rechtsanwälte sind, darf ihr Rechtsbeistand nicht angenommen werden; wenn sie Notare sind, sollen die durch sie ausgefertigten Urkunden völlig ohne Gültigkeit und Bedeutung sein. Darüber hinaus sollen Kleriker aller und einzelner Kirchen verlustig gehen, auch der Kathedral-, Metropolitan-, Patriarchal- und Primatialkirchen sowie der Klöster und Benefizien und der kirchlichen Ämter, auch wenn sie – wie vorher angemerkt – in qualifizierter Weise erworben wurden. Sowohl die Kleriker als auch Laien sollen, auch wenn sie diese – wie vorausgeschickt – in qualifizierter Weise erworben haben, ihre Ämter eo ipso verlieren, wenn sie mit den vorgenannten Würden ausgestattet sind: nämlich mit Königtümern, Herzogtümern, Domänen und Lehensgütern. Königtümer, Herzogtümer, Domänen, Lehensgüter und andere Güter dieser Art sollen beschlagnahmt werden und bleiben, dann denjenigen rechtmäßig übereignet werden, die sie zuerst in Besitz nehmen, sofern diese in der Aufrichtigkeit des Glaubens und in der Einheit mit der Heiligen Römischen Kirche sind und im Gehorsam stehen gegen Uns und Unsere Nachfolger, die Römischen Päpste, die kanonisch-rechtmäßig nachfolgen.

§ 6

(Inhaltsangabe: Prälaten und Bischöfe, die vor ihrer Erhebung offenkundig vom katholischen Glauben abgefallen sind, verlieren automatisch alle Autorität und jegliches Amt. Ihre Erhebung ist nichtig und kann in keiner Weise gültig gemacht werden.)

Wir fügen hinzu, daß, wenn zu irgendeiner Zeit es offenkundig werden sollte, daß ein Bischof, auch wenn er an Stelle eines Erzbischofs oder Patriarchen oder Primas fungiert, oder ein Kardinal der vorgenannten Römischen Kirche, auch – wie vorbemerkt – ein Legat oder auch ein Römischer Pontifex vor seiner Erhebung zum Kardinal oder seiner Wahl zum Römischen Pontifex vom katholischen Glauben abgewichen, in eine Häresie gefallen oder ins Schisma geraten ist oder derlei hervorgerufen und verursacht hat, so ist seine Erhebung oder Wahl, auch wenn sie in Eintracht und mit der einmütigen Zustimmung aller Kardinäle erfolgt ist, null und nichtig und wertlos. Sie kann nicht durch die Annahme der Bischofsweihe oder die nachfolgende Übernahme der Leitung und Verwaltung, auch nicht durch die „Inthronisation des Römischen Pontifex" selbst oder durch Huldigung oder durch den ihm von allen geleisteten Gehorsam, wie lange er auch gedauert haben mag, als gültig geworden bezeichnet werden, noch Gültigkeit erlangen, noch als gültig in irgendeinem Teilbereich angesehen werden. Man muß dafürhalten, daß allen, die auf solche Weise zu Bischöfen, Erzbischöfen, Patriarchen oder Primaten befördert wurden, in geistlichen und zeitlichen Angelegenheiten eine nichtige Verwaltungsbefugnis zuerteilt worden ist oder zuerteilt wird. Alles und jedes, das durch sie wie auch immer ausgesprochen, geschaffen, vollzogen und verwaltet wurde, und alles, was daraus folgte, entbehrt der Gültigkeit und kann überhaupt keine Sicherheit und auch niemandem ein Recht verleihen. So gehen die so Beförderten und Gewählten eo ipso und ohne irgendeine Erklärung jeglicher Würde, Stellung, Ehre, jeglichen Titels, jeglicher Autorität, jeglichen Amtes und jeglicher Vollmacht verlustig, selbst wenn alle und jeder einzelne so Beförderte oder Gewählte vorher vom Glauben nicht abgewichen wären und nicht Häretiker gewesen wären und nicht ins Schisma verfallen wären oder es hervorgerufen oder veranlaßt hätten.

§ 7
(Inhaltsangabe: Ihren Untergebenen ist es erlaubt, den Gehorsam und die Ergebenheit ungestraft zu verweigern.)

Untergebene Personen, und zwar sowohl Weltgeistliche und Ordensgeistliche als auch Laien, auch Kardinäle auch solche, die an der Wahl des Papstes, der zuvor vom Glauben abgefallen oder Häretiker oder Schismatiker war, teilgenommen oder sonstwie zugestimmt und ihm das Gehorsamsversprechen geleistet und ihm gehuldigt haben, dies gilt auch für Kastellane, Präfekten, Hauptleute und Beamte unserer hehren Stadt (= Rom) und des ganzen Kirchenstaates, auch diesen Beförderten oder Gewählten, die durch Huldigung oder Eid oder Schuldbriefe gebunden und verpflichtet sind, ist es gestattet, sich von der Gehorsamspflicht und Ergebenheit gegenüber den so Beförderten oder Gewählten jederzeit ungestraft loszusagen und diese wie Zauberer, Heiden, Zöllner und Häresiarchen zu meiden. Doch bleiben diese Untergebenen der Treue und dem Gehorsam gegenüber künftigen Bischöfen, Erzbischöfen, Patriarchen, Primaten und dem Römischen Papst, der kanonisch rechtmäßig nachfolgt, nicht desto weniger weiter verpflichtet. Zur größeren Beschämung der so Beförderten und Erwählten, wenn diese ihre Leitung und Verwaltung weiter fortführen wollen, ist es gestattet, gegen diese so Beförderten und Erwählten die Hilfe des weltlichen Arms anzurufen. Deswegen dürfen solche, die sich von der Treue und dem Gehorsam gegenüber den so Beförderten und Gewählten nach Maßgabe des Vorgenannten lossagen, nicht als Zerreißer der Tunika des Herrn gelten und Zensuren oder rächender Bestrafung unterliegen.

§ 8
(Inhaltsangabe: Aufhebung gegenteiliger Anordnungen.)

Dem stehen nicht entgegen apostolische Bestimmungen und Anordnungen, auch nicht Privilegien, Bewilligungen (=Indulte) und Apostolische Schreiben, die diesen Bischöfen, Erzbischöfen, Patriarchen, Primaten und Kardinälen und jedweden anderen – in welchem Zusammenhang oder welcher Form und mit welchen Klauseln auch immer gegeben – auch nicht Dekrete auch nicht als a Motu proprio, oder aus sicherem Wissen und in der Fülle Apostolischer Vollmacht oder auch mittels Konsistorium oder sonst auf irgendeine Weise ausgestellt, auch nicht, wenn sie wiederholt gutgeheißen und erneuert wurden und auch im Rahmen des Corpus iuris, auch nicht irgendwelche Kapitel des Konklaves, wenn auch unter Eid oder mit Apostolischer Bestätigung oder sonstwelcher Bestätigung, auch durch uns selbst beeidigt. Alle diese gegenwärtigen Zusagen an sie, die ausdrücklich genannt wurden und Wort für Wort angeführt wurden, die sonst in ihrer Gültigkeit verbleiben, heben wir nur für diese Fälle speziell und ausdrücklich auf, ohne daß irgend etwas anderes dagegen steht.

§ 9
(Inhaltsangabe: Befehl zur Veröffentlichung.)

Damit aber das vorliegende Schreiben zur Kenntnis aller, denen daran liegt, gelangt, wollen Wir, daß es oder eine Kopie davon (die durch die Hand eines amtlichen Notars unterzeichnet und mit dem Siegel einer Person kirchlicher Würde beglaubigt ist; wir bestimmen, daß dieser volle Glaubwürdigkeit zukommt) an den Türflügeln der Basilika des Apostelfürsten in der Stadt (=Rom) und der Apostolischen Kanzlei und auch am Rand des Campus Florae (=Campo dei Fiori) durch einige aus unseren Läufern – veröffentlicht und angeschlagen werde und eine Kopie davon dort angeschlagen belassen werde. Die Veröffentlichung und Anschlagung sowie die Belassung einer derartigen Kopie, die angeschlagen ist, genügt und muß für feierlich und gesetzmäßig gehalten werden, und es ist keine andere Veröffentlichung erforderlich oder zu erwarten.

§ 10
(Inhaltsangabe: Strafsanktion.)

Es ist also niemandem erlaubt, dieses Schriftstück Unserer Gutheißung, Erneuerung, Sanktion, Bestimmung, Aufhebung, Willensäußerung und Dekrets zu verstümmeln oder vermessenerweise dagegen anzugehen. Wenn jemand das versuchen sollte, soll er wissen, daß er sich den Unwillen des Allmächtigen Gottes und der heiligen Apostel Petrus und Paulus zuzieht.

Gegeben zu Rom bei Sankt Peter, im 1559. Jahr der Menschwerdung des Herrn, am 15. Tag vor den Kalenden des März (= 15. Februar), im vierten Jahr unseres Pontifikats.

+ Ich Paulus, Bischof der Katholischen Kirche, habe unterschrieben.
(Es folgen die Unterschriften der 31 Kardinäle.)

(Aus: Bullarium, Bd. 1, Luxemburg 1727, Seite 840-842. – Die Inhalte der Paragraphen sind dort jeweils am Rande angegeben: zitiert nach der Übersetzung in den SAKA-Informationen vom Dez. 1992, S. 276 ff.)

***

Und zu guter Letzt:

Um alle bisher vorgebrachten Zweifel ein für alle Mal zu beseitigen, bestätige ich an Eides Statt:

Erzbischof Pierre Martin Ngo-Dinh-Thuc erteilte Msgr. Jean Laborie nach sorgfältiger Prüfung seiner Lehre und seines Apostolates, bestärkt durch die Wertschätzung, die Kardinal Ottaviani Msgr. Jean Laborie entgegenbrachte, am 16./17. Februar 1977 im Hause Le Pradet in Toulon die Priester- und Bischofsweihe sub conditione.

Zwei Zeugen waren bei diesen Weihen anwesend, einer davon bin ich.

Außerdem hat Erzbischof Pierre Martin Ngo-Dinh-Thuc über diese sub-conditione-Weihen in meiner Anwesenheit ein schriftliches Dokument ausgestellt.

27. Oktober 1998

P. J. B. Quénar

. . . .

(Pater Jean Quénard)

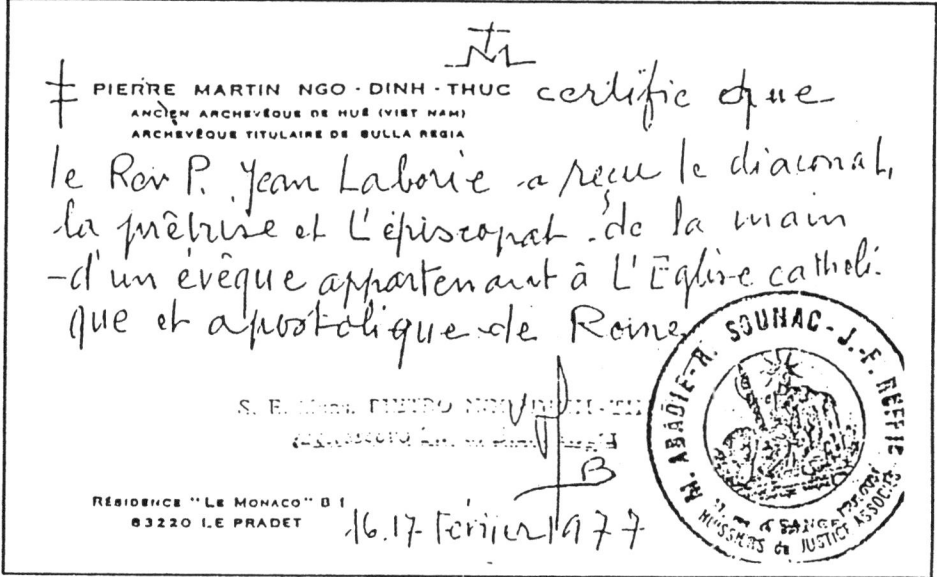

Die eidesstattliche Erklärung im Originaltext als Ablichtung:

Eidesstattliche Erklärung
_____

Hiermit bestätige ich an Eides Statt

1. daß ich bei der Priesterweihe und Bischofsweihe, die der H. Herr Erzbischof Pierre
   Martin Ngo-Dinh-Thuc am 16./17. Februar 1977
   dem H. Herrn Bischof P. Jean Laborie sub
   conditione spendete, als Zeuge anwesend war,

2. daß über die sub conditione erteilten Weihen
   H. Herr Erzbischof Thuc in meiner Anwesenheit die obige Bestätigung persönlich aus-
   stellte.

27. Oktober 1998

P. J. B. Quénard

(Pater Jean Quénard)

Der zweite im redaktionellen Text erwähnte Zeuge, den wir lediglich handschriftlich in französicher Sprache wiedergeben, versichert:

Je soussigné BARRO Victor
né le 25 Aout 1942, domicilié à Toulouse,
déclare sur la foi du Serment, avoir été

témoin oculaire avec le R.V.P Jean Guénard
de la réordination Sacerdotale et de la
reconsécration Épiscopale "Sub Conditione"
du Père Jean Laborie décédé le
25 Juin 1996 à Toulouse —

Cette réordination a été Célébrée
par son Excellence Monseigneur Pierre -
Martin Ngo-Dinh-Thuc, Archevêque
titulaire de Bulla Régia —

A valoir ce que de droit —
Fait à Toulouse le 20 Septembre 1996 —

Barro Victor
Praticien de Santé
Iridologue - Naturopathe
Diplômé - Délégué Régional de
l'Institut Français des Sciences de l'Homme

Sur Rendez-vous le Mardi. Mercredi, Vendredi
27. impasse Saint Roch - 31400 Toulouse
Tél 05 61 52 63 06

Benutzte Literatur

- Die Heilige Schrift, übersetzt von Prof. Dr. Vinzenz Hamp, Prof. Dr. Meinrad Stenzel, Prof. Dr. Josef Kürzinger, Aschaffenburg 1962, Pattloch

- Einsicht 14. Jahrgang Nr. 6, Februar 1985
- Einsicht 27. Jahrgang Nr. 4, Oktober bis Dezember 1998
- Einsicht 32. Jahrgang Nrn. 2 und 3, April bis Oktober 2003
- Einsicht 35. Jahrgang Nr. 1, Januar 2005

- Lexikon für Theologie und Kirche, herausgegeben von Bischof Dr. Michael Buchberger, Herder, Freiburg im Breisgau 1930

- Priester Winfried Pietrek: Als der Bambusvorhang fiel, Derscheider Verlag 1975, 5203 Much

- Marcel Van: Autobiographie, Okt. 2003, Parvis, CH-1648 Hauteville

- Klaus Gamber: Fragen in die Zeit, Kirche und Liturgie nach dem Vaticanum II, Friedrich Pustet Verlag, Regensburg 1989

- Die Verfinsterung der Kirche, Verfasser anonym, übersetzt von Jürgen Graf und J. Rothkranz, Verlag Anton A. Schmid, Durach 2004

- Johannes Rothkranz: U-Boote in der Kirche, Verlag Anton A. Schmid, Durach 2003

- Helmut Posch: Das wahre Weltbild nach der hl. Hildegard von Bingen, Selbstverlag 1998, A-4880 St. Georgen

- Die katholische Traditionalistenbewegung, eine Selbstdarstellung, Benziger Verlag, Einsiedeln 1970

- Viktor Farkas: Schatten der Macht, Bedrohen geheime Langzeitpläne unsere Zukunft? Jochen Kopp Verlag, Rottenburg 2003

Kurz vor Druck dem Autor bekannt geworden, also nicht mehr verwendet, aber zur Beurteilung, ob Papst oder Scheinpapst hilfreich:

Zur Philosophie und Theologie Joseph Ratzingers
Herausgeber: Prof. Dr. Wiegand Siebel
(Verschiedene Verfasser)
SAKA Verlag, Winterbergstr. 24, D-66119 Saarbrücken (2005)